Waschbär
bis 70 cm

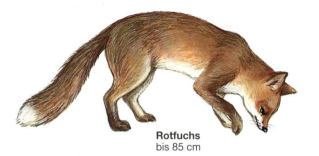
Rotfuchs
bis 85 cm

Steinmarder
bis 48 cm

Wildkatze
bis 80 cm

Seehund
bis 200 cm

Wildschwein
bis 180 cm

Damhirsch
bis 160 cm

Alpensteinbock
bis 145 cm

Günter Rabisch
Annely Zeeb

ERLEBNIS Biologie 1

Ein Lehr- und Arbeitsbuch

Schroedel

ERLEBNIS Biologie 1

Herausgegeben von
Günter Rabisch
Annely Zeeb

Bearbeitet von

Gerd-Peter Becker	Ralph Möllers
Irmgard Hangebrauck	Ulrike Preuß
Dieter Keller	Günter Rabisch
Marietta Keller	Joachim Schmidt
Hauke Kruse	Dr. Beatrix Stephan-Brameyer
Ernst-August Kuhlmann	Annely Zeeb
Gisela Lloréns	

unter Mitarbeit der Verlagsredaktion

Illustrationen:
Liselotte Lüddecke
Karin Mall
Tom Menzel
Heike Möller
Kerstin Ploß
Barbara Schneider-Rank

Grundlayout und Pinnwände:
Atelier *tiger*color Tom Menzel

Umschlaggestaltung:
Cordula Hofmann

ISBN 3-507-76373-7

© 2002 Schroedel Verlag GmbH, Hannover

Alle Rechte vorbehalten. Dieses Werk sowie einzelne Teile desselben sind urheberrechtlich geschützt. Jede Verwertung in anderen als den gesetzlich zugelassenen Fällen ist ohne vorherige schriftliche Zustimmung des Verlages nicht zulässig.

Druck A $^{5\ 4\ 3\ 2\ 1}$ / Jahr 2006 2005 2004 2003 2002

Alle Drucke der Serie A sind im Unterricht parallel verwendbar, da bis auf die Behebung von Druckfehlern untereinander unverändert. Die letzte Zahl bezeichnet das Jahr dieses Druckes.

Gedruckt auf Papier, das nicht mit Chlor gebleicht wurde. Bei der Produktion entstehen keine chlorkohlenwasserstoffhaltigen Abwässer.

Gesamtherstellung:
Universitätsdruckerei H. Stürtz AG, Würzburg

Inhaltsverzeichnis

Die Biologie beschäftigt sich mit Lebewesen

1	Wir lernen ein neues Unterrichtsfach kennen	8	**2**	**Kennzeichen des Lebendigen** 10
	Pinnwand: Biologische Arbeitsweisen 9		2.1	Tiere und Menschen sind lebendig 10
			2.2	Kennzeichen des Lebendigen bei Pflanzen .. 11

Menschen halten Tiere und sind für sie verantwortlich

1	**Wir halten Tiere aus unterschiedlichen Gründen** 12
1.1	Warum hält der Mensch Tiere? 12
	Pinnwand: Heimtiere – Nutztiere 13
1.2	Tiere im Zoo 14
	Pinnwand: Tiere aus aller Welt 15
2	**Auswahl und Pflege von Heimtieren** 16
2.1	Meerschweinchen als Heimtiere 16
2.2	Einrichtung und Pflege eines Aquariums ... 18
	Pinnwand: Tierbilder zum Nachdenken 19
2.3	Ein Hund in der Familie 20
	Pinnwand: Hundehaltung – gewusst wie! ... 21
2.4	Aus dem Wolf wird der Hund 22
2.5	Sinne und Körperbau 23
	Pinnwand: Mischlinge und Rassehunde 24
2.6	Verhalten von Wolf und Hund 25
2.7	Die Katze 26

	Pinnwand: Kleine und große Katzen 28	
	Übung: Katze 29	
3	**Nutztiere** 30	
3.1	Vom Kalb zum Rind 30	
3.2	Rinder sind wiederkäuende Pflanzenfresser .. 31	
3.3	Rinder sind für den Menschen von Bedeutung 32	
3.4	Rinder müssen artgerecht gehalten werden .. 34	
	Pinnwand: Rinder 35	
3.5	Pferde – bei vielen Kindern sehr beliebt 36	
3.6	Hausschweine stammen von Wildschweinen ab 38	
3.7	Das Haushuhn – seit Jahrtausenden ein Nutztier 40	
	Prüfe dein Wissen: Menschen halten Tiere und sind für sie verantwortlich 41	

Inhaltsverzeichnis

Bau und Leistungen des menschlichen Körpers

1	**Haltung und Bewegung**	42
1.1	Bewegungen erfordern das Zusammenspiel vieler Organe	42
1.2	Das Skelett gibt dem Körper Halt	43
1.3	Die Wirbelsäule – Hauptstütze des Skeletts	44
	Pinnwand: Knochen	45
1.4	Ohne Gelenke keine Beweglichkeit	46
1.5	Wie kommen Bewegungen zustande?	47
1.6	Verletzungen beim Sport	48
	Streifzug durch die Medizin: Haltungsschäden	49
	Streifzug durch die Medizin: Muskeltraining im Klassenzimmer	50
	Übung: Bewegung	51
2	**Was wir essen und trinken**	52
2.1	Unsere Nahrung enthält lebenswichtige Stoffe	52
	Übung: Nachweis von Nährstoffen in Nahrungsmitteln	54
2.2	Wie ernähren wir uns richtig?	55
	Pinnwand: Gesunde Pausensnacks	56
	Streifzug durch die Kunst: Der Traum vom Schlaraffenland	57
2.3	Ernährung in anderen Ländern	58
	Streifzug durch die Erdkunde: Viele Menschen leiden Hunger	59
2.4	Was uns beim Essen krank macht	60
	Pinnwand: Gefahren für die Gesundheit	61
	Streifzug durch die Medizin: Alkohol – ein Suchtmittel	62
2.5	Wie wir unsere Nahrung prüfen	63
2.6	Unsere Zähne	64
	Streifzug durch die Medizin: Zahnpflege	65
2.7	Der Weg der Nahrung im Körper	66
	Übung: Verdauung	67
3	**Die Haut – unser größtes Organ**	68
3.1	Die Haut – eine Körperhülle?	68
3.2	Bau und Aufgaben der Haut	70
	Übung: Haut	72
	Pinnwand: Umgang mit der Haut	73
	Streifzug durch die Medizin: Hauterkrankungen	74
3.3	Vorsicht, Sonne!	75
	Übung: Hautcreme	75
	Prüfe dein Wissen: Bau und Leistungen des menschlichen Körpers	76

Inhaltsverzeichnis

Pubertät – Zeit der Veränderungen

1	**Aus Kindern werden Erwachsene**	78	*Pinnwand:* Körperhygiene	85
2	**Jungen entwickeln sich zu Männern**	80	**4 Ein Kind entsteht**	86
2.1	Veränderungen des Körpers	80	*Pinnwand:* Verhütung	88
2.2	Die männlichen Geschlechtsorgane	81		
3	**Mädchen entwickeln sich zu Frauen**	82	**5 Dein Körper gehört dir!**	89
3.1	Veränderungen des Körpers	82	**Übung:** Mein Körper gehört mir!	90
3.2	Die weiblichen Geschlechtsorgane	83	**Prüfe dein Wissen:** Pubertät – Zeit der Veränderungen	91

Lebewesen bestehen aus Zellen

1	**Die Welt des Winzigen**	92	**4 Manche Lebewesen bestehen nur aus einer Zelle**	100
	Pinnwand: Blick in die Welt des Winzigen	93	**Übung:** Einzeller im Heuaufguss	101
	Übung: Das Mikroskop	94	*Streifzug durch die Literatur:* Der Wassertropfen	102
2	**Bau einer Pflanzenzelle**	95	**Prüfe dein Wissen:** Zellen und Einzeller	103
	Übung: Mikroskopieren	96		
3	**Der menschliche Körper besteht aus Zellen**	98		

Inhaltsverzeichnis

Bau und Leistungen der Blütenpflanzen

1	**Grüne Pflanzen bilden die Grundlage des Lebens** 104	1.6	Windbestäubung 111
1.1	Wie Blütenpflanzen gebaut sind 104	1.7	Von der Bestäubung zur Frucht 112
1.2	Pflanzenorgane erfüllen bestimmte Aufgaben 105		*Pinnwand:* Ungeschlechtliche Vermehrung . 113
	Übung: Wasserleitung und Verdunstung bei Pflanzen 106	1.8	Verbreitung von Früchten und Samen 114
1.3	Die Blätter der grünen Pflanzen wandeln Sonnenenergie um 106	1.9	Frühblüher 116
1.4	Der Bau der Kirschblüte 107	**2**	**Eine Samenpflanze entwickelt sich** 118
	Übung: Blüten 108	2.1	Aus Samen entwickeln sich Pflanzen 118
	Pinnwand: Pflanzenfamilien 109	2.2	Was benötigen Samen zur Keimung? ... 120
1.5	Insektenbestäubung 110	2.3	Pflanzen wachsen unter bestimmten Bedingungen 121
			Übung: Keimung und Wachstum 122
			Prüfe dein Wissen: Bau und Leistungen der Blütenpflanzen 123

Lebensräume im Umfeld der Schule

1	**Pflanzen und Tiere auf dem Schulgelände** .. 124	2.3	Der Fuchs – ein Pirschjäger 136
1.1	Wir erkunden das Schulgelände 124		*Streifzug durch die Literatur:* Der Fuchs im Buch 137
	Pinnwand: Vögel auf dem Schulgelände ... 126	2.4	Feldhase und Wildkaninchen – zwei Fluchttiere 138
1.2	Bäume erkennt man an auffälligen Merkmalen 127	2.5	Das Eichhörnchen – ein Nagetier 140
	Pinnwand: Bäume und Sträucher auf dem Schulgelände 128	2.6	Der Steinmarder – ein nachtaktives Raubtier 141
	Übung: Bestimmungsschlüssel für Sträucher und Bäume 129	2.7	Der Rothirsch – ein Rudeltier 142
2	**Einheimische Wildtiere** 130		*Pinnwand:* Heimische Wildtiere 144
2.1	Der Maulwurf lebt unter der Erde 130		**Übung:** Wildtiere erkennen 145
2.2	Fledermäuse jagen im Flug 132	**3**	**Kleine Ökosysteme im Umfeld der Schule** . 146
	Streifzug durch die Technik: Das Echolot ... 134	3.1	Hecken sind lebende Zäune 146
	Streifzug durch die Medizin: Ultraschall ... 134	3.2	Wildhecken schützen die Landschaft 148
	Übung: Fledermäuse 135		*Pinnwand:* Pflanzen der Wildhecke 149

Inhaltsverzeichnis

3.3 Eine Wiese im Schulgelände? 150
3.4 Wiesenpflanzen im Jahresverlauf 151
    Pinnwand: Wiesenpflanzen 152
3.5 Tiere der Wiese 153
3.6 Mauern – Kleinlebensräume für Pflanzen
    und Tiere 154
    Pinnwand: Tiere an Mauern 155

Übung: Lebensinseln auf dem Schulgelände 156
Prüfe dein Wissen: Lebensräume im Umfeld
der Schule 157

Wir leben mit Insekten

**1 Blumenwiesen sind Lebensräume für
Insekten** 158
    Pinnwand: Insekten auf einer Wiese 159

2 Die Honigbiene 160
2.1 Der Körperbau der Honigbiene 160
2.2 Bienen sind Staaten bildende Insekten 162
    Pinnwand: Verwandte der Bienen 164
    Übung: Insekten 165

**3 Schmetterlinge leben in unterschiedlicher
Gestalt** 166

4 Wir schützen und bekämpfen Insekten 168
4.1 Der Mensch schützt Insekten 168
    Übung: Hilfen für Insekten 170
    Pinnwand: Insekten und Blüten 171
4.2 Plagegeister des Menschen 172
    Pinnwand: Insekten als Plagegeister 173
    Pinnwand: Lästige Insekten im Haus 174
4.3 Insekten als Pflanzenschädlinge 175
4.4 Schädlingsbekämpfung mit Gift oder ohne? . 176
Prüfe dein Wissen: Wir leben mit Insekten . . 177

Gemeinsames Lernen in Projekten

Projekt: Boden 180
Projekt: Schulgarten 183

Lösungen für „Prüfe dein Wissen ..." 186
Register 188

1 Wir erkunden eine Wiese

1 Wir lernen ein neues Unterrichtsfach kennen

Biologie ist in Klasse 5 ein neues Unterrichtsfach. Die Schülerinnen und Schüler sind gespannt, was in diesem neuen Fach gemacht wird. Gleich in den ersten Wochen **erkunden** sie die nahegelegene Wiese.
Sie **sammeln** zunächst unterschiedliche Pflanzen und **vergleichen** deren Aussehen. Mithilfe einer Lupe und eines Buches werden die Pflanzen **bestimmt.** Um die Vögel zu **beobachten,** die sich in den Bäumen an der Wiese aufhalten, benutzen sie ein Fernglas.

Um noch mehr über die Natur zu erfahren, wenden die Schülerinnen und Schüler später auch kompliziertere Verfahren an. Dazu gehört das **Untersuchen** von Lebewesen mithilfe von Geräten, zum Beispiel dem Mikroskop. Auch **Experimente** im Biologieraum liefern Informationen. So kann man beispielsweise feststellen, unter welchen Bedingungen Samen keimen.

Die erworbenen Kenntnisse über Bau und Lebensweise von Pflanzen, Tieren und Menschen bilden die Grundlage für den **Naturschutz.**

> In der Biologie werden Lebewesen beobachtet, untersucht und bestimmt.

1 Betrachte die Abb. 1. Beschreibe, wie die Schülerinnen und Schüler die Wiese erkunden.
2 Wozu dienen die einzelnen Arbeitsgeräte in Abb. 2?

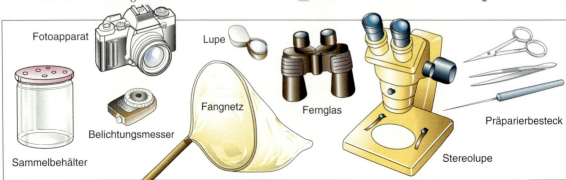

2 Biologische Arbeitsgeräte

Die Biologie beschäftigt sich mit Lebewesen

BIOLOGISCHE ARBEITSWEISEN

Pinnwand

1. Welche biologischen Arbeitsweisen sind in den Abbildungen zu sehen? Beschreibe.
2. Was kann man auf einer Wiese beobachten? Nenne 5 Beispiele.

Die Biologie beschäftigt sich mit Lebewesen

1 Kinder spielen mit Hunden   2 Plüschhund

2 Kennzeichen des Lebendigen

2.1 Tiere und Menschen sind lebendig

Wenn du dir das Plüschtier in Abbildung 2 ansiehst, erkennst du gleich, dass es sich um einen Hund handelt. Doch außer der **Gestalt** hat es nichts mit einem echten Hund gemeinsam. Wie unterscheiden sich eigentlich Lebewesen von unbelebten Gegenständen?

Die Hunde in Abbildung 1 toben und springen, während der Plüschhund immer in der gleichen Position sitzen bleibt. **Bewegung** ist also ein Kennzeichen des Lebendigen.
Einer der Hunde schnappt nach der Wurst. Damit Lebewesen sich bewegen können, müssen sie Nahrung zu sich nehmen. Die Nahrung wird abgebaut und die Reste werden ausgeschieden. Außerdem muss der Hund atmen. Diese Vorgänge nennt man **Stoffwechsel.**
Während der Plüschhund in einer Fabrik hergestellt wurde, vermehren sich Lebewesen durch **Fortpflanzung.** Sie sind am Anfang klein und *wachsen* heran.

Tiere machen also eine **Entwicklung** vom Jungtier zum ausgewachsenen Tier durch.
Den Plüschhund bringt nichts aus der Ruhe. Lebewesen reagieren dagegen auf ihre Umwelt. Die Wurst, die man dem Hund hinhält, ist für ihn ein Reiz, auf den er reagiert. Er zeigt dadurch seine **Reizbarkeit.**
Damit man ein Wesen als lebendig bezeichnen kann, muss es *alle* genannten Kennzeichen zeigen. Ein batteriegetriebener Plüschhund, der sich bewegt, ist also dennoch kein Lebewesen.

> Tiere und Menschen zeigen alle Kennzeichen des Lebendigen: Gestalt, Bewegung, Stoffwechsel, Fortpflanzung, Entwicklung und eine Reaktion auf Reize.

1 Wodurch unterscheidet sich ein lebendiger Hund von einem Plüschhund? Fertige eine Tabelle an. Nutze dazu die Abb. 1.
2 Nenne Beispiele für die Kennzeichen des Lebendigen beim Menschen.
3 Nenne die Kennzeichen des Lebendigen, die eine Spielzeugmaus zeigt, und die, die ihr fehlen.

Die Biologie beschäftigt sich mit Lebewesen

1 Gänseblümchen. *A morgens, B mittags, C abends*

2.2 Kennzeichen des Lebendigen bei Pflanzen

Pflanzen sehen anders aus als Tiere. Sie scheinen sich nicht zu bewegen und keine Nahrung zu sich zu nehmen. Sind sie trotzdem lebendig?

Schaut man sich ein Gänseblümchen zu verschiedenen Tageszeiten an, so stellt man fest, dass es die Kronblätter öffnen und schließen kann. Diese **Bewegung** nimmt man nur deshalb nicht wahr, weil sie sich sehr langsam vollzieht.

Das Gänseblümchen reagiert bei der Bewegung der Blütenblätter auf die unterschiedlichen Licht- und Wetterverhältnisse. Pflanzen sind also **reizbar**.

In der Blüte befinden sich die Geschlechtsorgane. Aus ihnen entwickeln sich Früchte mit Samen. Pflanzen können sich durch **Fortpflanzung** vermehren. Aus den Samen **entwickeln** sich im Laufe der Zeit neue Pflanzen. Diese haben die für ihre Art typische **Gestalt**. Eine Pflanze ernährt sich zwar nicht wie Tiere und Menschen, sie nimmt aber trotzdem Stoffe aus ihrer Umgebung auf. Für ihr *Wachstum* benötigt sie Wasser und Mineralstoffe aus dem Boden. Mit Hilfe ihrer grünen Blätter stellt sie weitere Nährstoffe her. Pflanzen haben also einen **Stoffwechsel.**

> Pflanzen sind Lebewesen. Auch sie zeigen alle Kennzeichen des Lebendigen: Bewegung, Reizbarkeit, Fortpflanzung, Entwicklung, Gestalt und Stoffwechsel.

1 Beschreibe die Kennzeichen des Lebendigen in den Abb. 1 und 2.
2 Bewegungen bei Pflanzen lassen sich nur schwer beobachten. Begründe.
3 Nenne Beispiele für Bewegungen bei Pflanzen.

2 Rosskastanie. *A junge Pflanzen, B Baum in Blüte, C Kastanienfrüchte*

Menschen halten Tiere und sind für sie verantwortlich

1 Ein Schäfer betreut seine Herde

1 Menschen halten Tiere aus unterschiedlichen Gründen

1.1 Warum hält der Mensch Tiere?

In fast jedem zweiten Haushalt in Deutschland werden Tiere gehalten. Oft schaffen sich einsame oder ältere Menschen einen Hund, eine Katze oder einen Vogel an, weil diese Tiere ihnen Gesellschaft leisten. Sie sind froh, dass sie sich um ein Lebewesen kümmern, es pflegen und versorgen können.

Auch viele Kinder halten einen Hamster, ein Meerschweinchen oder ein Zwergkaninchen als Spielgefährten. So erfahren sie viel über das Verhalten der Tiere und ihre Bedürfnisse.

Heimtiere – Nutztiere – Haustiere

Alle Tiere, die der Mensch in seiner Wohnung hält, um sich an ihnen zu erfreuen, nennen wir **Heimtiere.** Andere Tiere nutzt der Mensch, um sich mit Nahrung und Kleidung zu versorgen: Rinder liefern uns Milch, Fleisch und Leder. Hühner geben Eier, Federn und Fleisch. Vom Schaf bekommen wir Milch, Fleisch und Wolle. Solche Tiere, die unserer Versorgung dienen, nennen wir **Nutztiere.**

Bestimmt hast du schon einmal bemerkt, dass unser rosa Hausschwein nur noch wenig Ähnlichkeit mit dem schwarzbraunen, borstigen Wildschwein hat. Dabei ist das Wildschwein sein Vorfahr. Solche Tiere, die von Wildtieren abstammen und in der Obhut des Menschen ihr Aussehen und Verhalten geändert haben, nennen wir **Haustiere.** Nicht nur Nutztiere wie das Hausschwein zählen dazu, sondern auch Heimtiere. So sind aus dem braunen Wildkaninchen viele verschiedene Rassen entstanden. Langhaarige Angora-Kaninchen zählen ebenso dazu wie weiße Albino-Kaninchen. Haustiere können ohne die Fürsorge des Menschen oft nicht mehr überleben.

Haustiere müssen artgerecht gehalten werden

Wenn Menschen Heim- oder Nutztiere halten, übernehmen sie Verantwortung für andere Lebewesen. Dazu gehört auch, dass sie sich über die natürlichen Bedürfnisse der Tiere und ihre Lebensweise informieren. Wellensittiche beispielsweise leben in Freiheit in großen Schwärmen. Eine **artgerechte Haltung** bedeutet hier, dass man sie auch in Gefangenschaft nicht allein hält. Nur so wird aus Tierhaltung keine Tierquälerei.

> Haustiere leben in der Obhut des Menschen. Heimtiere werden zu Hause gehalten, um sich an ihnen zu erfreuen. Nutztiere dienen der Versorgung des Menschen.

1 In Abbildung 1 siehst du zwei Nutztiere. Wozu dienen die Schafe? Welche Aufgabe erfüllen die Schäferhunde?
2 Werden bei euch zu Hause Heimtiere gehalten? Berichte über die Gründe.

Menschen halten Tiere und sind für sie verantwortlich

Pinnwand

HEIMTIERE – NUTZTIERE

1. Wie heißen die Tiere in den Abbildungen A – F?
2. Ordne die Tiere nach Heim- und Nutztieren. Wie nutzt sie der Mensch?
3. Warum zählen Hausrotschwanz und Haussperling nicht zu den Haustieren? Begründe.
4. Warum ist es so schwierig, große Papageien wie Aras in Gefangenschaft artgerecht zu halten? Begründe.

Hausrotschwanz

Haussperling

Seltene Papageien am Flughafen Frankfurt beschlagnahmt

Die Zollbeamten entdeckten die stark geschwächten Tiere mit zusammengebundenen Flügeln in engen Transportkisten. Die Einfuhr der seltenen Aras nach Deutschland ist streng verboten. Viele Tiere sterben bereits während des Transportes. Andere leiden, weil sie von „Tierfreunden" schlecht gehalten und ernährt werden. Wenige wissen, dass Aras in ihrer südamerikanischen Heimat in großen Schwärmen zusammen leben und oft kilometerweite Nahrungsflüge unternehmen. Ihre Jungen ziehen sie in Baumhöhlen groß. Die Tierschmuggler wurden festgenommen.

13

Menschen halten Tiere und sind für sie verantwortlich

1 Tiere aus verschiedenen Erdteilen

1.2 Tiere im Zoo

Gorillas, Bären und Flusspferde: Ein Besuch im Zoo ist immer wieder spannend! Nur hier kann man „hautnah" Tieren begegnen, die in anderen Teilen der Welt zuhause sind. Früher wurden im Zoo möglichst viele verschiedene Tiere „gesammelt". In einigen Tiergärten kannst du deshalb mehrere Tausend Tierarten bestaunen.

Heute beschränken sich viele Zoos auf weniger Tierarten, um möglichst wenig Tiere aus der freien Natur entnehmen zu müssen. Durch die Begegnung mit Zootieren werden viele Menschen ermutigt, sich für den Schutz bedrohter Tiere einzusetzen. Einige vom Aussterben bedrohte Tierarten können nur noch im Zoo überleben, weil ihre natürlichen Lebensräume zerstört wurden. Der Sibirische Tiger zum Beispiel ist im Zoo bereits häufiger als in freier Natur. Beim Uhu und einigen anderen Tieren ist es sogar gelungen, im Zoo geborene Tiere wieder in die Natur zu entlassen.

Der Zoo als Lebensraum?

Gut gefüttert und ein Dach über dem Kopf – die meisten Zootiere werden bestimmt gut versorgt. Trotzdem fühlen sich einige nicht so recht wohl – und das zeigen sie auch. Vielleicht hast du schon einmal beobachtet, wie Affen mit Kot werfen, Tiger ständig am Gitter entlang laufen oder Elefanten pausenlos mit dem Kopf wackeln. Meistens ist der Grund ganz einfach Langeweile. In einem gut geführten Zoo werden Gitterkäfige deshalb durch naturgemäße Freigehege ersetzt. Mit einem „Unterhaltungsprogramm" versucht man, die Tiere ausreichend zu beschäftigen: Affen müssen ihr Futter aus Baumhöhlen angeln, Raubkatzen ihre an einem Seil befestigte Fleischportion erst „erjagen".

> Zoos sind beliebte Ausflugsziele für Tierfreunde. Ein guter Zoo hält seine Tiere artgerecht und bemüht sich um den Artenschutz.

1 Wie heißen die Tiere in Abbildung 1? Was weißt du über ihre Herkunft und Lebensweise?
2 Zeige durch eine Skizze, wie ein naturgemäßes Gehege für eines dieser Tiere aussehen müsste.
3 In welchem der unten gezeigten Gehege fühlt sich der Löwen wohler? Begründe.

2 Löwen-Gehege

Menschen halten Tiere und sind für sie verantwortlich

TIERE AUS ALLER WELT

Pinnwand

A Name: Flusspferd
Vorkommen: Flüsse und Seen in Afrika südlich der Sahara
Nahrung: Gräser, die nachts an Land abgeweidet werden
Bedrohung: durch die Zerstörung ihrer Lebensräume
Besonderheiten: werden bis 3 Tonnen schwer und 50 Jahre alt, können nicht schwimmen, sondern tauchen und laufen über den Grund, im Wasser liegend sind nur Augen, Ohren und Nase zu erkennen

B Name: Orang-Utan
Vorkommen: Regenwälder auf Borneo und Sumatra
Nahrung: Pflanzen und Früchte
Bedrohung: stark gefährdet durch die Abholzung der Urwälder und kriminellen Fang
Besonderheiten: werden als echte Baumbewohner auch „Waldmenschen" genannt, brauchen im Zoo viel Beschäftigung, leben einzeln

C Name: Großer Panda
Vorkommen: Bergwälder in China
Nahrung: Bambusblätter
Bedrohung: durch Lebensraumzerstörung stark gefährdet, nur noch ca. 1000 Tiere
Besonderheiten: Wappentier des World Wide Fund for Nature (WWF)

D Name: ???
Größe: 175 cm
Vorkommen: Bergwälder im mittleren Afrika, Tieflandwälder in Westafrika
Nahrung: Pflanzen und Früchte
Bedrohung: durch kriminelle Jagd und Zerstörung ihres Lebensraumes
Besonderheiten: größter Menschenaffe, sieht grimmig aus, ist aber sanftmütig, lebt in Familienverbänden

Gefängnis oder Luxushotel?

„Käfige und Gehege sind nichts anderes als Gefängniszellen für Tiere."

„Im Zoo kann man Tiere viel besser beobachten und erforschen als in der Wildnis."

„Zootiere bekommen oft sogar mehr Nachwuchs als Wildtiere."

„Zootiere langweilen sich zu Tode, weil sie nicht einmal ihr Futter selbst suchen müssen!"

„In vielen Zoos sehen die Gehege heute aus wie ein Ausschnitt aus der Natur."

„Im Zoo geborene Tiere können in der Natur wieder ausgesetzt werden."

„Seltene Tiere können oft nur noch im Zoo überleben."

1 Woher stammen die Zootiere auf dieser Seite? Ordne die Zahlen auf der Verbreitungskarte den Steckbriefen richtig zu.

2 Zu welchem Zootier auf Seite 14 gehört der Steckbrief D?

3 Welche Aussagen von dem Notizzettel sprechen für, welche gegen die Haltung von Tieren im Zoo? Stelle sie in einer Tabelle gegenüber und ergänze sie.

Menschen halten Tiere und sind für sie verantwortlich

1 Meerschweinchen sind zutrauliche Heimtiere

2 Auswahl und Pflege von Heimtieren

2.1 Meerschweinchen als Heimtiere

Wünscht du dir auch ein eigenes Tier, das du streicheln und umsorgen kannst? Dann wäre ein Meerschweinchen eine gute Wahl, weil man es problemlos in der Wohnung halten kann. Damit es sich bei dir wohlfühlt, musst du über seine Bedürfnisse, Lebensgewohnheiten, Ernährung und Pflege Bescheid wissen. Außerdem darfst du nicht allergisch gegen Tierhaare sein.

Meerschweinchen erinnern mit ihrer rundlichen Gestalt und den quiekenden Tönen, die sie manchmal von sich geben, an echte Schweine. Der Namensteil „Meer" hat wohl seinen Ursprung in der Herkunft der Tiere. Die Meerschweinchen wurden vor mehr als 400 Jahren von Seefahrern aus Mittel- und Südamerika über das Meer nach Europa gebracht.

Meerschweinchen sind gut zu halten

Die Hausmeerschweinchen sind zutraulich und tagsüber aktiv. Sie werden bis zu 25 cm lang. Ihr Fell ist je nach Rasse unterschiedlich gefärbt und verschieden lang. Es sollte einmal in der Woche gebürstet werden. Bei guter Pflege erreichen Meerschweinchen ein Alter von etwa 8 Jahren.

Während Wildmeerschweinchen in Erdbauten leben, braucht man für das Heimtier einen Metallgitterkäfig mit Kunststoffwanne. Der Käfig sollte mindestens 80×40 cm groß sein. Als Versteck dient ein Schlafhäuschen aus Holz. Auf den Grund streut man eine 5 bis 8 cm dicke Schicht Heimtierstreu oder Pellets aus gepresstem Stroh.

2 Meerschweinchen. A glatthaariges Meerschweinchen, B Angora-Meerschweinchen

3 Haltung von Meerschweinchen. A Käfigeinrichtung, B Freigehege

Menschen halten Tiere und sind für sie verantwortlich

Für die Ernährung der Meerschweinchen braucht man Frischfutter wie Obst und Gemüse und Körnerfutter aus Getreidekörnern oder Fertigfutter aus der Tierhandlung. Außerdem muss eine Raufe mit Heu vorhanden sein. Das Wasser füllt man am besten in eine Nippelflasche, die man am Käfiggitter befestigt. Zusätzlich benötigen die Meerschweinchen einen Minerallecksteinx.

Meerschweinchen brauchen täglich Auslauf. Wenn man kein Freigehege im Garten hat, kann man die Tiere unter Aufsicht im Zimmer laufen lassen. Dabei muss man darauf achten, dass sie keine Kabel anfressen oder hinter Möbeln eingeklemmt werden.

In Freiheit leben Meerschweinchen in Gruppen, daher sind sie auch als Heimtiere nicht gern allein. Ein Pärchen sollte man allerdings nicht halten, da sich Meerschweinchen sehr schnell vermehren. Sie vertragen sich auch mit Zwergkaninchen. Am besten gewöhnt man sie als Jungtiere aneinander. Wer jedoch einen Hund oder eine Katze hat, muss aufpassen. Für Hund und Katze sind Meerschweinchen nämlich Beutetiere.

> Meerschweinchen sind tagaktive Tiere. Wenn man ihre natürlichen Bedürfnisse beachtet, sind sie als Heimtiere gut geeignet.

1 Warum sind Meerschweinchen als Heimtiere geeignet?
2 Warum kann man Meerschweinchen nicht in einem Pappkarton halten? Erkläre.
3 Welchen Gefahren sind Meerschweinchen beim Freilauf im Zimmer oder im Freigehege ausgesetzt?
4 Welche der abgebildeten Tiere kann man ebenfalls gut als Heimtiere halten, welche Tiere sind weniger geeignet? Begründe.

4 Rennmäuse sind pflegeleicht

Beachte!
- Mongolische Rennmäuse haben einen großen Bewegungsdrang
- Nicht einzeln halten, da Mäuse in Großfamilien leben
- Immer aktiv und schnell zur Kontaktaufnahme bereit
- Dürfen nicht gedrückt werden
- Robust und widerstandsfähig
- Einfach zu halten, machen wenig Schmutz
- Beißen nicht, werden schnell zahm

Wichtig!
- Schläft tagsüber, ist nachts aktiv
- Nichts für Kinder, die früh ins Bett müssen
- Lebt als Einzelgänger
- Wird selten älter als 3 Jahre
- Braucht viel Bewegung
- Buddelt gern; benötigt viel Einstreu im Käfig
- Benötigt Drahtgitterkäfig, da er Holzwände durchnagt

5 Goldhamster sind nachtaktiv

Denke daran!
- Wellensittiche leben in Schwärmen, deshalb als Pärchen halten
- Geräumiger Käfig muß Querdrähte zum Klettern haben
- Regelmäßiges Fliegen in der Wohnung sollte möglich sein
- Häufiger Federwechsel und Ausscheidungen verursachen Verunreinigungen
- Kalkstein zur Mineralversorgung notwendig
- Gelegentlicher Lärm durch Laute

6 Wellensittiche leben gesellig

Menschen halten Tiere und sind für sie verantwortlich

1 Julia am Aquarium

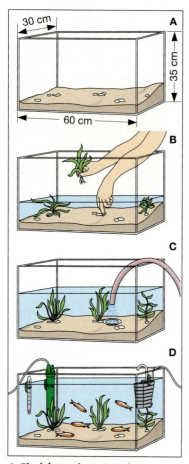

2 Einrichten eines Aquariums.
A Der Untergrund wird vorbereitet,
B Die Wasserpflanzen werden eingesetzt, **C** Das Wasser wird eingefüllt,
D Die Fische werden eingesetzt

2.2 Einrichtung und Pflege eines Aquariums

Endlich ist es soweit: Julia darf sich von ihrem Geburtstagsgeld ein Aquarium kaufen!
An **Material** benötigt sie ein Aquarium und eine Abdeckung mit Lampe und Futterklappe. Außerdem braucht sie einen Filter, einen Heizstab, ein Thermometer sowie etwas Sand und Kies. Unentbehrlich sind Wasserpflanzen für die Sauerstoffversorgung. Zur Reinigung benötigt sie einen Schlauch zum Absaugen von Schlamm, einen Kescher und einen Magnetschaber für die Scheiben. Auch Fischfutter darf sie nicht vergessen. Julia kauft alles im Zoogeschäft, da sie dort gut beraten wird und auch erfährt, welche Fische zusammenpassen.

Zu Hause beginnt Julia gleich mit der **Einrichtung.** Sie stellt das Aquarium an einen hellen Ort ohne direkte Sonnenbestrahlung, damit sich nicht zu viel Algen bilden. Nun gibt Julia eine dünne Sandschicht auf den Boden und verteilt darüber den Kies. Aus ein paar Steinen baut sie ein stabiles Versteck für die Fische.
Nun setzt Julia die Pflanzen in den Hintergrund des Aquariums. Dort bilden sie ein weiteres Versteck für die Fische, die man dann im Vordergrund gut beobachten kann.
Nach dem Einsetzen der Pflanzen gießt Julia das Wasser über einen Teller am Beckenboden, damit der Grund nicht zu sehr aufgewirbelt wird. Zuletzt bringt sie den Filter und den Heizstab an. Da Strom in der Nähe von Wasser sehr gefährlich ist, verwendet sie nur Geräte mit Prüfzeichen. Nach einigen Tagen ist das Wasser klar und Julia kann die Fische einsetzen.

Zur **Pflege** gehört das tägliche Füttern. Julia achtet darauf, dass kein Futter übrig bleibt und fault. Wöchentlich saugt sie den Schlamm ab und reinigt die Scheiben. Bei Bedarf kürzt sie die Pflanzen.

> Ein Aquarium muss sachkundig eingerichtet werden. Als Standort wählt man einen hellen Platz ohne direkte Sonnenbestrahlung. Ein Aquarium braucht regelmäßige Pflege.

1 Ein Fisch benötigt 5 Liter Wasser. In Julias Aquarium sind ungefähr 60 Liter. Wie viele Fische sollte Julia höchstens einsetzen?

Menschen halten Tiere und sind für sie verantwortlich

1 Gute Freunde: Jennifer und Luka

2 Jennifer holt Luka aus dem Tierheim ab

2.3 Ein Hund in der Familie

Endlich! Nun hat Jennifer es doch geschafft: Ihre Eltern waren damit einverstanden, einen Hund aus dem Tierheim zu holen.
Bei Jennifer stand ein Hund lange Zeit ganz oben auf der Wunschliste. Doch ihre Eltern hatten Einwände: „Ein eigener Hund bedeutet, dass du mehr als 10 Jahre für ein Lebewesen verantwortlich bist", hatte die Mutter gesagt. „Ich bin nicht sicher, ob ich dir das zutrauen kann." „Und denk an die Kosten für Futter, den Tierarzt und all das andere, was ein Hund so braucht", wandte der Vater ein. „Nicht, dass es deinem Hund ergeht wie so vielen anderen, die am Ende vernachlässigt werden!"

Hundehaltung heißt Verantwortung tragen!

Jennifer versprach, sich zunächst einmal gründlich über Hunde zu informieren. Aus der Bücherei lieh sie Hunde-Bücher aus. Sie fragte eine Nachbarin, ob sie deren Hund ausführen und füttern dürfe. Sie sparte sogar Geld für das Körbchen und eine Leine. „Ich denke, wir können es wagen", sagten die Eltern schließlich und fuhren mit Jennifer in ein Tierheim, wo sie sich einen Hund aussuchen durfte. Vor einer der vielen Boxen blieb Jennifer stehen. Hinter dem Gitter wedelte ein junger weißer Hund aufgeregt mit dem Schwanz. Als Jennifer die kleine „Luka" sah, war es Zuneigung auf den ersten Blick! „Sind Sie als Eltern denn auch einverstanden?" erkundigte sich die Mitarbeiterin des Tierheims, als der Vater die Formalitäten erledigte. „Ein Hund ist nämlich ein neues Familienmitglied, für das alle verantwortlich sind!" Luka ist noch sehr jung und muss noch viel lernen. Sie darf nicht lange allein gelassen werden." Da ihre Eltern bereit waren, Jennifer beim Füttern, Pflegen und Erziehen des Hundes zu helfen, war auch dies kein Problem mehr.

> Vor der Anschaffung eines Hundes ist vieles zu bedenken, zum Beispiel Zeit und Kosten für Pflege und Unterbringung. Hundebesitzer sind viele Jahre für ihren Vierbeiner verantwortlich!

Könntest du ein Hundehalter sein?

Wenn du wissen möchtest, ob sich ein Hund in deiner Familie wohlfühlen würde, beantworte folgende Fragen:
✓ Findet der Hund bei euch im Haus ausreichend Platz für einen Hundekorb und in der Umgebung genügend Auslauf?
✓ Frage deine Eltern, ob sie mit der Anschaffung des Hundes einverstanden sind. Was sagt der Vermieter?
✓ Rechne aus, wie viel Zeit du neben Schule und Hausaufgaben, Sport und Hobbys noch hast, um mit deinem Hund zu spielen und zu toben.
✓ Was weißt du über die Erziehung von Hunden (Gehorsam, Sauberkeit usw.)?
✓ Wer kümmert sich in den Ferien um den Hund?
✓ Bist du bereit, für deinen Hund auch dann zu sorgen und „Gassi" zu gehen, wenn du einmal „keine Lust" dazu hast?
✓ Wärest du bereit, die Kothaufen zu beseitigen, die dein Hund auf dem Gehweg hinterläßt?

3 Wichtige Fragen zur Hundehaltung

1 Wodurch konnte Jennifer ihre Eltern schließlich davon überzeugen, dass sie für einen Hund sorgen kann?
2 Notiere ein „Kleines 1×1 der Hundehaltung": fünf Regeln, die Hundehalter unbedingt beachten sollten.
3 Erkundige dich bei einem Hundebesitzer oder in einem Hundebuch, wie man einen Hund gesund ernährt.

Menschen halten Tiere und sind für sie verantwortlich

Pinnwand

HUNDEHALTUNG – GEWUSST WIE!

Hunde spielen und toben gern!

Tägliche Pflege stärkt die Freundschaft!

1 Erkläre anhand der Fotos, was für Lukas Wohlbefinden wichtig ist.

2 Berechne mithilfe der Liste, was Jennifers Hund an Kosten verursacht: in einem Jahr, in einer Woche, an einem Tag.

3 Lies den Zeitungsartikel „Wieder Hunde ausgesetzt!". Kannst du dir andere Gründe vorstellen, warum Hundebesitzern ihre Tiere lästig werden?

Lukas Lieblingsplatz

Was kostet ein Hund?

Hast du schon einmal darüber nachgedacht, welche Kosten ein Hund verursacht? Nicht nur die Anschaffung eines Hundes kostet Geld. Viel wichtiger sind die laufenden Kosten: Futter, Leine, Besuche beim Tierarzt, usw. Jennifers Hund kostet in einem Jahr:

• 100 kg Trockenfutter	150,00 €
• 50 Dosen Fleischnahrung	50,00 €
• 50 Kauknochen	75,00 €
• 1 Leine	7,50 €
• 1 Körbchen	37,50 €
• 1 Bürste	4,00 €
• 1 Krallenschere	7,50 €
• Haftpflichtversicherung	62,50 €
• Hundesteuer	60,00 €
• Tierarztkosten	75,00 €

Wieder Hunde ausgesetzt!

hk **Kassel** – „Es ist wie in jedem Jahr", erzählt Sabrina T. vom örtlichen Tierheim. „Immer zu Beginn der Sommerferien setzen verantwortungslose „Tierfreunde" ihre Hunde an den Autobahnrastplätzen aus. Einige binden sie auch gleich an die Pforte des Tierheims. Die Leute wissen einfach nicht, wo sie ihre Tiere in den Ferien lassen sollen..."

Menschen halten Tiere und sind für sie verantwortlich

2.4 Aus dem Wolf wird der Hund

Kannst du dir vorstellen, dass Menschen seit vielen Jahrtausenden mit Hunden zusammenleben? Für viele ist der Hund bis heute der „beste Freund" des Menschen. Doch wie kam der Hund zum Menschen?

Die Abbildung zeigt, wie es vor etwa 15 000 Jahren dazu gekommen sein könnte, dass der Hund zum ersten **Haustier** wurde: Vielleicht folgten hungrige Wölfe den Steinzeitmenschen bei der Jagd, um an die Reste ihrer Beutetiere zu gelangen. Vielleicht wurde der Wolf auch selbst gejagt, weil man sein Fleisch und das Fell benötigte. Dabei gelang es den Jägern möglicherweise, junge, zutrauliche Wölfe einzufangen und aufzuziehen. Durch diese **Zähmung** wurde aus dem Wildtier „Wolf" schließlich das Haustier „Hund".

3 Steinzeitjäger mit jungem Wolf

Alle Hunde stammen vom Wolf ab

Von den Nachkommen der bei ihnen lebenden Wölfe wählten unsere Vorfahren nur solche für die Fortpflanzung aus, die besonders nützliche Eigenschaften besaßen. Das konnte zum Beispiel ein besonders gut entwickelter Geruchssinn sein. Mit seiner Hilfe konnten die Tiere die Spuren von Wildtieren erkennen und damit den Menschen bei der Jagd helfen. Andere Tiere mit einem besonders guten Gehör bemerkten die Annäherung von Feinden rechtzeitig. Durch diese **Zucht** entstanden im Laufe der Zeit über 400 **Hunderassen**. Viele davon haben heute nur noch wenig Ähnlichkeit mit ihrem „Stammvater".

1 Wolf

Der Mensch nutzt Hunde für viele Aufgaben

Hunderassen mit besonderen Fähigkeiten werden vom Menschen für vielfältige Aufgaben ausgebildet. So halten *Hütehunde* Schafherden zusammen. *Jagdhunde* stöbern Wild auf und treiben es dem Jäger zu. *Blindenhunde* „ersetzen" dem Blinden die Augen. *Gesellschaftshunde* schließlich werden geliebt wie Familienmitglieder.

> Der Hund ist das älteste Haustier des Menschen. Alle Hunde stammen vom Wolf ab. Durch Zucht sind zahlreiche Rassen entstanden, die der Mensch für verschiedene Aufgaben nutzt.

1 Nenne weitere Verwendungsmöglichkeiten des Hundes. Denke z. B. an Polizei- und Wachhunde.
2 Nenne Hunderassen, die dem Wolf ähnlich sehen und solche, die ganz anders als Wölfe aussehen.

2 Verwendung des Hundes. **A** Hütehund, **B** Jagdhund, **C** Blindenhund, **D** Gesellschaftshund

Menschen halten Tiere und sind für sie verantwortlich

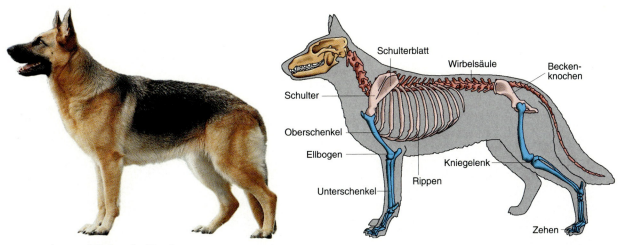

1 Körperbau und Skelett des Hundes

2.5 Sinne und Körperbau

Was macht den Hund zu einem unentbehrlichen Helfer des Menschen? Es sind vor allem seine Sinnesorgane. Ständig sucht der Hund mit der Nase am Boden nach Duftspuren. Auch in einer dichten Menschenmenge verliert er nicht die Spur eines Gesuchten. Sein Geruchssinn ist so gut, dass man sagt: Der Hunde kann mit der Nase „sehen".

Doch Hunde können nicht nur besser riechen als wir Menschen. Auch ihr Gehör ist viel feiner. Kommt jemand nach Hause, so spitzt er schon die Ohren, wenn wir noch nichts hören. Vertraute Personen erkennt er – auch ohne sie zu sehen – an ihren Schritten oder am Geräusch ihres Automotors. Wegen ihres guten Geruchs- und Gehörsinns nennt man Hunde **Nasen-** und **Ohrentiere**.

Der Hund – ein Raubtier

Hast du schon einmal beobachtet, wie ein Hund hinter einer Katze oder einem Radfahrer herjagt? Wie der Wolf *hetzt* der Hund seine Beute. Er ist ein ausdauernder **Hetzjäger** mit kräftigen Laufbeinen. Als **Zehengänger** tritt er dabei nicht – wie wir Menschen – mit der ganzen Fußsohle auf, sondern nur mit den Zehen. Die kurzen, stumpfen Krallen können dabei nicht eingezogen werden.

Besonders am **Gebiss** des Hundes wird deutlich, dass der Hund ein Raubtier ist. Beim Fressen kannst du beobachten, dass er mit den gezackten, scharfen Backenzähnen mühelos Fleisch zerreißen und zerkleinern kann. Die stärksten Backenzähne heißen *Reißzähne*.

Die langen, dolchartigen *Eck-* oder *Fangzähne* dienen zum Festhalten der Beute. Mit den kleinen *Schneidezähnen* zupft und schabt er Fleischreste von dem Knochen.

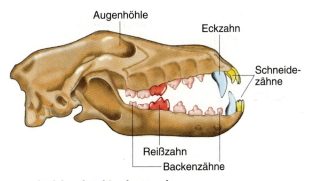

2 Schädel und Gebiss des Hundes

> Wegen ihrer vorzüglichen Sinnesorgane nennt man Hunde auch Nasen- und Ohrentiere. Hunde sind Hetzjäger, Raubtiere und Zehengänger.

1 Zeige am Foto des Schäferhundes in Abb. 1 die Schulter, das Kniegelenk und den Ellbogen.
2 Zeige am Menschen- und Hundeskelett aus eurer Schulsammlung den Unterschied von Sohlengänger (Mensch) und Zehengänger (Hund).
3 Untersuche an einem Hundegebiss aus der Schulsammlung die verschiedenen Zahnarten. Erkläre ihre Aufgaben.

Menschen halten Tiere und sind für sie verantwortlich

Pinnwand

MISCHLINGE UND RASSEHUNDE

Collie
Hütehund

Dalmatiner
Gesellschaftshund

Rauhaardackel
Jagd- und Familienhund

1 Beschreibe die wichtigsten Merkmale der abgebildeten Hunderassen. Worin unterscheiden sie sich?

2 Welcher Hund wäre für dich geeignet? Begründe.

3 Welche Rassen haben mit dem Stammvater „Wolf" kaum noch Ähnlichkeit? Beachte auch den Nackthund unten.

Mischlinge

Mischlinge haben Eltern verschiedener Hunderassen. Häufig sind sie sehr anhänglich, robust und lernfähig.

Kampfhund beißt Kind tot

Berlin (gr). Ein Pitbull-Terrier hat gestern ein neunjähriges Mädchen totgebissen. Das Tier wurde inzwischen eingeschläfert – so die Polizei. Gegen den Hundehalter wird wegen fahrlässiger Tötung ermittelt. Er hatte vergessen, den Zwinger ordnungsgemäß zu verschließen. Fachleute meinen, dass Hunde dieser Rasse nur dann eine Gefahr darstellen, wenn sie falsch erzogen werden.

Hunde ohne Haare

Bist du allergisch gegen Hundehaare? Hier ist die Lösung: Der Chinesische Nackthund trägt Haare nur noch auf dem Kopf. Die nackte Haut fühlt sich wunderbar zart an, meinen Liebhaber dieser teuren Hunderasse.
Bei Kälte beginnt der Hund allerdings heftig zu zittern. Bei schönem Wetter bekommt er leicht einen Sonnenbrand. Schade auch, dass er von Geburt an schlechte Zähne hat.

Menschen halten Tiere und sind für sie verantwortlich

1 Rangordnungskampf unter Wölfen

2.6 Verhalten von Wolf und Hund

Hunde stammen von Wölfen ab. Daher muss man das Verhalten der Wölfe kennen, wenn man Hunde verstehen will.

Verhalten des Wolfes

Wildlebende Wölfe leben in einer Gruppen von 3–8 Tieren, dem **Rudel,** zusammen. Nur gemeinsam können sie große Beutetiere überwältigen. Einige Tiere hetzen die Beute, andere schneiden ihr den Fluchtweg ab. Nur gemeinsam gelingt es ihnen auch, ein bestimmtes Jagdgebiet – das **Revier** – gegen andere Wölfe zu verteidigen. Die Grenzen des Jagdreviers markiert das Rudel mit Urin und Kot.

Alle Rudelmitglieder ordnen sich dem stärksten Tier unter. Mit erhobenem Kopf und nach oben gerichtetem Schwanz macht der **Leitwolf** deutlich, dass er in der **Rangordnung** ganz oben steht und das Rudel anführt. Jedes Tier muss durch gelegentliche Kämpfe seinen Platz in der Rangordnung behaupten. Unterlegene Tiere legen die Ohren an und pressen den Schwanz zwischen die Beine. Wölfe haben also eine **Körpersprache:** An der Haltung des Schwanzes und am Gesichtsausdruck kann man erkennen, ob sich der Wolf stark fühlt und droht oder ob er Angst hat und sich unterwerfen will. Daneben verständigen sich Wölfe auch durch Knurren und das bekannte Wolfsgeheul.

Verhalten des Hundes

Auch der Haushund lebt im „Rudel". Die übrigen „Rudelmitglieder" sind aber Menschen. „Herrchen" und „Frauchen" muss er gehorchen, weil sie die ranghöheren „Leithunde" sind. Wenn er an Mauerecken und Bäumen das Bein hebt, markiert der männliche Hund, der **Rüde**, sein „Revier". Haus und Garten verteidigt er gegen Briefträger und andere Eindringlinge, indem er knurrt und bellt. Weglaufende Menschen verfolgt der Hund, weil er sie für „Beutetiere" hält. Familienangehörige hingegen begrüßt er durch freundliches Wedeln mit dem Schwanz.

> Hunde und Wölfe zeigen ähnliche Verhaltensweisen. Sie verständigen sich durch Körperhaltung, Gesichtsausdruck und Laute.

1 Ordne in Abb. 2 Zeichnungen und Aussagen richtig zu. Beschreibe die Körpersprache des Hundes!
2 Erkläre: Was sind für den Haushund „Revier", „Rudel" und „Leittier"?
3 Woran erkennst du, dass ein Hund sich streicheln läßt?

2 Körpersprache des Hundes

2.7 Die Katze

1 Katze und Maus im Zeichentrickfilm

Freunde sind sie nun wirklich nicht – Tom und Jerry, die vielleicht berühmtesten Streithähne der Comic-Geschichte. Auch wenn Kater Tom auf der Zeichnung links das Nachsehen hat – in der Natur geht es für die Maus nur selten so harmlos aus wie in Zeichentrick-Filmen und Comic-Heften.

Katzen sind Einzelgänger

Anders als Hunde sind Katzen eigenwillige **Einzelgänger.** Trotzdem sind sie sehr anpassungsfähig und gewöhnen sich schnell an den Menschen. Viele werden sogar sehr zutraulich – bei weitem aber nicht so anhänglich wie Hunde.

Die Katze – ein Schleichjäger

Bereits vor mehr als 1000 Jahren wurde die Katze zum Haustier. Dennoch ist sie immer ein **Raubtier** geblieben. Gespannt beobachtet auch eine gut gefütterte Katze die Vögel im Garten. Auch Mäusen, Kaninchen, Fröschen und Eidechsen stellt sie nach. Erblickt die Katze im Gras eine Maus, schleicht sie sich lautlos mit tief geducktem Körper an. Ist sie nahe genug herangekommen, kauert sie sich zusammen. Mit vorgestrecktem Kopf wartet sie auf einen günstigen Augenblick für den Sprung. In dieser Lauerstellung zuckt nur die Schwanzspitze unruhig hin und her. Schließlich springt sie ab und stürzt sich mit den scharfen, ausgefahrenen Krallen auf die Beute. Mit einem Biss in den Nacken wird die Maus getötet. Wie der Hund, so besitzt die Katze ein typisches *Raubtiergebiss*. Wegen ihrer Jagdtechnik und der lautlosen Fortbewegung bei eingezogenen Krallen bezeichnet man die Katze auch als **Schleichjäger.**

2 Hauskatze mit Beute

3 **Beutefang der Katze. A** *Anschleichen,* **B** *Abwarten,* **C** *Lauern*

Menschen halten Tiere und sind für sie verantwortlich

4 Katzenaugen. **A** bei Dunkelheit, **B** im hellen Licht

Training für das Leben: Spielverhalten

Für junge Katzen ist das Spielen besonders wichtig. Hier trainieren sie die Fangtechniken, die sie für die spätere Beutejagd benötigen. Bestimmt hast du einmal beobachtet, wie ein Katzenjunges sich an ein Woll- oder Papierknäuel anschleicht und es im Sprung „erbeutet". Auch erwachsene Katzen „spielen" manchmal mit ihrer Beute, wenn sie nicht besonders hungrig sind.

Die Sinne der Katze

Erfolgreiche Jäger brauchen hervorragende Sinnesorgane. Mit ihren **Augen** kann die Katze sogar bei schwachem Sternenlicht gut sehen. Bei Tageslicht sind die Pupillen zum Schutz gegen blendende Sonnenstrahlen zu einem senkrechten Spalt verengt. Im Dunkeln aber sind sie weit geöffnet und kreisrund. Viel Licht kann jetzt ins Auge fallen. Werden sie durch die Scheinwerfer eines Autos angestrahlt, leuchten die Augen hell auf - wie die bekannten „Katzenaugen" am Fahrrad. Die Lichtstrahlen werden dabei von der Augenrückwand wie von einem Spiegel zurückgeworfen.

Mit ihrem feinen **Gehör** entgeht der Katze nicht einmal das leiseste Mäusepiepsen. Die beweglichen Ohrmuscheln wirken dabei wie Schalltrichter, die die Stelle „anpeilen", aus der das Geräusch kommt.

Besonders bei völliger Dunkelheit ist der gut entwickelte **Tastsinn** wichtig. Lange Tasthaare an Oberlippe und Wangen ragen wie ausgestreckte Fühler zur Seite. Mit ihnen kann die Katze im Dunkeln Hindernissen ausweichen und Beutetiere abtasten. Weil Katzen gerade bei Nacht erfolgreich jagen können, nennt man sie auch **Nachtjäger.**

> Katzen können sich schnell und gewandt bewegen. Sie sind einzeln jagende Schleichjäger. Durch leistungsfähige Augen, Ohren und Tasthaare können sie sich sogar in der Dunkelheit orientieren.

1 Abb. 5 zeigt, dass auch Katzen ihrem Besitzer lästig werden können, wenn sie nicht mehr die „süßen kleinen Kätzchen" sind. Berichte, wie es dazu kommen kann.

2 Beschreibe die Veränderungen der Katzen-Pupille bei unterschiedlicher Helligkeit. Achte besonders auf die Form der Pupille.

5 Streunende Hauskatze

3 Stelle das Verhalten von Hund und Katze in einer Tabelle gegenüber. Denke besonders an das Verhalten gegenüber dem Menschen und das Jagdverhalten.

4 Woran erkennst du, dass die unten abgebildete Katze in Jagdstimmung ist?

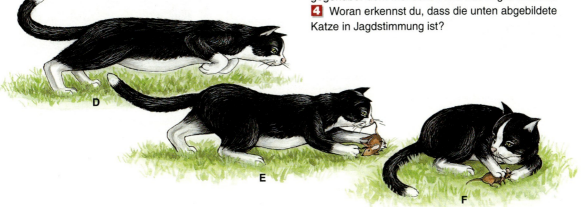

D Absprung, **E** Fangen und Festhalten, **F** Töten der Beute

Menschen halten Tiere und sind für sie verantwortlich

Pinnwand

KLEINE UND GROSSE KATZEN

Löwe

Verbreitung: Afrika
Länge: 2 m
Lebensweise: lebt in Rudeln · die Jagd ist überwiegend Aufgabe der Weibchen, sie erbeuten z. B. Zebras, das Löwenmännchen trägt eine lange Mähne

Tiger

Verbreitung: Asien
Länge: 2,50 m
Lebensweise: Einzelgänger · jagt in der Dämmerung · die Streifen des Fells dienen im Dickicht als Tarnmuster · durch die Zerstörung seines Lebensraums stark bedroht

Perserkatze

Verbreitung: geheizte Wohnungen
Länge: 60 cm
Lebensweise: wird vorwiegend in der Wohnung gehalten · erwartet regelmäßig Futtergaben im Fressnapf · beliebte Langhaarkatze · wird in verschiedenen Färbungen gezüchtet

Luchs

Verbreitung: Europa, Asien
Länge: bis 110 cm
Lebensweise: scheuer Dämmerungsjäger · Beute z. B. Mäuse, Kaninchen, Rehe, Bodenvögel · streng geschützt · war in Deutschland ausgestorben, wird aber vermehrt wieder angesiedelt

Falbkatze

Verbreitung: Nordafrika, Arabien
Länge: 65 cm
Lebensweise: wird in Ägypten seit 4000 Jahren als Haustier und Mäusefänger gehalten · wurde lange als „heiliges Tier" verehrt · gilt als der Stammvater unserer kleinen Hauskatzen

Europäische Wildkatze

Verbreitung: Mitteleuropa
Länge: 50 bis 80 cm
Lebensweise: seltener Waldbewohner · verbringt den Tag in leeren Fuchs- und Dachsbauten · jagt nachts Mäuse und Kaninchen · kann leicht mit der Hauskatze verwechselt werden

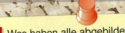

1. Was haben alle abgebildeten Katzen gemeinsam?
2. Welche der abgebildeten Katzen findet man nicht in freier Natur?
3. Sammle Bilder und Artikel über diese und weitere Katzenarten und gestalte eine Wandzeitung. Denke z. B. an Jaguar, Gepard, Leopard.

Menschen halten Tiere und sind für sie verantwortlich

Katze

Übung

A 1 Bau der Katzenzunge

Die Zunge der Katze ist viel rauer als die des Menschen. Kleine Erhebungen, die Papillen, sorgen dafür, dass die Zunge wie eine Raspel und eine Bürste wirkt.

a) Berichte, wozu die Katze eine so gebaute Zunge benötigt. Denke an das Fressen und das Putzen.

A 2 Katzenpfoten

a) Welchen Unterschied erkennst du zwischen beiden Katzenpfoten?
b) Entscheide, bei welchen Gelegenheiten die Katze die Krallen ausstreckt: Beim Schleichen? Beim Klettern auf Bäume? Beim Fangen und Festhalten der Beute? Beim Ruhen?
c) Warum hört man das Laufen eines Hundes im Flur, das der Katze aber nicht?

A 3 Katzen haben einziehbare Krallen

a) Beschreibe anhand der Zeichnungen, wie Katzen ihre Krallen einziehen und ausstrecken.
b) Hilft das elastische Band beim Einziehen oder Ausstrecken der Krallen?
c) Welchen Vorteil haben einziehbare Krallen? Bedenke, dass die Katze ein *Schleichjäger* ist.

A 4 Gebissuntersuchung

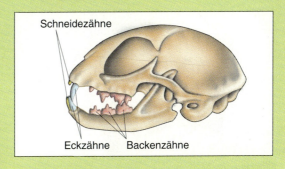

a) Beschreibe die verschiedenen Zähne des Katzengebisses. Welche Funktionen haben sie?
b) Vergleiche das Gebiss der Katze mit dem des Hundes auf Seite 23. Nenne Gemeinsamkeiten und Unterschiede.
b) Ist es richtig zu sagen, dass auch Katzen ein Raubtiergebiss besitzen? Begründe.

A 5 Körpersprache der Katze

Friedlich oder angriffslustig? Wie Hunde, so „sprechen" auch Katzen durch ihre Körperhaltung und den Gesichtsausdruck.
a) Beschreibe genau das Aussehen von Ohren und Augen, den Buckel und das Maul.
b) Entscheide, ob du dich dieser Katze gefahrlos nähern könntest.

Menschen halten Tiere und sind für sie verantwortlich

2 Kuh mit Kalb auf der Weide

1 Bäuerin beim Melken

3 Nutztiere

3.1 Vom Kalb zum Rind

Bauer Möllers steht zufrieden vor einer Box in seinem Kuhstall. Nach neun Monaten Tragzeit hat eine seiner *Kühe* gerade ein *Kalb* geboren. Schon kurz nach der Geburt steht es auf und sucht nach dem Euter seiner Mutter. Dort hat sich schon vor der Geburt Milch gebildet. Hungrig saugt es an den Zitzen. Tiere, die ihre Jungen säugen, nennt man **Säugetiere**. Weil die Kälber schon kurz nach der Geburt aufstehen und laufen können, zählt man Rinder zu den **Nestflüchtern**.

Ohne Kalb keine Milch

Normalerweise werden die Kälber etwa zwei Monate lang von ihren Müttern gesäugt, bevor sie Grünfutter fressen können. Man sieht heute jedoch nur noch selten Kühe zusammen mit ihren Kälbern auf der Weide. Meistens werden die Kälber kurz nach der Geburt von ihren Müttern getrennt. Die Kühe werden dann zur Milchgewinnung täglich gemolken, denn Kühe geben auch nach der Aufzucht ihrer Jungen noch weiterhin Milch, wenn man sie ständig weiter melkt. Nur Kühe, die gekalbt haben, können also Milch geben.

Aus diesem Grund achten die Landwirte darauf, dass ihre weiblichen Rinder schnell ein Kalb bekommen. Früher wurden sie von männlichen Tieren, den *Bullen*, besamt. Heute führt der Tierarzt künstliche Besamungen durch. Kuhkälber werden meist zu Milchkühen herangezogen. Bullenkälber werden überwiegend zur Fleischgewinnung genutzt.

Aus Bullen werden Ochsen

Rinder wurden früher auch als Arbeitstiere in der Landwirtschaft eingesetzt. Dazu zog man kräftige Bullenkälber heran. Da Bullen aber auch sehr wild sind und aggressiv werden können, wurden ihnen meist die Hoden entfernt. Nach dieser *Kastration* werden sie viel ruhiger und friedlicher. Man nennt sie dann *Ochsen*. Ochsen setzte man früher häufig als Zugtiere von schweren Wagen ein. Heute entfernt man Bullenkälbern die Hoden, um eine bessere Fleischqualität zu erzielen.

> Das Rind ist ein Säugetier. Nur Kühe, die gekalbt haben, geben Milch. Man unterscheidet bei Rindern zwischen Kalb, Kuh, Bulle und Ochse.

1 Erkläre, warum Rinder zu den Säugetieren zählen.
2 Weshalb bezeichnet man junge Kälber als „Nestflüchter?"
3 Nenne die Unterschiede zwischen Bulle, Kuh, Kalb und Ochse.

Menschen halten Tiere und sind für sie verantwortlich

1 Einsatz der Zunge

3.2 Rinder sind wiederkäuende Pflanzenfresser

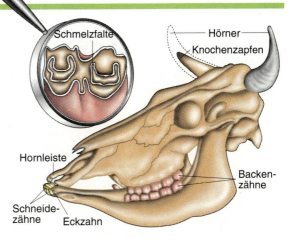

2 Schädel und Gebiss des Rindes

Auf der Weide sieht man Rinder stundenlang grasen. Rinder gehören zu den Pflanzenfressern. Mit ihrer langen, rauen Zunge umfassen sie ganze Grasbüschel und reißen sie ab. Kurze Gräser werden zwischen den Schneidezähnen des Unterkiefers und der Hornleiste des Oberkiefers eingeklemmt und mit einem Kopfruck abgezupft. Mit viel Speichel vermischt wird die Pflanzennahrung dann fast unzerkaut verschluckt. Täglich gelangen so bis zu 70 kg Gräser und Kräuter in den Rindermagen.

Rinder kauen ihre Nahrung zweimal

Zunächst gelangt die Nahrung in den **Pansen.** Hier wird sie gesammelt, aufgeweicht und leicht zersetzt. Wenn sich Rinder zum Ruhen hinlegen, gelangt das Futter in den **Netzmagen.** Dort werden kleine Ballen geformt und ins Maul zurückbefördert. Die Nahrung wird erst beim zweiten Mal richtig gekaut. Daher bezeichnet man Rinder als **Wiederkäuer.** Die Backenzähne haben raue, harte Schmelzfalten, die die Nahrung gründlich zerreiben. Solche Zähne kennzeichnen ein **Pflanzenfressergebiss.**
Nach dem Wiederkäuen wird der Nahrungsbrei erneut geschluckt und gelangt in den **Blättermagen,** wo ihm Wasser entzogen wird. Im **Labmagen** und im langen **Darm** findet die restliche Verdauung statt.

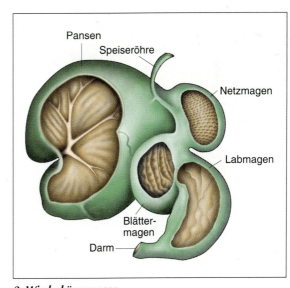

3 Wiederkäuermagen

> Rinder sind Pflanzenfresser. Ihr Wiederkäuermagen besteht aus Pansen, Netzmagen, Blättermagen und Labmagen.

1 Beschreibe mithilfe der Abb. 3 und 4 den Weg der Nahrung durch den Wiederkäuermagen.
2 Vergleiche das Pflanzenfressergebiss mit einem Raubtiergebiss.

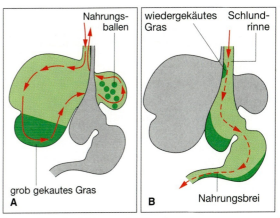

4 Der Weg der Nahrung. A Weg der gefressenen Nahrung, B Weg der wiedergekäuten Nahrung

Menschen halten Tiere und sind für sie verantwortlich

1 Schwarzbuntes Niederungsrind

3 Urrind (Höhlenmalerei)

3.3 Rinder sind für den Menschen von Bedeutung

Das Rind ist das wichtigste Haustier des Menschen. Schon vor über 6000 Jahren entdeckten die Menschen, dass man wilde Tiere zähmen und züchten konnte, um in Notzeiten Fleischvorräte zu haben. Später setzte der Mensch die Rinder auch als Zugtiere ein. Er spannte sie vor Lastkarren und Ackergeräte oder nutzte ihre Kraft, um die ersten einfachen Maschinen zu bewegen. Der Kuhdung wurde als Dünger auf den Feldern verteilt.

Alle Rinderrassen stammen vom *Urrind* ab, das jedoch ausgestorben ist. Heute gibt es etwa 450 verschiedene Rinderrassen.

Kühe sind Milchlieferanten

Besonders wichtig ist das Rind als Milchlieferant. Kuhmilch enthält Eiweiß, Fett, Zucker, Mineralstoffe und Vitamine. Das sind lebenswichtige Stoffe. Deshalb können Kälber in den ersten Monaten auch ohne weitere Nahrungsmittel nur mit Milch auskommen. Heute züchtet man Kühe, die eine hohe **Milchleistung** erzielen. Im Durchschnitt liefert eine Milchkuh pro Jahr 5000 Liter Milch. Das bei uns häufig gehaltene Schwarzbunte Niederungsrind erzeugt sogar eine Jahresmilchmenge von 6100 Litern.

Früher wurden Kühe mit der Hand gemolken. Die Milch wurde direkt auf dem Bauernhof verarbeitet. Heute wird sie mit Hilfe von Melkmaschinen aus dem Euter gesaugt und in großen Kühlgefäßen gesammelt. In speziellen Kühlwagen wird die Milch dann zu Molkereien transportiert. Dort wird sie zu Butter, Sahne, Quark und vielen anderen Milchprodukten weiter verarbeitet.

Jährliche Milcherträge pro Kuh
Deutschland (Durchschnitt aller Rassen, gerundet)

1810 – 1200 Liter	1975 – 4000 Liter
1850 – 1600 Liter	1980 – 4500 Liter
1910 – 2100 Liter	1991 – 4800 Liter
1930 – 2400 Liter	1992 – 5000 Liter
1950 – 2500 Liter	1993 – 5200 Liter
1965 – 3700 Liter	2000 – 7000 Liter

2 Milcherzeugung. **A** moderne Melkanlage, **B** Milch und Milchprodukte, **C** Milcherträge von Rindern

Menschen halten Tiere und sind für sie verantwortlich

4 Fleischrind

6 Fleischprodukte

Mastrinder liefern Fleisch

Neben der Milcherzeugung sind Rinder als **Fleischlieferanten** von großer Bedeutung. Dafür werden spezielle **Mastrinder** gezüchtet. Nach der Schlachtung wird das Fleisch hauptsächlich zu Braten, Gulasch, Steaks und Wurst verarbeitet.
Auch andere Teile des Rindes wie zum Beispiel Haut, Därme, Hufe und Knochen verarbeitet man zu nützlichen Produkten.
Bei uns hält man hauptsächlich Rinder, die während ihres Lebens viel Milch und bei der Schlachtung eine Menge Fleisch liefern. Zu solchen **Zweinutzungsrindern** gehören zum Beispiel das Schwarzbunte und das Rotbunte Rind. Man erkennt sie leicht an ihrem schwarzweiß und braunweiß gefleckten Fell. Es gibt aber auch Rassen, die nur für einen Zweck gezüchtet wurden. Man nennt sie dann **Milchrinder** oder **Fleischrinder.**

> Alle Rinderrassen stammen vom Urrind ab. Milch und Fleisch sind die wichtigsten Erzeugnisse aus der Rinderhaltung.

1 Informiere dich mithilfe der Angaben auf einer Milchverpackung über die Bestandteile, die in der Milch enthalten sind.
2 Nenne Lebensmittel, zu deren Herstellung Milch benötigt wird.
3 Stelle die Angaben über die jährlichen Milcherträge (Abb. 2 C) in einem Säulendiagramm dar.
4 Beschreibe oder zeichne den Weg der Milch von der Kuh bis zur Butter.
5 Nenne Produkte, zu denen Rindfleisch verarbeitet wird. Nutze dazu auch Abb. 6.
6 Begründe die Aussage: Der Mensch verwertet fast alle Teile des Rindes. Nutze Abb. 5.

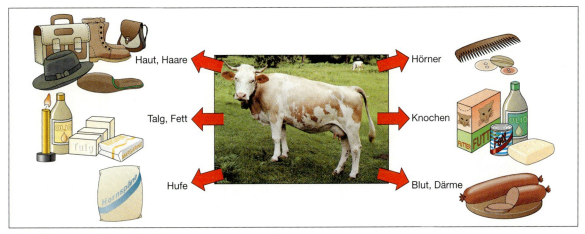

5 Produkte aus Teilen des Rindes

Menschen halten Tiere und sind für sie verantwortlich

3.4 Rinder müssen artgerecht gehalten werden

Im Jahr 1999 wurden in Deutschland 10 Millionen Mastrinder gehalten. Es gibt unterschiedliche Formen der Rinderhaltung.

Die Freilandhaltung

Rinder auf der Weide sieht man nur noch in wenigen Gegenden. Dabei fühlen sie sich in der Herde wohl. Sie können sich frei bewegen, frisches Gras fressen, Tränken aufsuchen und sich an schattigen Plätzen zum Wiederkäuen hinlegen. Abends werden sie dann auf der Weide gemolken. Die **Freilandhaltung** kommt den natürlichen Bedürfnissen des Hausrindes sehr nahe. Doch leider wird sie immer seltener.

Die Stallhaltung

In den **Anbindeställen** älterer Betriebe werden Rinder angekettet auf sehr engem Raum nebeneinander gehalten. Sie stehen alle mit dem Kopf zur Futterkrippe und können sich kaum bewegen oder zum Ruhen hinlegen. Meist stehen sie auf Lattenrosten. Eine weiche Strohauflage fehlt.

In modernen **Boxenlaufställen** haben die Rinder mehr Bewegungsfreiheit. In der Halle gibt es getrennte Liege- und Fressplätze. Zudem können sie auf Weideplätzen außerhalb des Stalles grasen. Die Zusammenstellung des Kraftfutters, die Füllung der Tröge sowie das Melken und Ausmisten erfolgen automatisch. Damit sich die Rinder nicht gegenseitig verletzen, werden ihnen häufig die Hörner entfernt.

Viele Landwirte können nur durch diese **Stallhaltung** Fleisch und Milch preiswert erzeugen. Fleisch ist neben Milchprodukten ein beliebtes Nahrungsmittel. Zur Bedarfsdeckung werden die meisten Rinder in Ställen gehalten, da sie hier schneller Fleisch ansetzen. Auf der Weide würden sie langsamer wachsen, und das Fleisch würde teurer werden. Die Haltung vieler Tiere

1 Rinderhaltung. A Freiland, B Anbindestall, C Boxenlaufstall

> Rinder werden bei uns überwiegend in Ställen gehalten. Bei der Rinderhaltung sollen die Bedürfnisse der Tiere beachtet werden.

Auszug aus dem Tierschutzgesetz von 1986:
„Wer ein Tier hält, betreut oder zu betreuen hat, muss dem Tier angemessene artgemäße Nahrung sowie eine verhaltensgerechte Unterbringung gewähren, darf das artgemäße Bewegungsbedürfnis eines Tieres nicht dauernd und nicht so einschränken, dass dem Tier vermeidbare Schmerzen, Leiden oder Schäden zugefügt werden."

2 Aus dem Tierschutzgesetz

1 Nenne Bedürfnisse von Rindern.
2 Beschreibe mithilfe der Abbildungen, wie Rinder gehalten werden.
3 Beurteile die Methoden der Rinderhaltung. Lies dazu auch den Auszug aus dem Tierschutzgesetz.

Menschen halten Tiere und sind für sie verantwortlich

RINDER

Pinnwand

Indien: Kühe sind heilig

Indien ist das Land mit den meisten Rindern. Aus religiösen Gründen dürfen die Tiere jedoch nicht geschlachtet und zur Ernährung der Bevölkerung genutzt werden. Kühe gelten als heilig. Deshalb wagt es niemand, ihnen etwas anzutun. Als Fleischlieferanten werden in Indien häufig Ziegen gehalten.

Europa: Tiertransporte – Hölle auf Rädern?!

Bonn (dp) Für Tiertransporte gibt es endlich neue Gesetze. Früher wurden z. B. Rinder tagelang auf engstem Raum durch Europa transportiert. Oft kamen sie abgemagert und verletzt am Zielort an. Nach der neuen Verordnung dürfen Schlachttiere nur noch 8 Stunden transportiert werden. Dann müssen die Tiere entladen werden sowie Wasser und Futter erhalten. Erst nach einer eintägigen Pause darf der Transport weiter gehen. Allerdings sind Tierschützer mit dieser neuen Regelung noch nicht zufrieden.

Stierkämpfe

Stierkämpfe haben in Spanien eine lange Tradition. In fast jeder größeren Stadt gibt es eine Stierkampfarena. Zuerst wird der Stier durch die Arena getrieben. Dabei stößt man ihm Stöcke mit Widerhaken in den Nacken. Dadurch verliert er viel Blut und wird schnell schwach. Am Ende wird der Stier vom Torero mit einem Schwert getötet. Viele Menschen verurteilen dieses blutige „Spiel" als Tierquälerei.

---

1 Vergleiche den Umgang mit Rindern in Spanien und Indien.

2 Diskutiert in der Klasse über Stierkämpfe.

3 Weshalb sind Tierschützer auch mit der neuen Regelung zum Schlachttiertransport unzufrieden?

4 Suche im Internet Informationen über die Rinderseuche BSE und stelle sie in deiner Klasse vor.

Eine Rinderseuche mit Folgen

Alfelder Bote   Freitag, den 7. Februar 2001

Viele Fleischliebhaber sind verunsichert. Sie essen kein Rindfleisch mehr. Grund ist eine kaum erforschte Seuche bei Rindern – der Rinderwahnsinn, auch **BSE** genannt. BSE ist eine Krankheit, die das Gehirn der Rinder zerstört. Erkrankte Tiere sterben schnell. 1986 stellte man BSE zum ersten Mal in Großbritannien fest. Mittlerweile sind auch Rinder in Deutschland erkrankt. Man nimmt an, dass diese Krankheit durch Tiermehl, ein Futtermittel aus toten Nutztieren, übertragen wird (Tiermehl als Futtermittel ist inzwischen verboten). BSE kann auch vom Muttertier auf das Kalb übertragen werden. Es wird befürchtet, dass die Erreger beim Verzehr von befallenen Körperteilen eines Rindes in den Menschen gelangen, denn durch Kochen oder Braten sind sie nicht zu zerstören. Dort können sie eine tödliche Hirnkrankheit auslösen.

Menschen halten Tiere und sind für sie verantwortlich

1 Auf dem Reiterhof. A Pferde brauchen Pflege, **B** Pferde beim Auslauf

3.5 Pferde – bei vielen Kindern sehr beliebt

Anja und Marc haben ein tolles Hobby: **Pferde.** Oft verbringen sie ihre Freizeit auf dem Reiterhof. Heute stehen sie an der Koppel und beobachten die Pferde beim Grasen. Ein lauter Knall erschreckt die Herde. Im Galopp stürmen die Tiere davon.

Pferde sind Lauftiere und Pflanzenfresser

Pferde ergreifen bei Gefahr die Flucht. Sie können schnell und ausdauernd laufen. Dieses Verhalten haben sie von ihren Vorfahren, den *Wildpferden,* übernommen. Die Wildpferde lebten einst in den weiten Steppen Europas und Asiens. Die einzige heute noch vorkommende Wildpferdart ist das **Przewalski-Pferd.** Vielleicht hast du es in einem Zoo schon einmal gesehen.
Als Lauftiere haben die Pferde lange und starke Beine. Sie treten nur mit dem kräftigen mittleren Zehenknochen auf. Dieser ist an der Spitze durch einen *Huf* aus *Horn* geschützt. Aus diesem Grund werden Pferde auch als **Zehenspitzengänger** bezeichnet. In ihrer Fortbewegung zeigen sie drei verschiedene Gangarten: *Schritt* (langsam), *Trab* (mittelschnell) und *Galopp* (schnell).
Wenn du Pferden beim Grasen zuschaust, stellst du fest, dass sie die Halme mit den schrägen Vorderzähnen fassen und mit den breiten Backenzähnen gründlich zerreiben. Als ehemalige Bewohner der Steppe gehören sie zu den **Pflanzenfressern.**

Die Nutzung des Pferdes hat sich geändert

Seit 4000 bis 5000 Jahren wird das Pferd als *Haustier* gehalten. Lange Zeit war es als Arbeitskraft für den Menschen unentbehrlich. Es diente als Zugtier vor Pflug und Wagen und als Transportmittel für Personen und Lasten. Im Krieg waren die Reiter den Fußsoldaten weit überlegen. Pferdekutschen beförderten die Post und Passagiere.
Heute haben Auto, LKW, Traktor und Eisenbahn diese Aufgaben übernommen, sodass das Pferd seine ehe-

2 Przewalski-Pferde

3 Kaltblüter bei der Arbeit

Menschen halten Tiere und sind für sie verantwortlich

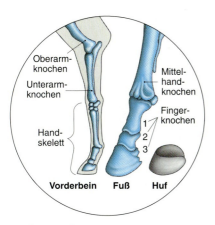

4 Laufbein des Pferdes

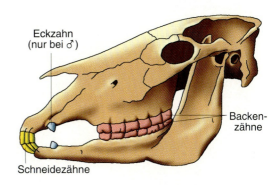

6 Pferdeschädel mit Pflanzenfressergebiss

malige Bedeutung fast ganz verloren hat. Im Sport und in der Freizeit spielt es jedoch heute eine wichtige Rolle. Besonders beliebt ist der *Reitsport*. Aus diesem Grund werden vermehrt Reit- und Springpferde gezüchtet.

Unterschiedliche Rassengruppen

Im Laufe der Zeit sind aus der Wildform zahlreiche Pferderassen entstanden. Man unterscheidet **Kaltblut-, Warmblut-** und **Vollblutpferde.**
Diese Begriffe beziehen sich jedoch nicht auf die Temperatur des Blutes. Diese beträgt bei allen Pferden etwa 38 °C. Die Unterschiede bestehen im Körperbau und im Temperament der Pferde. *Kaltblutpferde* sind stämmige, grobknochige Tiere, die nichts aus der Ruhe bringt. Heute werden sie wieder im Wald zum Abschleppen von Holzstämmen eingesetzt, weil sie schonender arbeiten als schwere Maschinen.
Die *Warmblutrassen* eignen sich besonders als Sport- und Kutschpferde. Sie haben einen schlanken Körperbau und sind schnell und wendig. *Vollblutpferde* sind die temperamentvollsten Pferde. Du kannst sie bei Pferderennen und im Zirkus sehen.

> Pferde sind Zehenspitzengänger und Lauftiere.
> Heute nutzt man sie vor allem in Sport und Freizeit.
> Kalt-, Warm- und Vollblüter unterscheiden sich in Körperbau und Temperament.

1 Beschreibe die Nutzung des Pferdes früher und heute. Lege dazu eine Tabelle an.
2 Pferde haben ein Pflanzenfressergebiss. Vergleiche die Abb. 6 mit dem Hundegebiss (S. 24) und dem Schweinegebiss (S. 38).
3 Mit welchen Teilen des Fußes tritt der Mensch auf, mit welchen das Pferd? Vergleiche dazu die Abb. 4 mit dem Fußskelett des Menschen (S. 43). Fertige eine einfache Strichzeichnung an.

5 Warmblüter im Reitsport

7 Vollblüter im Zirkus

Menschen halten Tiere und sind für sie verantwortlich

1 Hausschweine. A Freilandhaltung, **B** Schädel mit Allesfressergebiss
(Eber = männliches Tier, Sau = weibliches Tier, Ferkel = Jungtier im 1. Lebensjahr)

3.6 Hausschweine stammen von Wildschweinen ab

Kai macht Ferien auf einem Bauernhof. Er beobachtet die **Hausschweine**, die tagsüber frei auf einer Wiese herumlaufen. Oft wälzen sie sich in einer schlammigen Mulde, einer *Suhle*. Danach ist ihr Körper mit einer Schlammkruste überzogen, die sie vor lästigen Insekten schützt.

Schweine sind Allesfresser

Mit ihrer kräftigen Schnauze wühlen sie die Erde auf der Suche nach Fressbarem durch, so dass die Wiese teilweise wie ein umgepflügter Acker aussieht. Dort finden die Tiere reichlich Nahrung: Gräser, Kräuter, Pilze, Früchte, saftige Wurzeln und Knollen. Aber auch Kleintiere wie Würmer, Schnecken und Insektenlarven werden von ihnen gefressen. Einmal beobachtet Kai sogar, wie eines der Schweine eine Maus erwischt und verschlingt. Der Bauer erklärt ihm, dass Schweine **Allesfresser** sind. Das zeigt sich auch am Bau ihres Gebisses. An den vorderen Backenzähnen erkennt man wie bei den Raubtieren scharfe Spitzen und Kanten zum Zerkleinern von Fleisch. Die hinteren Backenzähne haben wie bei Pflanzenfressern eine abgeflachte Oberfläche zum Zermahlen von Pflanzenteilen. Abends darf Kai bei der Fütterung im Stall dabei sein, denn von dem, was die Wiese bietet, werden die Schweine nicht satt. Deshalb füttert der Bauer Kartoffeln, Schrot, Rüben, Küchenabfälle und Fleischreste zu. Außerdem erhalten die Tiere Kraftfutter, damit sie schneller zunehmen. Die *Sauen* können zu jeder Jahreszeit Junge bekommen. Ein guter Wurf bringt bis zu 12 *Ferkel*. Nach 8 Wochen können sie ohne Mutter aufgezogen werden.

Schweinemast

Hausschweine sind für die Ernährung des Menschen wichtig. Besonders mageres Schweinefleisch ist gefragt. Deshalb werden die Schweine nur noch selten so gehalten, wie Kai es auf dem kleinen Bauernhof erleben kann. In großen *Schweinemästereien* werden sie, eingezwängt in enge Boxen, zu Hunderten in riesigen Stallungen untergebracht. Man nennt dies **Intensivhaltung**. Die Tiere stehen auf Betonplatten mit Spalten, durch die Harn und Kot hindurchfallen. Da sie häufig

2 *Intensivhaltung bei der Schweinemast*

Menschen halten Tiere und sind für sie verantwortlich

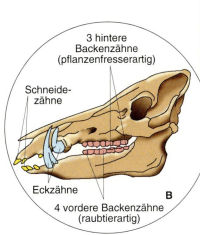

*3 Wildschweine. **A** Bache mit Frischlingen, **B** Schädel mit Allesfressergebiss (Keiler = männliches Tier, Bache = weibliches Tier, Frischling = Jungtier im 1. Lebensjahr)*

gefüttert werden und wenig Bewegung haben, nehmen sie an Gewicht schnell zu. Nach einem halben Jahr können sie bereits 100 kg wiegen. Nach 8 bis 12 Monaten sind sie schlachtreif. Neben ihrem Fleisch werden auch die Därme, das Blut, das Fett, die Knochen, die Haut und die Haare (Borsten) verwendet.

Wildschweine sind die Vorfahren der Hausschweine

Schon seit über 5000 Jahren beschäftigt sich der Mensch mit der Züchtung von Schweinen. Alle heute bekannten Hausschweinrassen stammen vom Wildschwein ab. Wildschweine kennst du sicher nur aus Wildgehegen. In waldreichen Gegenden kommen sie häufig vor, sind aber äußerst scheu und nur nachts aktiv. Ihr Körperbau zeigt einige Unterschiede zu den Hausschweinen. Durch ihr schwarz-braunes Haarkleid sind sie sehr gut getarnt. Mit ihren großen, aufrecht stehenden Ohren nehmen sie geringste Geräusche wahr. Auffallend sind der längere Kopf und der stärkere Rüssel. Damit brechen sie den Boden mühelos auf und richten auf den Feldern oft großen Schaden an. Der gut entwickelte Geruchssinn hilft ihnen bei der Futtersuche. Die *Keiler* erkennst du an den mächtigen Eckzähnen, auch *Hauer* genannt. Die *Frischlinge* sind gelbbraun gefärbt und haben helle Längsstreifen. Nach einem Jahr wechseln sie ihr Haarkleid und nehmen die Färbung der Alttiere an.

> Alle Hausschweinrassen stammen vom Wildschwein ab. Sie sind Allesfresser und für die Menschen ein wichtiger Fleischlieferant.

1 Beschreibe Unterschiede und Gemeinsamkeiten im Körperbau von Hausschweinen und Wildschweinen. Denke an Rumpf, Haarkleid, Kopfform, Ohren, Gebiss... Lege dazu eine Liste an.

2 Begründe, warum das Schweinegebiss als Allesfressergebiss bezeichnet wird.

3 Beschreibe, wie das Schwein verwertet wird. Abb. 4 hilft dir dabei.

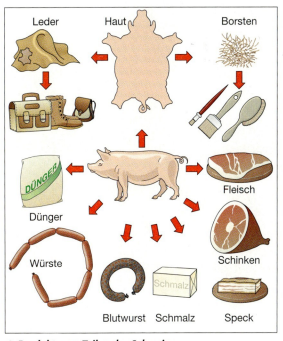

4 Produkte aus Teilen des Schweines

Menschen halten Tiere und sind für sie verantwortlich

1 **Bankivahuhn.** A Henne, B Hahn

3.7 Das Haushuhn – seit Jahrtausenden ein Nutztier

Hühner werden seit über 5000 Jahren als *Haustiere* gehalten. Alle Zuchtformen stammen vom **Bankivahuhn** ab, das heute noch wild in Indien und Indonesien lebt. Damals haben die Menschen Bankivahühner mit Futter in die Nähe ihrer Siedlungen gelockt, um so Eier, Federn und Fleisch zu gewinnen. Im Laufe der Zeit wurden diese Vögel dann zu *Nutztieren*. Unsere **Haushühner** sind dem Bankivahuhn in Körperbau und in Verhalten sehr ähnlich. Wenn du Hühner im Freien beobachtest, wirst du feststellen, wie sie mit ihren Füßen in der Erde scharren, um nach Nahrung zu suchen. Hier finden sie Gras, Körner, Larven und Würmer, die sie rasch und zielsicher mit dem Schnabel aufpicken. Mehrmals am Tag nehmen die Hühner in flachen Bodenmulden ein *Staubbad*. Auf diese Weise ersticken sie lästiges Ungeziefer in ihrem Gefieder. Zum Eierlegen suchen sich die *Hennen* ruhige Plätze am Boden, am liebsten Legenester im Stall. Zum Schlafen fliegen Wildhühner auf Bäume, Haushühner auf erhöhte Sitzstangen.

Hühnerhaltung ist nicht immer artgerecht

Die heutigen Rassen sind vor allem als Legehühner und Fleischhühner gefragt. Der Verbrauch an Eiern und Hühnerfleisch ist so stark gestiegen, dass die früher übliche **Freilandhaltung** den Bedarf nicht mehr decken kann. Daher hält man die Hühner heute vorwiegend in großen Hühnerfarmen. Eine besondere Form dieser *Intensivhaltung* ist die **Batteriehaltung.** Mehrere Legehennen sitzen dicht an dicht in einem Drahtkäfig und haben ihr Leben lang keinen Auslauf. Viele solcher Käfige bilden eine lange Batterie. Weil sie sich kaum bewegen können, werden Käfighühner häufig gegeneinander aggressiv.
Bei der **Bodenhaltung** sind die Legehühner in einem geräumigen Stall untergebracht und können sich frei bewegen. Ein Teil des Bodens ist mit Streu aus Spänen und Sand bedeckt, in dem die Hühner scharren, picken und ‚Sandbäder' nehmen können.

> Das Haushuhn stammt vom Bankivahuhn ab. In Körperbau und Verhalten stimmt es mit diesem weitgehend überein. Die Intensivhaltung von Haushühnern ist oft nicht artgerecht.

2 **Haltung von Hühnern.** A *Freilandhaltung*, B *Käfighaltung in Legebatterien*, C *einzelne Käfige*

1 Vergleiche Freilandhaltung, Bodenhaltung und Batteriehaltung. Welche Verhaltensweisen der Hühner sind möglich? Lege dazu eine Tabelle an.

Menschen halten Tiere und sind für sie verantwortlich

Prüfe dein Wissen

A1 Welche Aussagen sind zutreffend?
Menschen halten Tiere,
a) um Fleisch zu haben.
b) damit sie nicht aussterben.
c) um sich an ihnen zu erfreuen.
d) um nicht einsam zu sein.
e) damit sie zahm werden.

A2 Welche Tiere zählen zu den Haustieren?
Papagei, Kaninchen, Stubenfliege, Hausschwein, Pferd, Hausspinne, Rind, Haushuhn, Meerschweinchen, Ente, Höckerschwan, Hausmaus, Hausrotschwanz, Huhn, Goldhamster, Hausratte, Kopflaus, Honigbiene, Wellensittich

A3 Was zeichnet eine artgerechte moderne Tierhaltung im Zoo aus?
Gitterkäfige, wenige Tierarten, Futter wird angereichert, Wärter beschäftigen Tiere, Nahrung wird „erjagt", sehr viele Tierarten, Freigehege, Zootiere liegen „faul" herum, Gehege als Ausschnitt der Natur

A4 Welche Aussagen treffen auf Meerschweinchen zu?
a) Tagsüber schlafen sie, nachts sind sie aktiv.
b) Man darf sie nur als Paar halten.
c) Sie werden etwa 8 Jahre alt.
d) Als Käfig genügt eine große Holzkiste.
e) Sie eignen sich gut für ein Zusammenleben mit Hund und Katze.
f) Täglicher Auslauf ist für die Gesunderhaltung wichtig.

A5 Welche Begriffe treffen auf den Wolf zu?
Hetzjäger, Einzelgänger, Rudeltier, Schleichjäger, Nasentier, Ohrentier, Augentier, Zehengänger, Raubtier, Fleischfresser

A6 Wie heißen die Zahnarten im Hundegebiss? Wähle richtig aus.
Backenzahn, Eckzahn, Reißzahn, Mahlzahn, Nagezahn, Fangzahn, Schneidezahn

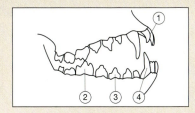

A7 Welche Verhaltensweise zeigt die abgebildete Katze?
Anschleichen, streunen, laufen, kriechen, lauern, abspringen

A8 Welche Sinne sind bei der Katze besonders gut ausgebildet?
Gehörsinn, Sehsinn, Tastsinn, Geschmackssinn, Geruchssinn, Gleichgewichtssinn

A9 Die folgende Zeichnung zeigt eine Schema vom Rindermagen.
a) Was für ein Magen ist das?
b) Aus welchen Teilmägen besteht der Rindermagen?

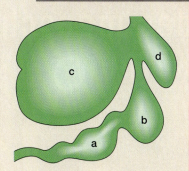

A10 Welchen Weg nimmt die Nahrung im Rindermagen? Verfolge anhand der Zeichnung.
a) Maul – a – b – c – d
b) Maul – d – c – Maul – b – a
c) Maul – c – d – b – a
d) Maul – c – d – Maul – b – a
e) Maul – d – c – Maul – b – a

A11 Welche Aussagen treffen zu?
a) Pferde ergreifen bei Gefahr schnell die Flucht.
b) Das Przewalski-Pferd spannt man vorwiegend vor Kutschen.
c) Warmblutpferde haben eine höhere Körpertemperatur als Kaltblutpferde.
d) Die Gangart Trab ist schneller als die Gangart Galopp.

A12 a) Kann mit dem unten abgebildeten Gebiss pflanzliche oder/und tierische Nahrung zerkleinert werden?
b) Nenne ein Tier mit einem entsprechenden Gebiss.
c) Wie heißen solche Gebisse?

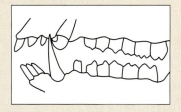

Bau und Leistungen des menschlichen Körpers

2 Daniel beim Basketballspielen

1 Organe, die bei der Bewegung zusammenarbeiten.
A *Nervensystem,* **B** *Muskeln,* **C** *Knochen und Gelenke*

1 Haltung und Bewegung

1.1 Bewegungen erfordern das Zusammenspiel vieler Organe

Daniel dribbelt den Ball durch das gegnerische Spielfeld. Sven versucht ihm den Ball abzunehmen. Daniel macht eine schnelle Wende und wirft den Ball in hohem Bogen in den Korb: Getroffen!
Daniels Korbwurf besteht aus einer Folge schneller Bewegungen. Was muss in Daniels Körper alles geschehen, damit er sich bewegen kann?

Zuerst sieht Daniel den Ball mit den **Augen**. Im **Gehirn** wird das Bild verarbeitet und entschieden, ob und wie er den Ball fangen soll. Das Gehirn gibt dann entsprechende Befehle über die **Nerven** an die **Muskulatur** der Arme. Daniel hebt die Arme, fasst im richtigen Moment zu und hält den Ball fest.
Um der Wucht des Balls standzuhalten, braucht der Körper eine Stütze. Diese Stütze wird durch ein Gerüst aus **Knochen** gebildet. Sie werden durch Gelenke, Muskeln und Sehnen beweglich miteinander verbunden. Alle Knochen zusammen werden als **Skelett** bezeichnet.

> Bei der Bewegung arbeiten die Sinnesorgane, das Nervensystem, die Muskeln und das Skelett zusammen.

1 Abb. 1 zeigt Organe, die beim Basketballspiel beteiligt sind. Nenne sie.
2 Du stehst in den Startlöchern und wartest auf den Startschuss. Beschreibe, wie verschiedene Organe während des „50-Meter-Laufes" aufeinander abgestimmt arbeiten müssen.

Bau und Leistungen des menschlichen Körpers

1.2 Das Skelett gibt dem Körper Halt

Zum Basketballspielen braucht Daniel nicht nur starke Muskeln, sondern auch eine stabile innere Stütze – das Skelett. Mit seinem *Armskelett* wirft Daniel den Ball in den Korb. Das *Beinskelett* trägt ihn beim Laufen und Springen, sodass er den Korb erreichen kann. Die **Wirbelsäule** stützt das Skelett und hält es aufrecht. Der **Schultergürtel** und der **Beckengürtel** verbinden die *Gliedmaßen*, also die Arme und Beine, beweglich mit der Wirbelsäule.

Das Skelett schützt den Körper

Kleine Stöße oder Verletzungen lassen sich beim Sport nicht vermeiden. Zum Schutz für Herz und Lungen bilden die *12 Rippenpaare* den **Brustkorb.** Hinten sind sie mit der Wirbelsäule verbunden und vorn mit dem Brustbein verwachsen. Die unteren beiden Rippenpaare enden frei.
Bekommt ein Spieler einen Ball an den Kopf, so wird das Gehirn vom **Kopfskelett** vor Verletzungen geschützt.

Das Skelett setzt sich also aus Kopfskelett, Brustkorb, Wirbelsäule, Schulter- und Beckengürtel sowie Arm- und Beinskelett zusammen.

> Das Skelett stützt den Körper und schützt die inneren Organe.

1 Welche Knochen kannst du bei dir gut fühlen? Orientiere dich an Abb. 1. Versuche bei dir z. B. das Schlüsselbein, das Schulterblatt, die Rippen und das Brustbein zu ertasten.
2 Stelle in einer Tabelle die einander entsprechenden Knochen von Arm- und Beinskelett gegenüber.

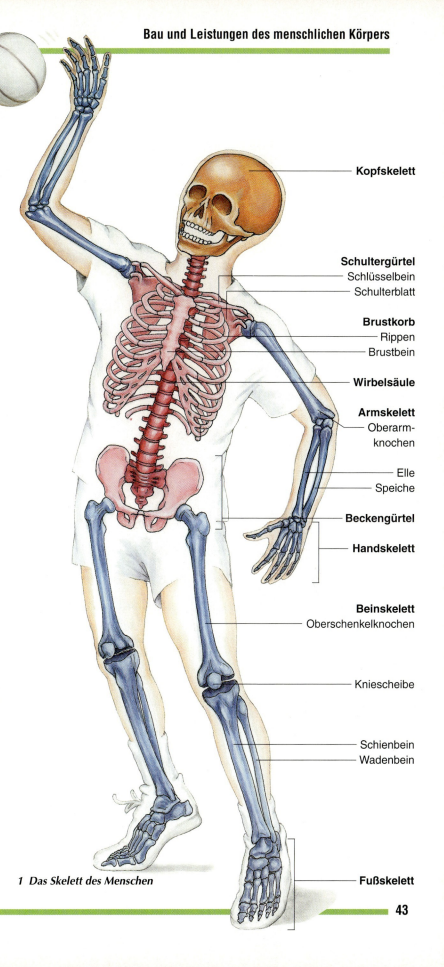

1 Das Skelett des Menschen

Bau und Leistungen des menschlichen Körpers

1 Im Sportunterricht

1.3 Die Wirbelsäule – Hauptstütze des Skeletts

In der Sportstunde ist Flic Flac an der Reihe. Anna beugt sich nach vorne, um Schwung zu nehmen. Sie schwingt ihren Oberkörper nach hinten und springt rückwärts auf ihre Hände. Dabei wird ihr Rücken stark gekrümmt. Wodurch ist Anna so beweglich?

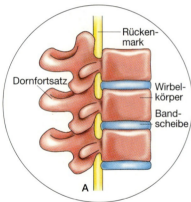

Sehen wir uns das Skelett des Menschen genauer an. Die **Wirbelsäule** durchzieht den Rumpf und hält ihn aufrecht. Von der Seite sieht sie aus wie ein „Doppel-S". Diese besondere Form ist wichtig für den *aufrechten Gang*.

Bau der Wirbelsäule

Die Wirbelsäule besteht aus einzelnen **Wirbeln**. Sie sind mit Muskeln und Bändern verbunden. Zwischen den meisten Wirbeln befinden sich elastische Knorpelscheiben, die **Bandscheiben**. Sie geben den nötigen Spielraum für Bewegungen beim Drehen und Beugen des Körpers. Außerdem dämpfen sie Stöße. Im unteren Bereich der Wirbelsäule sind jeweils mehrere Wirbel zum **Kreuzbein** und zum **Steißbein** verwachsen. Sie sind nur wenig beweglich.

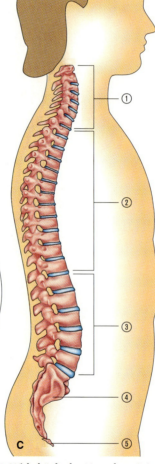

2 Wirbelsäule des Menschen. **A** Ausschnitt der Lendenwirbelsäule, **B** Lendenwirbel, **C** Gesamtbild mit: ① 7 Halswirbeln, ② 12 Brustwirbeln, ③ 5 Lendenwirbeln, ④ Kreuzbein, ⑤ Steißbein

🔢 Beuge deinen Rumpf nach vorne, nach hinten und zur Seite. Welche Bereiche der Wirbelsäule sind besonders beweglich?

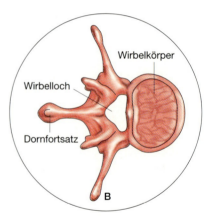

Zwischen *Wirbelkörper* und *Wirbelbogen* liegt das *Wirbelloch*. Übereinander gereiht bilden diese Öffnungen den *Wirbelkanal*. Dieser schützt einen wichtigen Nervenstrang, das **Rückenmark**.

> Die Wirbelsäule hält den Körper aufrecht und federt Stöße ab. Im Wirbelkanal verläuft das Rückenmark. Bandscheiben liegen zwischen den einzelnen Wirbeln.

Bau und Leistungen des menschlichen Körpers

KNOCHEN

Pinnwand

Röhrenknochen

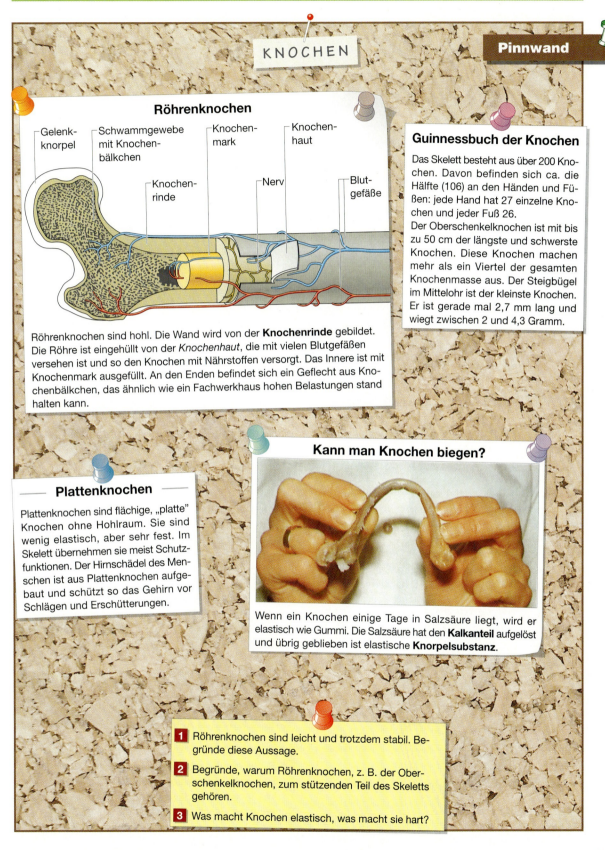

Beschriftungen: Gelenkknorpel – Schwammgewebe mit Knochenbälkchen – Knochenmark – Knochenhaut – Knochenrinde – Nerv – Blutgefäße

Röhrenknochen sind hohl. Die Wand wird von der **Knochenrinde** gebildet. Die Röhre ist eingehüllt von der *Knochenhaut*, die mit vielen Blutgefäßen versehen ist und so den Knochen mit Nährstoffen versorgt. Das Innere ist mit Knochenmark ausgefüllt. An den Enden befindet sich ein Geflecht aus Knochenbälkchen, das ähnlich wie ein Fachwerkhaus hohen Belastungen stand halten kann.

Guinnessbuch der Knochen

Das Skelett besteht aus über 200 Knochen. Davon befinden sich ca. die Hälfte (106) an den Händen und Füßen: jede Hand hat 27 einzelne Knochen und jeder Fuß 26.
Der Oberschenkelknochen ist mit bis zu 50 cm der längste und schwerste Knochen. Diese Knochen machen mehr als ein Viertel der gesamten Knochenmasse aus. Der Steigbügel im Mittelohr ist der kleinste Knochen. Er ist gerade mal 2,7 mm lang und wiegt zwischen 2 und 4,3 Gramm.

Plattenknochen

Plattenknochen sind flächige, „platte" Knochen ohne Hohlraum. Sie sind wenig elastisch, aber sehr fest. Im Skelett übernehmen sie meist Schutzfunktionen. Der Hirnschädel des Menschen ist aus Plattenknochen aufgebaut und schützt so das Gehirn vor Schlägen und Erschütterungen.

Kann man Knochen biegen?

Wenn ein Knochen einige Tage in Salzsäure liegt, wird er elastisch wie Gummi. Die Salzsäure hat den **Kalkanteil** aufgelöst und übrig geblieben ist elastische **Knorpelsubstanz**.

1 Röhrenknochen sind leicht und trotzdem stabil. Begründe diese Aussage.

2 Begründe, warum Röhrenknochen, z. B. der Oberschenkelknochen, zum stützenden Teil des Skeletts gehören.

3 Was macht Knochen elastisch, was macht sie hart?

Bau und Leistungen des menschlichen Körpers

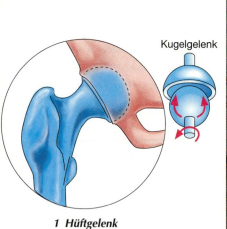

1 Hüftgelenk

2 Lisa in der Ballettstunde

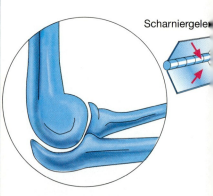

3 Ellenbogengelenk

1.4 Ohne Gelenke keine Beweglichkeit

Lisa steht an der Ballettstange und macht Dehnübungen. Problemlos hebt sie das rechte Bein, bis der Fuß zur Decke zeigt. Unglaublich, wie gelenkig sie ist.

Obwohl Lisas Bein fest mit dem Becken verbunden ist, kann sie es nach fast allen Richtungen bewegen. Diese Bewegungen ermöglicht Lisas *Hüftgelenk*. Es ist ein **Kugelgelenk.**
Im Gegensatz dazu kann Lisa das *Ellenbogengelenk* nur in eine Richtung bewegen. Weil es an ein Scharnier erinnert, zählt man es zu den **Scharniergelenken.**

Es gibt eine Vielzahl unterschiedlicher Gelenke im menschlichen Skelett, die viele verschiedene Bewegungen ermöglichen. Ihr Aufbau ist jedoch immer ähnlich.

Aufbau eines Gelenkes

Ein Gelenk verbindet zwei Knochen. Dabei passt das Ende des einen Knochen, der **Gelenkkopf,** genau in eine Vertiefung am Ende des anderen Knochen, die **Gelenkpfanne.** Beide sind durch einen glatten Knorpelüberzug geschützt, damit sie sich bei Bewegungen nicht gegenseitig beschädigen. Die Knochenenden sind durch eine feste und elastische **Gelenkkapsel** verbunden, die oft von Muskeln und Bändern verstärkt wird. In ihr befindet sich ein Gleitmittel, die *Gelenkschmiere.*

> Die Bewegungen des Körpers werden durch Gelenke zwischen den Knochen ermöglicht. Kugelgelenke und Scharniergelenke sind zwei wichtige Gelenkarten.

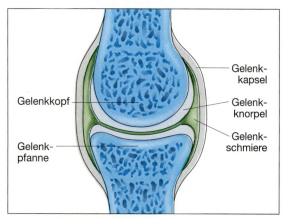

4 Aufbau eines Gelenkes

1 Suche am Skelett der Schulsammlung Kugelgelenke. Benenne sie. Beschreibe ihre Beweglichkeit.
2 Wo findest du an deinem Körper Scharniergelenke? Benenne sie. Beschreibe ihre Beweglichkeit.

Bau und Leistungen des menschlichen Körpers

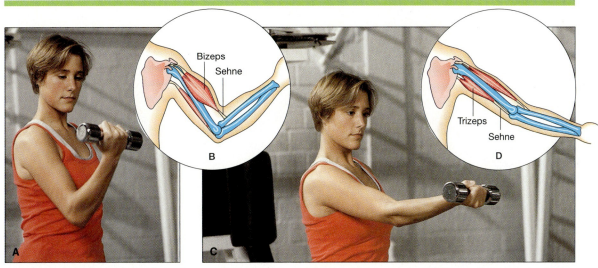

1 *Katrin beim Hanteltraining.* **A** *Armbeugen,* **B** *Bizeps beim Armbeugen,* **C** *Armstrecken,* **D** *Trizeps beim Armstrecken*

1.5 Wie kommen Bewegungen zustande?

Katrin geht zweimal pro Woche ins Fitnesscenter, um in Form zu bleiben. Regelmäßiges Training stärkt die Muskulatur. Oft trainiert sie die Muskeln ihres Oberarmes mit einer Hantel. Zwanzigmal geht die Hantel ohne Pause auf und ab.

Wird ein **Muskel** angespannt, zieht er sich zusammen. Dabei wird er kürzer und dicker. Er fühlt sich hart an.
Der Muskel, der beim Beugen des Arms angespannt wird, heißt **Bizeps.** Er befindet sich an der Vorderseite des Oberarms und ist an der Speiche und am Schulterblatt befestigt.
Unter Anspannung zieht er die Speiche in Richtung Schulterblatt und der Arm wird gebeugt. Deshalb nennt man den Bizeps auch **Beugemuskel.**
Der **Trizeps** befindet sich an der Rückseite des Oberarms. Er ist fest mit Elle und Schulterblatt verbunden. Arbeitet der Trizeps, wird der Arm wieder gestreckt. Darum heißt er **Streckmuskel.**
Solche *Gegenspieler* wirken überall im Körper zusammen und erzeugen entgegengesetzte Bewegungen.

Bewegungen können nur ausgeführt werden, wenn die Muskeln mit den Knochen fest verbunden sind. Diese Verbindungen werden von **Sehnen** hergestellt. Muskeln bestehen aus Bündeln mikroskopisch kleiner Fasern, die von einer festen Hülle umgeben sind. Diese Hülle geht an ihren Enden in Sehnen über, die mit den Knochen verwachsen sind.

Regelmäßiger Sport kräftigt die Muskulatur. Sie nimmt an Umfang zu und wird leistungsfähiger.
Falsches Training führt oft zu „Muskelkater". Dabei reißen kleine Fasern im Muskel und verursachen Schmerzen.

> Bewegungen entstehen durch Zusammenziehen von Muskeln. Beugemuskeln und Streckmuskeln arbeiten dabei als Gegenspieler. Sehnen verbinden Muskeln mit den Knochen.

1 Anna hatte den Arm gebrochen. Sie musste vier Wochen lang einen Gips tragen. Warum ist ihr Arm nach dieser Zeit ganz dünn und schlapp?
2 Nach dem Aufwärmtraining werden Muskeln weicher und dehnbarer. Dann werden Verletzungen im Sport seltener.
a) Lies dir das Gespräch der beiden Schüler unten auf der Seite durch. Was meinst du zu diesem Gespräch?
b) Hat sich der Sportlehrer richtig verhalten? Begründe deine Meinung.

Findest du auch, dass unser Sportlehrer ein richtiger Sklaventreiber ist? Zuerst verspricht er uns, dass wir die ganze Stunde Trampolin springen dürfen und dann müssen wir uns doch 10 Minuten mit Laufen abrackern.

Ich habe gelesen, dass die meisten Sportunfälle davon kommen, dass man sich vorher nicht genug aufgewärmt hat.

Bau und Leistungen des menschlichen Körpers

1 **Sportverletzungen.** **A** Meniskusschaden (① Meniskus, ② Kniescheibe, ③ Seitenband) **B** Ausrenkung (① Schulterblatt, ② Schlüsselbein, ③ Oberarmknochen),

1.6 Verletzungen beim Sport

Hannes ist beim Fußballspielen gestürzt. Sein Arm und seine Schulter schmerzen sehr. Der Trainer sagt: „Möglicherweise ist der Arm gebrochen. Wir bringen dich ins Krankenhaus."
Die behandelnde Ärztin untersucht Hannes gründlich und stellt eine Prellung fest, die nach einigen Tagen wieder ausheilt.

Verletzungsarten

Bei Stürzen oder harten Schlägen können Blutgefäße verletzt werden. Dann sickert das Blut in das umliegende Gewebe. Das Gewebe schwillt an und es entsteht ein schmerzhafter Bluterguss, den man **Prellung** nennt. Auch die Gelenke können bei Sportverletzungen geschädigt werden. Zu starke Belastung eines Gelenks kann dazu führen, dass die elastischen Bänder der Gelenkkapsel überdehnt werden. Das Gelenk ist nun nicht mehr ohne Schmerzen zu bewegen. Die Überdehnung der Gelenkkapsel nennt man **Verstauchung.** Häufig treten gleichzeitig im Gelenkbereich Blutergüsse auf.

Springt bei zu starker Überdehnung der Bänder der Gelenkkopf aus der Gelenkpfanne, spricht man von einer **Ausrenkung.** Die Knochen, die das Gelenk bilden, sind dann gegeneinander verdreht. Das Gelenk kann nicht schmerzfrei bewegt werden. Eine Ausrenkung muss so schnell wie möglich von einem Arzt oder einer Ärztin eingerenkt werden.
Auch Knochen halten nicht jeder Belastung stand. Bei einem harten Aufprall oder Tritt können Knochen brechen. Dann liegt ein **Knochenbruch** vor.

Verletzung des Kniegelenkes

Ein besonders empfindliches Gelenk ist das Kniegelenk. Hier bilden zwei halbmondförmige Knorpelscheiben die seitlichen Ränder der Gelenkpfanne, die *Menisken*. Sie geben dem Kniegelenk zusätzliche Festigkeit und federn Stöße ab. Bei seitlichen Drehbewegungen können diese Menisken zwischen den Knochen einklemmen. Dadurch entstehen kleine Risse in den Knorpelscheiben. Es können sogar kleinere Stücke herausbrechen. Solche Verletzungen nennt man **Meniskusschäden.**

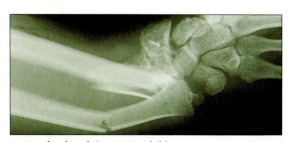

2 *Knochenbruch im Röntgenbild*

> Prellungen, Verstauchungen, Ausrenkungen, Meniskusschäden und Knochenbrüche sind häufige Sportverletzungen.

1 Welche Verletzung erkennst du auf Abb. 2? Erkläre.
2 Was geschieht bei einer Verstauchung des Schultergelenkes?
3 Wie kannst du dich vor Sportverletzungen schützen?

Bau und Leistungen des menschlichen Körpers

Haltungsschäden und wie du sie vermeiden kannst

Streifzug durch die Medizin

A

B

C

1 Richtige Haltung. A Tragen, B Sitzen, C Heben

Die Wirbelsäule des Menschen durchzieht den Rumpf. Sie hält den Körper aufrecht und stützt ihn. Achtet man nicht auf eine gerade Haltung, können **Haltungsschäden** entstehen.

Hängende Schultern und eine halbrund geformte Brustwirbelsäule nennt man einen **Rundrücken**. Ist die Lendenwirbelsäule nach vorn gebogen, sodass Bauch und Brust nach vorne gedrückt werden, spricht man von einem **Hohlkreuz**. Beim **Schiefrücken** ist die Wirbelsäule seitlich verkrümmt.

Einseitige und dauerhafte Belastungen der Wirbelsäule, wie das Tragen eines Rucksackes auf einer Schulter, können zu Haltungsschäden führen. Starke Rückenschmerzen können dann die Folge sein. Achtest du auf eine richtige Haltung bei allen Tätigkeiten, kannst du Haltungsschäden **vorbeugen**.

1 Benenne Fehler, die die Kinder in Abb. 2 machen. Zu welchen Haltungsschäden können sie führen?
2 Wie kann man Haltungsschäden vermeiden?
3 Erkläre anhand Abb. 4 die Belastung der Bandscheiben bei gerader und gebogener Wirbelsäule.

A

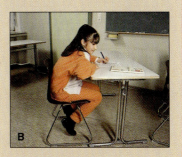
B

C

2 Falsche Haltung. A Tragen, B Sitzen, C Heben

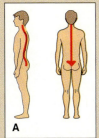
A

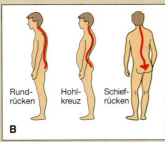
Rundrücken — Hohlkreuz — Schiefrücken
B

3 Wirbelsäule. A gesunde Form, B Verformungen

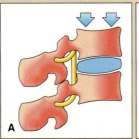
A

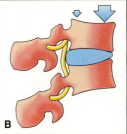
B

4 Bandscheibe. A gleichmäßig, B ungleichmäßig belastet

Bau und Leistungen des menschlichen Körpers

Streifzug durch die Medizin

Muskeltraining im Klassenzimmer

Dein Körper wird durch Bewegung nicht abgenutzt, sondern gesund und leistungsfähig gehalten. Durch langes Sitzen in der Schule oder vor dem Fernseher werden Muskeln, Sehnen und Bänder schwächer und kürzer. Dadurch wirst du mit der Zeit unbeweglich. Durch die folgenden Übungen kannst du einen kleinen Ausgleich schaffen. Ein Aufwärmen ist nicht nötig, da keine Bewegung stattfinden soll. Die Muskeln werden nur angespannt. Außerdem darfst du keine Schmerzen spüren.

Wiederhole jede Aufgabe viermal. Halte jede Muskelanspannung 5 Sekunden lang und mache zwischen den Übungen 2 Sekunden Pause. Brich die Übung ab, wenn du Schmerzen spürst.

1 A Lege deine rechte Hand gegen die rechte Schläfe und drücke den Kopf kräftig dagegen. Wiederhole die Übung mit der linken Seite.

1 B Lege die gefalteten Hände gegen die Stirn und drücke gleichzeitig den Kopf gegen die Hände.

2 Hake die Finger beider Hände ineinander und halte die Arme hoch. Versuche nun, die Ellenbogen auseinander zu ziehen.

3 Lege deine Handflächen aufeinander. Drücke sie fest gegeneinander.

4 Halte dich mit beiden Händen an der Stuhlunterkante fest. Versuche deinen Rücken gegen diesen Widerstand aufzurichten.

5 Verschränke deine Hände und drücke sie gegen deinen Bauch. Drücke ebenfalls den Bauch gegen die Hände.

6 Strecke deine Beine aus, lege die Füße unter den Stuhl deines Nachbarn. Versuche die Stuhlbeine mit ausgestreckten Beinen auseinander zu drücken. Versuche anschließend die Stuhlbeine von außen zusammenzudrücken.

7 Strecke die Beine und winkele die Füße an. Lege die Fußspitzen übereinander und drücke sie gegeneinander. Wechsle die Fußspitzen und wiederhole die Übung.

1A Stärkung der Halsmuskeln

2 Stärkung der Rückenmuskeln

4 Stärkung des unteren Rückens

6 Stärkung der Beinmuskeln

1B Stärkung der Halsmuskeln

3 Stärkung der Brustmuskeln

5 Stärkung der Bauchmuskeln

7 Stärkung der Fußmuskeln

Bewegung

V1 Messen der Körpergröße

Misst man die Körpergröße morgens und abends, erhält man unterschiedliche Werte:

	morgens	abends
Person 1	1,93 m	1,91 m
Person 2	1,71 m	1,70 m

Aufgabe: Miss deine Körperlänge morgens und abends. Erkläre, warum Menschen abends kleiner sind.

V2 Beweglichkeit der Wirbelsäule

Material: Wellpappe, Schaumstoff ca. 0,5 cm dick, starke Pappe als Unterlage, doppelseitiges Klebeband, Schere, Zirkel

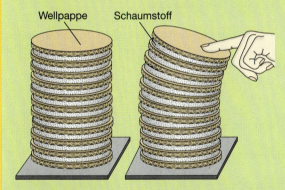

Durchführung: Schneide jeweils 10 runde Scheiben (⌀ ca. 5 cm) aus der Wellpappe und dem Schaumstoff heraus. Klebe die Scheiben nun mit doppelseitigem Klebeband abwechselnd aufeinander, sodass du eine Säule erhältst. Beginne und ende jeweils mit Wellpappe.
Aufgaben: a) Welchen Teilen der Wirbelsäule entsprechen die Wellpappe und der Schaumstoff?
b) Erkläre mithilfe des Modells, warum die Wirbelsäule so beweglich ist.

V3 Belastbarkeit der Wirbelsäule

Material: Holzbrett als Unterlage, dickerer Blumendraht (2 × ca. 35 cm), 20 Gewichte (Murmeln, kleine Kieselsteine), 2 durchsichtige Kunststofftüten mit Loch zum Aufhängen, Flachzange, 2 Nägel mit breitem Kopf, Hammer.

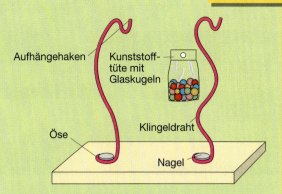

Durchführung: Biege die Drahtstücke mit der Flachzange in die oben abgebildete Form. Nagele die kleinen Ösen auf die Unterlage. Hänge je eine Kunststofftüte an den Haken. Fülle die Gewichte einzeln nacheinander in die Tüten, bis die Drahtstücke sich biegen.
Aufgaben: a) Vergleiche die Anzahl der Gewichte in den beiden Kunststofftüten. Stelle fest, welcher Draht am stärksten belastbar ist.
b) Welches Drahtmodell ist der Wirbelsäule ähnlicher?

V4 Stabilität von Röhrenknochen

Material: 1 Blatt DIN-A4-Papier, Schnur, Zeichenkarton (ca. 10 × 10 cm), 1 Kunststofftüte, prall gefüllt mit kleinen Murmeln oder Kieselsteinen und verschlossen.
Durchführung: Binde das Blatt Papier mit der Schnur zu einer Rolle. Bedecke die senkrecht stehende Rolle oben mit dem Karton. Lege die Tüte mit den Gewichten darauf. Wiederhole nun den Versuch mit der waagrecht liegenden Rolle.

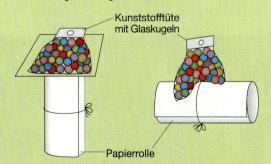

Aufgaben: a) Dieses Modell eines Röhrenknochens zeigt, für welche Belastungen diese Knochen besonders geeignet sind. Erkläre.
b) Nenne Röhrenknochen beim Menschen.

Bau und Leistungen des menschlichen Körpers

1 Im Supermarkt

2 Was wir essen und trinken

2.1 Unsere Nahrung enthält lebenswichtige Stoffe

Vera und Lukas kaufen im Supermarkt ein. Während Lukas Produkte aus dem Kühlregal aussucht, liest Vera die Verpackungsaufschriften auf den Lebensmitteln. Dabei entdeckt sie, dass Lebensmittel ganz unterschiedlich zusammengesetzt sein können. Eine Gemeinsamkeit der meisten Lebensmittel jedoch sind **Kohlenhydrate, Fette** und **Eiweißstoffe.** Allerdings kommen sie in den Lebensmitteln in verschiedenen Mengen vor. Wozu braucht unser Körper diese Stoffe?

Kohlenhydrate liefern Energie

Brot, Nudeln, Kartoffeln und Süßigkeiten enthalten große Mengen *Stärke* und *Zucker*. Stärke und Zucker sind Kohlenhydrate. In den Kohlenhydraten ist **Energie** gespeichert. Du brauchst diese Energie für alle Lebensvorgänge, z. B. zur Bewegung oder zum Lernen.

Fette sind Energiebomben

Auch Fett ist ein wichtiger Energielieferant. Lebensmittel wie Wurst und Butter, aber auch Margarine, Öle und Nüsse sind sehr fettreich.
Fette sind viel energiereicher als Kohlenhydrate. Wenn du zu viel Fette isst, nimmst du mehr Energie auf, als dein Körper nutzen kann. Der Körper speichert sie in Form von Fettpolstern.

Eiweißstoffe bauen dich auf

Dein Körper braucht aber nicht nur *Energielieferanten*, sondern auch *Baustoffe,* die zur Bildung von Muskeln, Organen und Blut erforderlich sind. Solche Baustoffe sind die **Eiweißstoffe.** Sie helfen deinem Körper auch

2 **Nahrungsmittel. A** *kohlenhydratreich,* **B** *fettreich,* **C** *eiweißreich*

Bau und Leistungen des menschlichen Körpers

3 Vitamin- und mineralstoffreiche Nahrungsmittel

4 Mineralwasser

bei der Heilung einer Wunde oder der Erneuerung der Haut nach einem Sonnenbrand. Fleisch, Fisch und Milchprodukte, aber auch Pflanzen wie Erbsen und Bohnen enthalten größere Mengen an Eiweißstoffen.

Mineralstoffe und Vitamine halten dich gesund

Kohlenhydrate, Fette und Eiweißstoffe sind **Nährstoffe.** Zusätzlich benötigt dein Körper noch kleine Mengen verschiedener Salze, die man **Mineralstoffe** nennt. So sind zum Beispiel Calciumsalze für den Knochenaufbau, Eisensalze für die Blutbildung und Fluoridsalze zum Schutz der Zähne wichtig. Ebenso brauchst du verschiedene **Vitamine,** die dich vor Krankheiten schützen. Vor allem frisches Obst und Gemüse enthalten viele Mineralstoffe und Vitamine. Auch **Wasser** ist lebenswichtig. Der menschliche Körper scheidet täglich etwa zwei Liter durch Schweiß und Urin aus. Dieser Verlust muss ersetzt werden.

Frische Pflanzenprodukte enthalten neben Wasser auch **Ballaststoffe,** die für die Verdauung notwendig sind.

> Kohlenhydrate und Fette liefern unserem Körper Energie. Eiweißstoffe dienen dem Aufbau des Körpers. Mineralstoffe, Vitamine, Ballaststoffe und Wasser sind für uns Menschen lebensnotwendig.

1 Nenne Nahrungsmittel, die einen hohen Gehalt an Kohlenhydraten, Fetten oder Eiweißstoffen haben.
2 Nenne vitamin- und mineralstoffreiche Lebensmittel.
3 Eiweißstoffe sind für Jugendliche sehr wichtig. Begründe.

● hoher Gehalt
○ mittlerer Gehalt

	Brot/Getreideprodukte	Kartoffeln	Milch	Milchprodukte/Käse	Butter	Fleisch	Wurstwaren	Fisch	Eier	Obst	Gemüse
Kohlenhydrate	●	●	○							○	○
Fette				○	●	○	○	○	○		
Eiweißstoffe	●	○	○	●		●	○	●	○		
Vitamine	○	○	○	○	○	○	○	○	○	●	●
Mineralstoffe	○	○	●	●		○	○	○	○	●	●

5 Nahrungsmittel und ihre Zusammensetzung

Bau und Leistungen des menschlichen Körpers

| Übung | **Nachweis von Nährstoffen in Nahrungsmitteln** |

Durch Versuche kannst du Kohlenhydrate, Fette und Eiweissstoffe in Lebensmitteln nachweisen. Stelle für die Versuche Wasser, Kartoffeln, Fruchtsaft, Butter und Milch bereit. Außerdem kannst du auch noch Nahrungsmittel wie Mehl, Haferflocken, Weißbrot, Eiklar, Bananen, Weintrauben, Margarine und Nüsse untersuchen. Überprüfe bei den Nahrungsmitteln, welche Nährstoffe sie hauptsächlich enthalten.

V1 Nachweis von Stärke durch die Jodprobe

Jodlösung färbt Stärke dunkelblau bis violett.
Material: Toastbrot, Butter, Jodlösung
Durchführung: Gib auf das Toastbrot und ein Stück Butter jeweils zwei Tropfen Jodlösung.
Aufgabe: Notiere deine Beobachtung. Erkläre.

V2 Nachweis von Fruchtzucker durch Teststreifen

Der Zucker färbt den Teststreifen grün.
Material: Wasser, Fruchtsaft, Zucker-Teststreifen, zwei Gläser
Durchführung: Gib in ein Glas Fruchtsaft und in das andere Wasser. Tauche in jedes Glas jeweils kurz einen Teststreifen ein.
Aufgabe: Notiere deine Beobachtung. Erkläre.

V3 Nachweis von Fetten durch die Fettfleckprobe

Fett hinterlässt auf Papier einen dauerhaften durchsichtigen Fleck.
Material: Wasser, Butter, Filterpapier, Bleistift
Durchführung: Gib etwas Butter und einen Tropfen Wasser nebeneinander auf ein Filterpapier. Umkreise beide Stellen mit Bleistift. Trockne das Papier und halte es dann gegen eine Lampe.
Aufgabe: Notiere deine Beobachtung. Erkläre.

V4 Nachweis von Eiweißstoffen durch Essigsäure

Essigsäure lässt Eiweiß gerinnen.
Material: Wasser, Milch, Essigsäure, zwei Gläser, Holzstäbchen
Durchführung: Fülle in ein Glas Wasser, in das andere Glas Milch. Gib in jedes Glas einige Tropfen Essigsäure und rühre mit einem Holzstäbchen um.
Aufgabe: Notiere deine Beobachtung. Erkläre.

2.2 Wie ernähren wir uns richtig?

„Nach dieser anstrengenden Sportstunde brauch' ich erst mal Pommes mit Majo und 'ne Cola", sagt Jan. „Ich esse zu Hause lieber ein Putenschnitzel mit Kartoffeln und einen knackigen Salat", antwortet Linda. „Geschmacksache", erwidert Jan. Aber ist es wirklich nur „Geschmacksache", wie man sich ernährt?

Damit du in der Schule rechnen, eine Arbeit schreiben oder im Sportunterricht Leistung bringen kannst, muss dein Körper ständig mit Energie versorgt werden. Jan erneuert die beim Sport verbrauchte Energie mit Lebensmitteln, die sehr viel Fett enthalten. Fettreiche Nahrung liefert aber meist mehr Energie, als dein Körper tatsächlich braucht. Diese überflüssige Energie wird in Form von „Fettpolstern" gespeichert, die man nur sehr schwer wieder los wird. Auch große Mengen Kohlenhydrate können zu Übergewicht führen. Typische „Dickmacher" sind Pommes frites, zuckerhaltige Getränke und Süßigkeiten.

Allzu viel ist ungesund

Es kommt also nicht nur auf die Menge an. Entscheidend ist, was du isst. Unsere Lebensmittel enthalten die lebensnotwendigen Stoffe in unterschiedlichen Mengen. Deshalb solltest du abwechslungsreich essen und nicht zu viele Energielieferanten zu dir nehmen. Der „Ernährungskreis" kann dir dabei helfen. Du ernährst dich gesund, wenn du täglich aus allen sieben Bereichen etwas isst. Dabei solltest du auf die im Lebensmittelkreis dargestellten Anteile achten. Neben der festen Nahrung ist es wichtig, dass dein Körper auch genug Flüssigkeit erhält. Deshalb solltest du täglich mindestens zwei Liter ungesüßte Getränke zu dir nehmen.

Auch die Verteilung der Mahlzeiten ist wichtig. Ein zweites Frühstück in der Schule und ein Imbiss am Nachmittag halten dich den ganzen Tag leistungsfähig. Als Zwischenmahlzeiten eignen sich frisches Obst, Salate und Milch- oder Vollkornprodukte.

> Eine abwechslungsreiche, vielseitige Kost sichert eine gesunde Ernährung. Viel pflanzliche Nahrung liefert genügend Vitamine, Mineral- und Ballaststoffe.

1 Beurteile die verschiedenen Mahlzeiten in Abb. 1.
2 Notiere die Nahrungsmittel, die du an einem Tag isst und vergleiche sie mit Abb. 1 B.
3 Stelle einen Tagesplan für eine gesunde Ernährung zusammen. Nutze dabei Abb. 1 B.

1 Ernährung. A, C unterschiedliche Mahlzeiten, **B** Ernährungskreis

Pinnwand — GESUNDE PAUSENSNACKS

MAC SNACK

Bestreiche die Brötchenhälften dünn mit Butter. Belege die untere Hälfte mit einem Salatblatt, einer Scheibe Käse, Gurkenscheiben und Paprikastreifen. Klappe dann die obere Hälfte darüber.

FRUCHTIGER MILCHSHAKE

Wasche bzw. schäle Obst (z. B. Banane, Heidelbeeren). Gib 100 g Obst, 100 g Jogurt, einen Löffel Honig und 1/4 Liter Milch in eine hohe Schüssel. Zerkleinere und vermische alles mit einem Pürierstab.

MAC KNÄCK

Bestreiche eine Scheibe Vollkornbrot dünn mit Butter. Belege sie anschließend mit Camembert und Tomatenscheiben. Lege dann die Scheibe Knäckebrot auf und garniere mit Paprikastreifen.

UMWELTTIPP

Benutze für dein Pausenbrot eine Frischhaltebox. Verzichte auf Verpackungen wie Alu- oder Frischhaltefolie. So vermeidest du Müll.

MAC DOPPELDECK

Bestreiche zwei Scheiben Vollkornbrot mit wenig Butter. Belege die eine Scheibe mit einem Salatblatt, einer Scheibe Kochschinken und einer Scheibe Käse. Lege danach einige Radieschenscheiben und die zweite Scheibe Vollkornbrot darüber.

1. Probiere die Rezepte aus und mache eigene Vorschläge für gesunde Pausensnacks.
2. Plant mit eurer Klasse ein gemeinsames Schulfrühstück. Besorgt die dafür notwendigen Lebensmittel und vergesst das nötige Zubehör wie Teller, Tassen und Bestecke nicht.
3. Bedenkt bei der Planung, dass nicht alle Lebensmittel von ausländischen Mitschülern verzehrt werden können. Nennt Beispiele solcher Lebensmittel.

Der Traum vom Schlaraffenland

Streifzug durch die Kunst

1 P. Brueghel d. Ä.: Das Schlaraffenland (1567)

2 Mahlzeit eines Bauern im 16. Jahrhundert

In vielen Fabeln und Märchen spielen Essen und Trinken eine große Rolle. Eines der bekanntesten Märchen ist das vom Schlaraffenland, in dem es Nahrung im Überfluss gibt. Um dorthin zu gelangen, muss man sich zuerst durch einen Berg von Brei fressen. Im Schlaraffenland bestehen die Zäune aus Würsten, die Gänse fliegen gebraten durch die Luft und in den Flüssen fließt Wein.

Dieses Märchen hat der Künstler Pieter Brueghel auf seinem Bild „Das Schlaraffenland" vor über 400 Jahren dargestellt. Man sieht einen Bauern, einen Ritter und einen Gelehrten, die so viel gegessen haben, dass sie nun mit vollem Bauch unter einem Baum liegen und schlafen. Nur der Knappe des Ritters wartet noch darauf, dass ihm etwas Essbares in den Mund fliegt. Der Grund für die Darstellung solcher Traumbilder war die große Sehnsucht der Menschen, genug zu essen zu haben.

Nur Könige und reiche Leute konnten zu Brueghels Zeit ausreichend und gut essen. Das Leben der Bürger, Handwerker und Bauern sah dagegen ganz anders aus. Sie aßen mit ihren Familien meist Getreidebrei mit etwas Gemüse aus einer gemeinsamen Schüssel. Außerdem mussten sie nach schlechten Ernten häufig hungern. Viele Menschen starben an den ständig wiederkehrenden Hungersnöten. Ausreichend Essen gab es für einfache Leute ohnehin nur zu Hochzeiten oder an Feiertagen.

Auch heute noch gibt es viele Menschen, die unter einer mangelnden Versorgung mit Lebensmitteln leiden. Besonders in Ländern der Dritten Welt sterben viele Menschen an Unterernährung.
Aufgrund moderner Anbaumethoden und Technik hat ein kleiner Teil der Menschheit heute Nahrung in guter Qualität und Auswahl im Überfluss. Wir gehören zu diesen bevorzugten Menschen.

1 Suche Märchen, in denen das Essen eine Rolle spielt. Erzähle es deinen Mitschülern in der nächsten Stunde.
2 Nenne Ursachen, die zu Hungersnöten führten.

Bau und Leistungen des menschlichen Körpers

1 Nahrungsgrundlagen anderer Länder. A Hirseanbau in Afrika, B Reisanbau in Asien

2.3 Ernährung in anderen Ländern

Bei Urlaubsreisen in andere Länder stellt man fest, dass es überall landestypische Speisen und Getränke gibt. Die Ernährungsgewohnheiten hängen in starkem Maße vom Klima des Landes und den zur Verfügung stehenden Nahrungsmitteln ab.

So stellt in Asien der *Reis* ein wichtiges Grundnahrungsmittel dar. In Deutschland ist es beispielsweise die *Kartoffel*, in Südamerika der *Mais* und in Afrika die *Hirse*. Die Mahlzeiten unterscheiden sich auch in ihrer Zusammensetzung und der Art der Zubereitung deutlich.

Während unser Mittagessen beispielsweise aus einem Schnitzel mit Kohlrabi und Kartoffeln besteht, isst ein Japaner eine Portion rohen Fisch mit Seetang und Reis. Ein Afrikaner hingegen nimmt z. B. ein Stück Hühnerfleisch mit Kürbisgemüse und Hirsebrei zu sich.

Trotz der Unterschiede in ihrer Zusammensetzung, enthalten diese Speisen aber alle die gleichen lebensnotwendigen Grundstoffe: Kohlenhydrate, Fette und Eiweißstoffe.

Höherer Wasserbedarf in heißen Ländern

Menschen, die in Ländern mit heißem Klima leben, müssen viel trinken. Man schwitzt dort sehr stark, wodurch unser Körper sehr viel Flüssigkeit verliert. Wüstenreisende müssen deshalb täglich bis zu 10 Liter Wasser zu sich nehmen.

In vielen Ländern ist es ratsam, das Wasser abzukochen, bevor man es trinkt. Das Wasser ist dort häufig unsauber und enthält Krankheitserreger.

Höherer Salzbedarf in heißen Ländern

Während wir bei unserer Ernährung darauf achten sollten unsere Speisen nicht zu viel zu salzen, gilt dies für Menschen aus heißen Ländern nicht. Durch das stärkere Schwitzen verliert ihr Körper nämlich nicht nur viel Flüssigkeit, sondern auch lebenswichtige Salze. Dieser ständige Verlust muss wieder ausgeglichen werden. Deshalb sind die Speisen in heißen Gebieten der Erde oft stark gesalzen. Urlaubern in sehr heißen Ländern wird sogar geraten, zusätzlich Salztabletten einzunehmen.

> Auch Nahrungsmittel aus anderen Ländern enthalten die Grundstoffe Kohlenhydrate, Fette und Eiweißstoffe. In Ländern mit heißem Klima ist der Bedarf an Flüssigkeit und Salzen höher als bei uns.

1 Sammle Rezepte mit Abbildungen ausländischer Gerichte und gestalte daraus ein Wandplakat.
2 Erkläre, weshalb der Flüssigkeitsbedarf in heißen Ländern höher ist als bei uns.
3 Nenne Möglichkeiten, wie man den hohen Salzverlust wieder ausgleichen kann.
4 Weshalb sollte man in vielen heißen Urlaubsländern Getränke ohne Eiswürfel bestellen?
5 Obst und Gemüse gelten als gesund, weil sie uns mit vielen Vitaminen, Mineralstoffen und Eiweißstoffen versorgen. Warum essen Eskimos trotzdem fast ausschließlich Fisch?

Bau und Leistungen des menschlichen Körpers

Viele Menschen leiden Hunger

Streifzug durch die Erdkunde

1 Hand eines unterernährten Kindes

Hunger ist in Deutschland seit über 50 Jahren kein Problem mehr. Für fast 500 Millionen Menschen auf der Welt ist er aber auch heute noch ein ständiger Begleiter. Dabei leiden Kinder am schlimmsten an den Folgen der Unterernährung. Sie befinden sich noch im Wachstum und benötigen besonders viel Nahrung. Außerdem fehlen ihren Lebensmitteln oft Eiweißstoffe, Fette und Vitamine. Erhalten sie längere Zeit nicht genügend Nahrung, beginnt der Körper die eigenen Muskeln abzubauen, um mit der so gewonnenen Energie die Lebensfunktionen aufrechtzuerhalten. Spindeldürre Arme und Beine, Kraftlosigkeit und ständige Müdigkeit sind die Folgen. Gleichzeitig ist die Widerstandskraft dieser Kinder geschwächt. Deshalb verlaufen Krankheiten wie Masern in vielen Fällen tödlich.

Im Hungergürtel der Erde starben 1997 fast 9 Millionen Kinder im ersten Lebensjahr. Diese Hungerzone verläuft nördlich und südlich entlang des Äquators. Dabei würde das weltweit angebaute Getreide ausreichen, um alle Menschen zu ernähren. Jedoch wird fast die Hälfte dieses Getreides als Viehfutter genutzt, um die reichen Industrieländer mit Fleisch und anderen tierischen Produkten zu versorgen. In Deutschland werden im Jahr pro Person etwa 89 kg Fleisch gegessen, in Indien dagegen nur 2 kg.

Weitere Ursachen des Hungers sind die ständig wachsende Bevölkerungszahl und regelmäßige Naturkatastrophen. Dürrezeiten, Überschwemmungen und Schädlingsbefall führen häufig zu Missernten. Auch veraltete Anbaumethoden und schlechte Böden sind Gründe für die geringen Ernteerträge.

1 Nenne Gründe, weshalb in vielen Ländern der Welt Hunger herrscht.
2 Beschreibe die gesundheitlichen Folgen der Unterernährung.
3 Nenne die Länder des Hungergürtels nach Erdteilen geordnet.

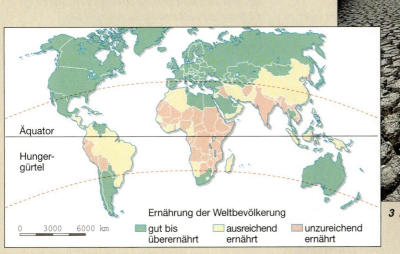

2 Hungergürtel der Erde

3 Ausgetrockneter Boden

Bau und Leistungen des menschlichen Körpers

1 Toastbrot mit Schimmelpilzen

3 Fliegen übertragen Bakterien

2.4 Was uns beim Essen krank macht

Wenn wir essen, nehmen wir nicht nur wichtige Nährstoffe auf. Manchmal enthalten Nahrungsmittel auch Bestandteile, die uns krank machen können.

Durch mangelnde Sauberkeit oder falsche Lagerung können sich **Schimmelpilze** entwickeln. Die weiß bis grün-bläulichen Schimmelpolster, die als feine Fäden das ganze Nahrungsmittel durchziehen, enthalten krebserregende Gifte. Deshalb müssen schimmelige Nahrungsmittel vollständig weggeworfen werden.

Mit der Nahrung können auch **Bakterien** in unseren Körper gelangen. Durch Fehler bei der Verarbeitung von Fleisch und Eiern können solche Erreger unsere Nahrung befallen. Die Bakterien rufen oft Darmerkrankungen hervor. Andere Bakterien werden von Fliegen auf Nahrungsmittel übertragen.

Schutz vor krank machenden Lebensmitteln

Achte beim Kauf abgepackter Nahrungsmittel immer auf das Haltbarkeitsdatum. Ist dies überschritten, können die Nahrungsmittel verdorben sein.

Frische Nahrungsmittel müssen immer im Kühlschrank aufbewahrt werden. So wird verhindert, dass sie schnell verderben.

Immer mehr Menschen reagieren auf bestimmte Nahrungsmittel wie Nüsse oder Äpfel allergisch. In vielen Fällen sind es auch Zusatzstoffe wie Farb- und Konservierungsmittel, die **Allergien** auslösen. Bei Kindern treten dabei in vielen Fällen Hautausschläge auf.

> Bestimmte Schimmelpilze und Bakterien auf Nahrungsmitteln können krank machen.
> Das Beachten des Haltbarkeitsdatums und die richtige Lagerung helfen Krankheiten zu vermeiden.
> Bestimmte Inhaltsstoffe im Essen können Allergien auslösen.

1 Nenne Verhaltensweisen, die eine Erkrankung durch verdorbene Nahrungsmittel verhindern können.
2 Nenne Nahrungsmittel, die unbedingt im Kühlschrank aufbewahrt werden müssen.
3 Untersucht Süßigkeiten auf Zusatzstoffe, die Allergien auslösen können. Nutze dazu Abb. 4.

2 Überprüfung der Haltbarkeit

E-Nummer	Art des Zusatzes und Name	Zu finden in
E 150	Farbstoff Zuckercouleur	Bonbons, Brot, Soßenpulver
E 160	Farbstoff Betacarotin	Butter, Bonbons, Limonaden
E 200	Konservierungsstoff Sorbinsäure	Kartoffelsalat Fischsalat
E 236	Konservierungsstoff Ameisensäure	Fertigsalate aller Art
E 472 d	Säuerungsmittel Weinsäure	Bonbons, Brausepulver

4 Zusatzstoffe

Bau und Leistungen des menschlichen Körpers

GEFAHREN FÜR DIE GESUNDHEIT

Pinnwand

Roter Fingerhut

Alle Pflanzenteile sind giftig. Schon geringste Mengen können tödlich wirken. Selbst nach Berührungen sind Vergiftungserscheinungen möglich.

Grüner Knollenblätterpilz

Dieser hochgiftige Knollenblätterpilz hat große Ähnlichkeit mit dem essbaren Champignon. Sein Gift wirkt erst nach 24 Stunden und zerstört die Leber.

Goldregen

Vor allem die Samen des Goldregens sind giftig. Aber auch die anderen Pflanzenteile enthalten Giftstoffe.

Achtung, Gift!

Kaue oder schlucke keine Früchte, Samen oder Blätter von Pflanzen, die du nicht kennst! Sie könnten giftig sein!

Typische Kennzeichen einer Vergiftung sind Brechreiz, Durchfall, Kopfschmerzen und Schwindelgefühl. In solchen Fällen muss sofort ein Arzt aufgesucht werden.

1. Suche aus Bestimmungsbüchern Pflanzen heraus, die Giftstoffe enthalten. Stelle Kopien davon her und gestalte daraus ein Plakat.
2. Nenne Gründe, weshalb man in immer mehr Räumen das Schild „Rauchen verboten" vorfindet.
3. Begründe, weshalb es falsch ist, schulische Probleme mithilfe von Medikamenten zu beseitigen.

Tabletten gegen Schulprobleme?

Bereits Schulkinder schlucken Tabletten, damit sie sich ruhiger verhalten oder bei einer Klassenarbeit weniger aufgeregt sind. Eine regelmäßige Einnahme schadet dem Körper jedoch und man kann von Tabletten abhängig werden.

Rauchen verboten!

Bau und Leistungen des menschlichen Körpers

Streifzug durch die Medizin
Alkohol – ein Suchtmittel

1 Alkoholgenuss. A zu Hause, **B** in der Clique

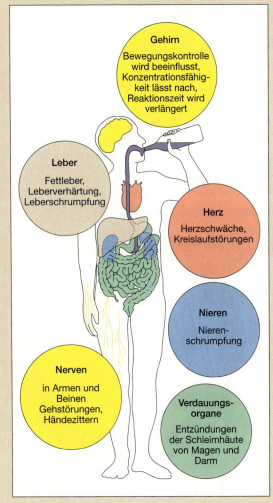

Gehirn
Bewegungskontrolle wird beeinflusst, Konzentrationsfähigkeit lässt nach, Reaktionszeit wird verlängert

Leber
Fettleber, Leberverhärtung, Leberschrumpfung

Herz
Herzschwäche, Kreislaufstörungen

Nieren
Nierenschrumpfung

Nerven
in Armen und Beinen Gehstörungen, Händezittern

Verdauungsorgane
Entzündungen der Schleimhäute von Magen und Darm

2 Wirkungen des Alkohols

Alkoholische Getränke sind in unserem Alltag selbstverständlich. Ob zu Hause, beim Treffen mit der Clique oder bei einer Feier am Arbeitsplatz. Viele Menschen trinken **Alkohol**, weil sie glauben, dadurch in bessere Stimmung zu kommen und ihre Alltagssorgen vergessen zu können. Diese scheinbar angenehmen Wirkungen des Alkohols sind aber nur von kurzer Dauer und können Probleme nicht beseitigen.

Durch den Einfluss des Alkohols werden die Bewegungen unsicher. Man kommt leicht aus dem Gleichgewicht und hat Schwierigkeiten beim Sprechen und Gehen. Betrunkene nehmen ihre Umwelt nicht mehr richtig wahr und können so sich und andere vor allem im Straßenverkehr in Gefahr bringen. Manche Menschen werden durch Alkohol sogar gewalttätig.

Alkohol ist für unseren Körper ein Gift, das die Körperzellen zerstört. Bei regelmäßigem und starkem Alkoholkonsum sind vor allem Leber, Magen, Darm, Herz, Gehirn und Nervensystem gefährdet. Dabei ist die schädliche Wirkung auf Jugendliche sehr groß, da sie sich noch im Wachstum befinden.

Regelmäßiger Alkoholkonsum kann zur körperlichen und seelischen Abhängigkeit führen. Die **Alkoholabhängigkeit** ist eine verbreitete Krankheit. Bei einer Entwöhnungskur haben Alkoholiker seelische und körperliche Probleme, die **Entzugserscheinungen.**

1 Nenne Gründe, weshalb Menschen Alkohol trinken.
2 Beschreibe, wie sich das Verhalten durch alkoholische Getränke verändern kann.
3 Beschreibe die Auswirkungen von übermäßigem Alkoholkonsum auf die Organe des Körpers.

2.5 Wie wir unsere Nahrung prüfen

Frau Strauß steht vor einem Obststand und möchte eine Melone kaufen. Zuerst prüft sie die Früchte mit den Augen. Schmutz oder Faulstellen sind schon durch Betrachten zu erkennen. Anschließend nimmt sie eine schöne Melone in die Hand, um ihre Festigkeit zu überprüfen. Schließlich könnte die Melone schon zu weich sein. Danach riecht sie an dem Obst. Eine gut aussehende, feste Melone, die aber unangenehm riecht, käme für Frau Strauß nicht in Betracht.

Bevor wir etwas in den Mund stecken, überprüfen wir unsere Nahrung. Dazu nutzen wir Augen, Hände und Nase. Dies geschieht häufig automatisch, ohne dass wir darüber nachdenken. Erst nach dieser Überprüfung wird entschieden, ob wir das Nahrungsmittel für essbar halten. Im Mund wird das Essen dann noch von den Lippen, der Zunge und den Zähnen auf seine Genießbarkeit überprüft.

Unsere Sinne können uns aber auch täuschen. Wenn du im Garten oder bei einem Spaziergang durch den Wald Früchte siehst, die du nicht kennst, solltest du vorsichtig sein. Selbst lecker aussehende und gut riechende Beeren können giftig sein. Einige essbare und tödlich giftige Pilzarten sind sich zum Verwechseln ähnlich. Du darfst also nur solche Früchte und Pilze verzehren, von denen du weißt, dass sie essbar sind.

> Augen, Hände, Nase und Mund überprüfen die Nahrung vor dem Verzehr auf ihre Genießbarkeit.

1 Beschreibe das Verhalten der Frau beim Obstkauf mithilfe der Abb. 1.

2 Nenne die Sinnesorgane, mit denen wir unsere Nahrungsmittel überprüfen.

3 a) Besorge für die nächste Biologiestunde verschiedene Nahrungsmittel (z. B. Obst, Gemüse, Wurst, Käse). Verbinde einem Mitschüler die Augen und setze ihm dann nacheinander einige dieser Nahrungsmittel vor. Dein Mitschüler oder deine Mitschülerin soll nun durch Fühlen, Riechen und Schmecken das jeweilige Nahrungsmittel erkennen.
Wichtig! Wähle die Nahrungsmittel erst dann aus, wenn die Augen des Mitschülers verbunden sind. Anschließend übernimmst du die Rolle der Versuchsperson.
b) Notiere in einer Tabelle, ob die Nahrung durch Fühlen, Riechen oder Schmecken am sichersten erkannt wurde.
c) Stelle die Versuchsergebnisse in der Klasse vor.

1 Prüfen eines Nahrungsmittels

Bau und Leistungen des menschlichen Körpers

2.6 Unsere Zähne

Beißt du in eine Scheibe Brot mit Käsebelag, kannst du gut die Bissspuren erkennen. An ihnen lassen sich die verschiedenen Aufgaben der Zähne erkunden.

Zähne zerkleinern die Nahrung

Die **Schneidezähne** im Ober- und Unterkiefer schneiden wie eine Schere ein Stück von der Scheibe ab. Die spitzeren **Eckzähne** bohren sich in die Nahrung und halten sie fest. Sie unterstützen die Schneidezähne beim Abbeißen. Beim Kauen schiebt die Zunge Nahrungsbrocken zwischen die breiten **Backenzähne.** Dort wird die Nahrung fein zermahlen. Alle Zähne zusammen ergeben das Gebiss des Menschen. Das **Dauergebiss** hat 32 Zähne.
Kleine Kinder haben ein **Milchgebiss** mit 20 Zähnen. Etwa vom 6. Lebensjahr an werden die Milchzähne von den bleibenden Zähnen aus dem Kiefer geschoben. Dabei werden die Milchzähne locker und fallen schließlich aus.
Manchmal wachsen die Zähne schief. Die Stellung der Zähne kann dann mit einer *Zahnspange* korrigiert werden.

Aufbau eines Zahnes

Damit die Zähne ihre Aufgaben gut erfüllen können, bestehen sie aus harten Materialien.
Von deinen Zähnen siehst du nur die **Zahnkrone.** Sie ragt aus dem Zahnfleisch heraus und ist mit weißem, glänzendem **Zahnschmelz** überzogen. Zahnschmelz ist sehr hart, aber auch bruchempfindlich wie Porzellan. Unter dem Zahnschmelz befindet sich das *Zahnbein*, ein knochenähnlicher Stoff. Mit der **Zahnwurzel** ist der Zahn fest im Kieferknochen verankert. Die Wurzeln sind mit *Zahnzement* umhüllt. Durch kleine Öffnungen in der Zahnwurzel führen Blutgefäße und Nerven in die **Zahnhöhle.** Die Blutgefäße versorgen den Zahn mit Nährstoffen und Sauerstoff. Die Nerven machen ihn temperatur- und schmerzempfindlich.

> Schneidezähne, Eckzähne und Backenzähne bilden das Gebiss. Die Zähne zerkleinern die Nahrung.

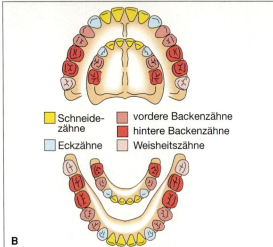
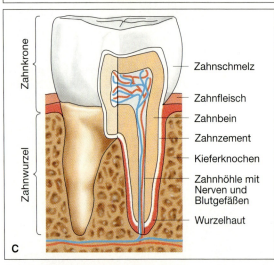

1 Aufgaben und Bau der Zähne. A Zähne zerkleinern die Nahrung, **B** Milchgebiss (innen) und Dauergebiss (außen), **C** Bau eines Backenzahnes

1 Betrachte dein Gebiss im Spiegel. Beschreibe die unterschiedlichen Zähne und ihre Aufgaben. Vergleiche es mit dem Dauergebiss in Abb. 1 B.
2 Vergleiche Milchgebiss und Dauergebiss. Beschreibe.

Zahnpflege

Streifzug durch die Medizin

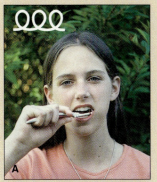
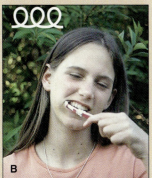

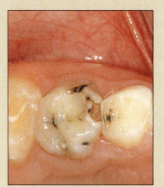

Beim Zerkleinern der Nahrung bleiben stets kleine Reste an den Zähnen und in den Zwischenräumen hängen. Um diese zu entfernen, musst du die Zähne nach den Mahlzeiten 2 bis 3 Minuten lang gründlich putzen:

A Stelle die Kanten der Schneidezähne locker aufeinander. Beginne mit dem Putzen der hinteren Backenzähne. Bürste zuerst die Außenflächen und das Zahnfleisch aller Zähne mit kreisenden Bewegungen.

B Reinige die Außenfläche der anderen Gebissseite genauso.

C Öffne nun den Mund und säubere die Kauflächen der oberen und unteren Zähne durch kräftiges Hin- und Herschrubben.

D Öffne den Mund noch weiter. Putze alle Zahninnenseiten und das Zahnfleisch mit kreisenden Bewegungen.

Denke daran, alle 2 Monate eine neue Zahnbürste zu verwenden.

Zähne können erkranken

Werden die Speisereste nicht oft genug durch Putzen entfernt, bildet sich auf den Zähnen **Zahnbelag.** Dieser Zahnbelag enthält Nährstoffe, die von den Mundbakterien zersetzt werden. Dabei entstehen Säuren, die den Zahnschmelz angreifen und schließlich zerstören.

Diese Zahnerkrankung nennt man Zahnfäule oder **Karies.** Sie muss möglichst früh vom Zahnarzt behandelt werden. Mit dem Bohrer entfernt er zuerst das kranke Zahnmaterial. Dann wird das Loch mit einer Füllung aus dauerhaftem Material wieder verschlossen.

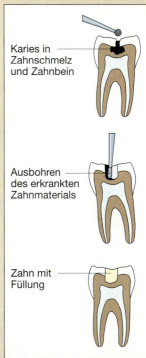

Karies in Zahnschmelz und Zahnbein

Ausbohren des erkrankten Zahnmaterials

Zahn mit Füllung

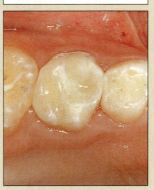

1 Beschreibe, wie Zähne richtig gepflegt werden.
2 Wie entsteht Karies? Beschreibe.
3 Erkläre, wie du Karies verhindern kannst.

Bau und Leistungen des menschlichen Körpers

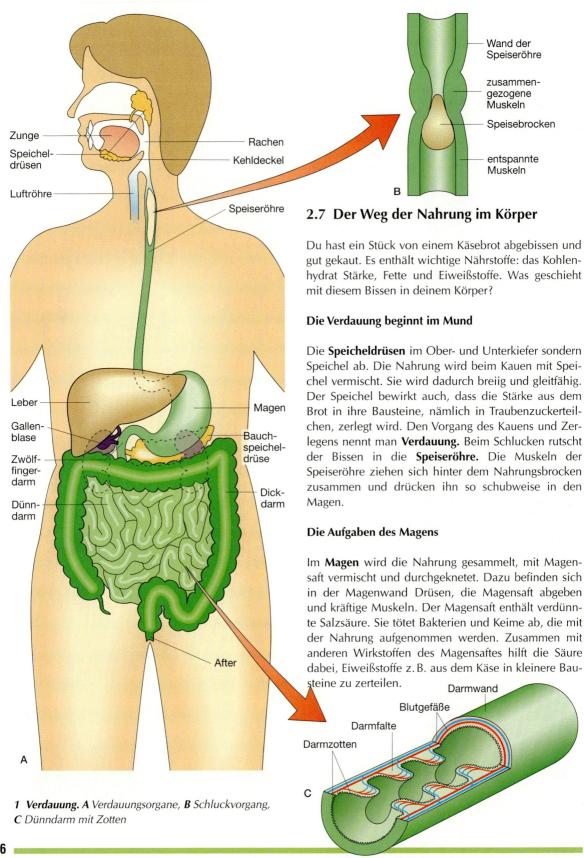

2.7 Der Weg der Nahrung im Körper

Du hast ein Stück von einem Käsebrot abgebissen und gut gekaut. Es enthält wichtige Nährstoffe: das Kohlenhydrat Stärke, Fette und Eiweißstoffe. Was geschieht mit diesem Bissen in deinem Körper?

Die Verdauung beginnt im Mund

Die **Speicheldrüsen** im Ober- und Unterkiefer sondern Speichel ab. Die Nahrung wird beim Kauen mit Speichel vermischt. Sie wird dadurch breiig und gleitfähig. Der Speichel bewirkt auch, dass die Stärke aus dem Brot in ihre Bausteine, nämlich in Traubenzuckerteilchen, zerlegt wird. Den Vorgang des Kauens und Zerlegens nennt man **Verdauung.** Beim Schlucken rutscht der Bissen in die **Speiseröhre.** Die Muskeln der Speiseröhre ziehen sich hinter dem Nahrungsbrocken zusammen und drücken ihn so schubweise in den Magen.

Die Aufgaben des Magens

Im **Magen** wird die Nahrung gesammelt, mit Magensaft vermischt und durchgeknetet. Dazu befinden sich in der Magenwand Drüsen, die Magensaft abgeben und kräftige Muskeln. Der Magensaft enthält verdünnte Salzsäure. Sie tötet Bakterien und Keime ab, die mit der Nahrung aufgenommen werden. Zusammen mit anderen Wirkstoffen des Magensaftes hilft die Säure dabei, Eiweißstoffe z. B. aus dem Käse in kleinere Bausteine zu zerteilen.

1 Verdauung. A Verdauungsorgane, B Schluckvorgang, C Dünndarm mit Zotten

Bau und Leistungen des menschlichen Körpers

Die Vorgänge im Darm

Der Magen presst den Speisebrei in kleinen Portionen in den **Dünndarm**.
Der erste Abschnitt des Dünndarms heißt **Zwölffingerdarm**, weil er so lang ist wie 12 Finger breit sind. Die **Bauchspeicheldrüse** gibt ebenso wie die **Gallenblase** ihre Verdauungsflüssigkeiten in den Dünndarm ab. Diese Flüssigkeiten sorgen dafür, dass Kohlenhydrate, Eiweißstoffe und Fette in ihre kleinsten Bausteine zerlegt werden. Die Gallenflüssigkeit unterstützt die Verdauung der Fette.

Die Innenwand des Dünndarms hat viele Falten, auf denen kleine Ausstülpungen, die **Dünndarmzotten**, sitzen. Auf einem Darmstück, das so groß ist wie eine Briefmarke, befinden sich 12 000 Zotten. Durch die dünne Wand dieser Dünndarmzotten wandern die Nährstoffbausteine ins Blut. Der Blutkreislauf transportiert sie zu allen Körperzellen.
Die Muskeln der Darmwand ziehen sich zusammen und schieben den Verdauungsbrei in den **Dickdarm**. Dort werden dem flüssigen Brei Wasser und Mineralstoffe entzogen. Die unverdaulichen Reste werden durch den **After** als Kot ausgeschieden.

> Bei der Verdauung werden die Nährstoffe in der Nahrung schrittweise in ihre kleinsten Bausteine zerlegt. Durch die dünne Wand der Dünndarmzotten gelangen diese Bausteine ins Blut.

1 Ein Schüler macht mit Hilfe der Lehrkraft einen Handstand. Mit einem dünnen Plastikschlauch soll er aus einem Pappbecher trinken. Wie ist es möglich, dass das Getränk in den Magen gelangt?
2 Nimm einen durchsichtigen Plastikschlauch und eine Kugel, die so dick ist, dass sie in den Schlauch passt, aber nicht von alleine hindurchrutscht. Befördere die Kugel durch den Schlauch.
a) Welchen Vorgang hast du hier im Modell dargestellt?
b) Was entspricht der Kugel und was dem Schlauch?
c) Vergleiche in einer Tabelle den Modellvorgang mit dem Vorgang im menschlichen Körper.
3 Beschreibe den Schluckvorgang mit Hilfe von Aufgabe 1 und Abbildung 1 B.
4 Beschreibe den Weg eines Nahrungsbissens durch den Körper mit Hilfe der Abbildung 1 A und des Textes.
5 Nenne die Aufgaben aller im Text fett gedruckten Organe.
6 Nenne die Verdauungsflüssigkeiten, die die Nährstoffe Kohlehydrate, Eiweißstoffe und Fette in ihre Bausteine zerlegen.

Verdauung   Übung

V 1 Die Wirkung von Speichel

Material: Stärke, Wasser, Becherglas mit Maßeinteilung, Wärmequelle, Rührstab, Thermometer, 2 Reagenzgläser mit Stopfen, Speichel, Jodlösung

Durchführung: Gib eine Messerspitze Stärke in ein Becherglas. Fülle mit 100 ml Wasser auf. Rühre gut um. Koche die Aufschwemmung auf und lasse sie dann auf ca. 37 °C abkühlen. Sammle etwas Speichel in einem Glas und verdünne mit wenig Wasser. Gieße 2 Reagenzgläser mit der Stärkeaufschwemmung halbvoll. Füge *einem* Reagenzglas etwas verdünnten Speichel hinzu. Gib in beide Reagenzgläser je 3 Tropfen Jodlösung, verschließe sie und schüttle um.
Aufgaben: a) Beobachte und vergleiche die Reagenzgläser 30 Minuten lang.
b) Erkläre deine Beobachtungsergebnisse.

V 2 Die Wirkung von Gallenflüssigkeit

Material: 2 Reagenzgläser mit Stopfen, 1 Pipette, 10 ml Messglas, Wasser, Speiseöl, Gallenflüssigkeit vom Schlachthof oder Ochsengalle aus der Apotheke
Durchführung: Fülle in das erste Reagenzglas 10 ml Wasser und 10 Tropfen Öl. Fülle in das zweite Reagenzglas 5 ml Wasser, 10 Tropfen Öl und 5 ml Gallenflüssigkeit. Verschließe beide Gläser, schüttle kräftig um und stelle sie nebeneinander.
Aufgaben: a) Beobachte die Flüssigkeiten in den Reagenzgläsern. Beschreibe das Versuchsergebnis.
b) Wie unterstützt die Gallenflüssigkeit die Verdauung der Öle und Fette? Beschreibe.
c) Viele Fleckenentferner enthalten Galle. Beschreibe, wie sie wirken.

Bau und Leistungen des menschlichen Körpers

1 Am Strand

2 Ältere Frau aus Europa

3 Schülerin aus Afrika

3 Unsere Haut

3.1 Die Haut – eine Körperhülle

Lisa hat am Strand eine Sandburg gebaut. Mit den Händen streicht sie die Wände aus feuchtem Sand glatt. Ihre Füße stehen im Wasser. Sie spürt Sonne, Sand, Wind und Wasser auf der Haut.
Die **Haut** wirkt wie ein Schutzmantel, der unseren ganzen Körper umhüllt und vor Wasser, Schmutz, Hitze, Kälte, Sonnenstrahlen und vielen Krankheitserregern schützt.
Die Haut ist eines der größten Organe des Menschen. Ausgebreitet ist die Haut eines Erwachsenen fast zwei Quadratmeter groß, so groß wie eine Zimmertür. Sie wiegt ungefähr 10 kg, das ist so schwer wie ein Eimer Wasser.

An der Haut kann man vieles erkennen

Die Haut zeigt das ungefähre Alter eines Menschen an. Bei jungen Menschen ist die Haut glatt und straff. Je älter man wird, desto faltiger und schlaffer wird die Haut. Auch die Hautfarbe lässt vieles erkennen. Gebräunte Haut oder einen Sonnenbrand bekommt man, wenn man sich lange draußen in der Sonne aufhält. Blasse Haut kann auf eine Krankheit oder auf Müdigkeit hinweisen. Auch ein großer Schreck oder ein Schock lässt die Haut blass erscheinen. Bei großer Freude oder wenn wir uns schämen, wird die Gesichtshaut rot. Ist uns sehr warm, rötet sich die Haut ebenfalls.

Bau und Leistungen des menschlichen Körpers

An der Hautfarbe kann man oft auch die Herkunft von Menschen ablesen. So stammen schwarzbraune Menschen ursprünglich meist aus Afrika. Europäer haben helle Hauttöne. Menschen aus Asien besitzen eine gelbbraune Hautfarbe.

Eigenschaften der Haut

Unsere Haut ist zäh, geschmeidig, elastisch und dehnbar. Sie ist nicht überall gleich dick. An den Lippen und an den Augenlidern ist die Haut so dünn wie Papier. An stark beanspruchten Stellen wie Fingern, Zehen oder Fersen ist die Haut viel dicker.
In den Handinnenflächen, an den Fußsohlen und an der Stirn sitzt die Haut ziemlich fest. Dort, wo sich Gelenke befinden, ist die Haut lockerer. Dadurch werden Bewegungen erleichtert.

Die Haut unter der Lupe

Untersuchst du die Haut mit der Lupe in der Handfläche, an den Fingerkuppen und unter den Fußsohlen, so erkennst du ein auffälliges Linienmuster. Jeder Mensch hat sein eigenes, unverwechselbares Muster. Die feinen Rillen und Leisten machen Hände und Füße rutschsicher. Auf den Leisten erkennst du viele Schweißporen. Du findest aber keine Haare. Diese Haut heißt **Leistenhaut.** An anderen Körperstellen wie Arm, Rücken und Bauch sieht die Haut anders aus. Feine Linien unterteilen die Haut wie ein Netz in winzige Felder. Diese Hautart heißt **Felderhaut.**

In der Felderhaut befinden sich viele kleine Haare. Haare sind aus Horn und stecken stets schräg in der Haut. Sie sind sehr elastisch und ziemlich reiß- und zugfest.

Unsere Nägel sind ebenfalls aus Horn. Sie schützen und stützen unsere Finger- und Zehenspitzen.

> Die Haut umgibt wie eine schützende Hülle unseren ganzen Körper. An ihr kann man z. B. das Alter, die Gesundheit und die Gefühle eines Menschen erkennen. An den Handinnenflächen und an den Fußsohlen befindet sich die feste, dicke Leistenhaut. Alle übrigen Körperstellen sind mit Felderhaut bedeckt.

1 Versuche die Haut in den Handinnenflächen, am Handrücken, am Arm und an der Stirn mit zwei Fingern anzuheben und hin und her zu schieben. Was stellst du fest? Berichte.
2 Sieh dir deine Haut an den Fingergelenken bei gestreckter Hand und bei geballter Faust an. Beschreibe genau was du siehst. Betrachte die Haut auch an anderen Gelenken. Vergleiche.
3 Untersuche deine Haut mit der Lupe. Vergleiche die Haut in der Handinnenfläche und an den Fingerkuppen mit der Haut am Handrücken und am Unterarm. Achte besonders auf Linienmuster und Haare. Beschreibe die Unterschiede.
4 Betrachte ein ausgezupftes Haar mit der Lupe. Beschreibe.

4 Haut an unterschiedlichen Körperstellen. *A* Felderhaut mit Haaren, *B* Leistenhaut, *C* Nagel

Bau und Leistungen des menschlichen Körpers

3.2 Bau und Aufgaben der Haut

Babys befühlen und betasten alles mit ihren Händen und Lippen. So „begreifen" sie die Welt. Mit der Haut fühlen und tasten wir. Wir spüren Reize wie Berührungen, Druck, Erschütterungen, Hitze, Kälte und Schmerz.

Die Haut ist ein Sinnesorgan

In der Haut befinden sich viele verschiedene *Sinneskörperchen*. Ihre Empfindlichkeit ist so groß, dass sie sogar die leichte Berührung der Haut mit einer Feder und jeden kühlen Lufthauch melden.
Besonders viele Sinneskörperchen für Berührungsreize haben wir an den Fingerspitzen, an den Fußsohlen und an den Lippen.
Die Temperatur einer Babyflasche lässt sich sehr gut an der Wange prüfen. Dort liegen sehr viele Sinneskörperchen für Wärme.
Für Schmerz gibt es keine Sinneskörperchen. Dafür melden uns feine *Hautnerven* die Schmerzempfindungen. Schmerzen warnen unseren Körper vor Gefahren.

Die Haut hat mehrere Schichten

Um zu verstehen, wie die Haut ihre verschiedenen Aufgaben erfüllen kann, müssen wir einiges über ihren Aufbau wissen.
Nach einer anstrengenden Wanderung entdecken wir manchmal eine Blase an unseren Füßen. An dieser Stelle hat sich die oberste Hautschicht, die Hornhaut, vorgewölbt. Die **Hornhaut** ist fest und wasserdicht. Sie schützt den Körper vor Verletzungen und vor dem Austrocknen. Wenn du mit einem dunklen Tuch die Haut am Arm kräftig reibst, färbt sich das Tuch hell. Die helle Verfärbung enthält abgestorbene Hornhautzellen, die als Hautschuppen abgestoßen werden. Die Hornhaut erneuert sich komplett innerhalb eines Monats.
Neue Hautzellen werden in der zweiten Hautschicht, der **Keimschicht**, gebildet. Hornhaut und Keimschicht bilden zusammen die **Oberhaut**.
Unter der Keimschicht liegt die **Lederhaut**. Diese Hautschicht heißt so, weil aus ihr bei Tierhäuten das Leder gemacht wird. Viele Blutgefäße versorgen sie mit Sauerstoff und Nährstoffen. In dieser Hautschicht befinden sich die meisten Sinneskörperchen. Die Schweißdrüsen liegen ebenfalls in der Lederhaut. Durch Poren wird der Schweiß, eine Mischung aus Wasser und Salz, ausgeschieden. Auch wenn wir nicht schwitzen, gibt die Haut täglich $1/2$ bis 1 Liter Schweiß ab.
In der Lederhaut stecken auch die Haarwurzeln. An jedem Haar sitzen Talgdrüsen und ein Haarmuskel. Wenn sich der Haarmuskel zusammenzieht, werden

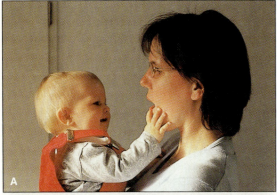

1 Leistungen der Haut. A Fühlen, B Schwitzen, C Frieren, D Schmerz

Bau und Leistungen des menschlichen Körpers

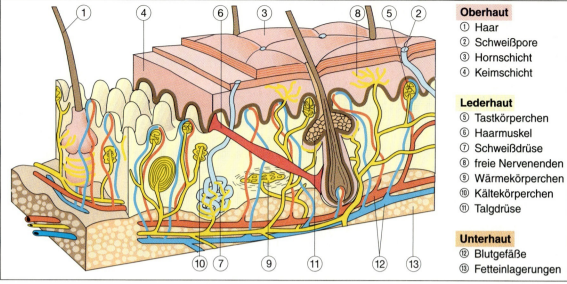

Oberhaut
① Haar
② Schweißpore
③ Hornschicht
④ Keimschicht

Lederhaut
⑤ Tastkörperchen
⑥ Haarmuskel
⑦ Schweißdrüse
⑧ freie Nervenenden
⑨ Wärmekörperchen
⑩ Kältekörperchen
⑪ Talgdrüse

Unterhaut
⑫ Blutgefäße
⑬ Fetteinlagerungen

2 Bau der Haut (Schema)

die Talgdrüsen zusammengepresst und geben Fett ab. Dieses Fett macht Haut und Haare geschmeidig.
In der weichen **Unterhaut** ist Fett eingelagert. Dieses Fett schützt den Körper wie ein Polster gegen Druck, Stoß und Kälte. Es dient auch als Nährstoffreserve.

Die Haut regelt die Körpertemperatur

Wenn dir sehr warm ist, wird deine Haut rot, weil sich die Blutgefäße erweitern. Viel Blut fließt durch die Haut. Sie fühlt sich warm an. Die Wärme wird an die Luft abgegeben. Das kühlere Blut fließt zurück in das Innere, wodurch der gesamte Körper abgekühlt wird.
Bei Wärme sondern die Schweißdrüsen viel *Schweiß* ab. Die Schweißtropfen verdunsten auf der Haut. Dabei entsteht Verdunstungskälte, die den Körper abkühlt.

Wenn du frierst, ist deine Haut blass. Bei Kälte verengen sich die Blutgefäße der Haut. Es fließt nun weniger Blut durch die Haut und es wird deshalb wenig Körperwärme an die Luft abgegeben. Gleichzeitig schließen sich die Schweißporen.

Es kann dann sein, dass du eine „Gänsehaut" bekommst. Sie entsteht, wenn sich die Haarmuskeln zusammenziehen. Die Haare richten sich dann auf und legen sich erst wieder, wenn sich die Haarmuskeln bei Wärme entspannen. Eine Gänsehaut kann auch bei zarten Berührungen entstehen. Der Haarmuskel bewirkt auch, dass Fett aus den *Talgdrüsen* ausgepresst wird. Das Fett schützt die Haut.

> Die Haut besteht aus mehreren Schichten: Hornhaut, Keimschicht, Lederhaut und Unterhaut. Mit Sinneskörperchen und Nerven spüren wir Berührungen, Druck, Hitze, Kälte und Schmerz. Mithilfe der Blutgefäße und der Schweißdrüsen reguliert die Haut die Körpertemperatur.

1 Warum bluten oberflächliche Schürfwunden kaum? Beantworte die Frage mithilfe der Abb. 2.
2 Nenne die Aufgaben der einzelnen Hautschichten. Beantworte die Frage mithilfe der Abb. 2 und des Textes.
3 Was passiert in der Haut, wenn uns sehr warm ist und was geschieht, wenn wir frieren?
4 Betrachte die Abb. 3. Beschreibe, wie Blinde „lesen".

3 Blindenschrift

Bau und Leistungen des menschlichen Körpers

Übung Haut

V 1 Fingerabdruck

Material: Stempelkissen, Papier, Lupe
Durchführung: Drücke die Fingerkuppe deines Zeigefingers auf ein Stempelkissen und dann auf ein Blatt Papier.
Aufgaben: a) Betrachte deinen Fingerabdruck mit der Lupe und vergleiche deine Linien mit den Grundmustern von Abbildung 1. Welches Muster hat dein Fingerabdruck?
b) Vergleiche deinen Fingerabdruck mit dem deines Tischnachbarn.
c) Wie viele Schüler der Klasse haben auf dem Zeigefinger einen Bogen, einen Wirbel oder eine Schleife? Fertige eine Liste an.
d) Untersuche mit der Lupe, welches Muster die anderen Finger deiner Hände haben.

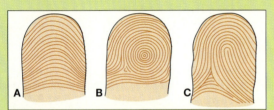

1 Grundmuster der Fingerabdrücke. **A** Bogen, **B** Wirbel, **C** Schleife

V 2 Tastversuche

Material: 2 Augenbinden oder Schals, dicke Handschuhe, ähnlich geformte Gegenstände, wie z. B. Mandarine, Orange, Tomate, Apfel, Kartoffel, Tennisball usw.
Durchführung: Verbinde zwei Versuchspersonen die Augen. Eine der beiden Personen zieht die Handschuhe an. Lege zuerst der Versuchsperson mit den Handschuhen die verschiedenen Gegenstände in die Hände und lasse sie diese ertasten und beschreiben. Gib anschließend die gleichen Gegenstände der anderen Versuchsperson und lasse sie auch fühlen, tasten und beschreiben.
Aufgaben: a) Stelle die Unterschiede in ihren Beschreibungen heraus.
b) Können beide Versuchspersonen alle Gegenstände erkennen? Welche der beiden Personen braucht länger, um einen Gegenstand zu erkennen?
c) Erkläre deine Beobachtungen.

V 3 Hautempfindlichkeit

Material: Augenbinde oder Schal, 2 spitze Bleistifte, Klebestreifen
Durchführung: Verbinde einer Versuchsperson die Augen. Klebe dann zwei Bleistifte mit Klebestreifen fest zusammen. Tippe jetzt vorsichtig mit beiden Bleistiftspitzen zugleich auf folgende Körperstellen der Versuchsperson: Stirn, Lippe, Arm, Handrücken, Handinnenfläche, Fingerkuppe. Die Versuchsperson sagt dir, ob sie eine oder zwei Spitzen spürt.

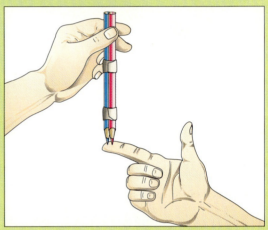

2 Versuch zur Hautempfindlichkeit

Aufgaben: a) Notiere an welchen Körperstellen die Versuchsperson nur eine Spitze spürt und an welchen Hautstellen sie zwei spürt.
b) Erkläre das Versuchsergebnis.

V 4 Schwitzen

Material: Durchsichtige Plastiktüte, Gummiband
Durchführung: Stecke deine Hand etwa 5 Minuten lang in die Plastiktüte. Dichte die Tüte am Handgelenk mit einem Gummiband ab.
Aufgaben: a) Beobachte die Wand der Plastiktüte.
b) Wie fühlt sich deine Hand nach dem Entfernen der Plastiktüte an? Was siehst du auf der Handinnenfläche?
c) Fächle mit einem Heft Luft um diese Hand. Was fühlst du?
c) Vergleiche die Hautfarbe deiner beiden Hände.
d) Erkläre das Versuchsergebnis.

Bau und Leistungen des menschlichen Körpers

UMGANG MIT DER HAUT

Pinnwand

Tipps für schöne, gesunde Haut

Die Schönheitspflege der Haut beginnt mit Sauberkeit. Schweiß, Hautfett und Schmutz müssen täglich mit warmem Wasser und milder Seife abgewaschen werden. Dann müssen die Seifenreste gründlich entfernt und die Haut gut abgetrocknet werden.

Die Haare müssen regelmäßig gewaschen werden, damit du gepflegt aussiehst.

Damit deine Haut genügend Feuchtigkeit erhält und geschmeidig bleibt, pflege und schütze sie täglich mit einer Hautcreme.

Gesunde Ernährung ist gut für die Haut. Iss viel frisches, vitaminreiches Obst und Gemüse sowie Jogurt und Quark. Trinke viel Mineralwasser und Fruchtsaft.

Trage Kleidung aus Materialien, die den Schweiß gut aufnehmen und die luftdurchlässig sind. Dazu gehören Wolle, Baumwolle, Leder und bestimmte Kunststofffasern.

Kleidungsstücke wie Unterwäsche und Strümpfe müssen regelmäßig gewechselt und gewaschen werden.

Viel Bewegung an frischer Luft fördert die Hautdurchblutung. Die Haut wird dann gut mit Sauerstoff und Nährstoffen versorgt.

Zu warme Räume schaden der Haut. Sie trocknet aus, wird rau und schuppig. Etwa 20 °C Raumtemperatur sind günstig für die Haut.

Genügend Schlaf möglichst bei offenem Fenster ist ein sehr wirksames Schönheitsmittel für die Haut. Während des Schlafs erholt sich die Haut.

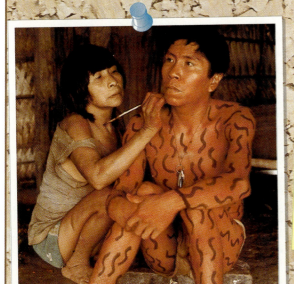

Ein Indio-Mann wird bemalt

1 Erkläre und begründe die Tipps zur Hautpflege. Nenne weitere Schönheitstipps.

2 Bei vielen Volksgruppen überall auf der Erde ist es Brauch, das Aussehen der Menschen zu besonderen Gelegenheiten und Anlässen durch Bemalung der Haut zu verändern.
Betrachte das Bild mit dem Indio-Mann und überlege dir Anlässe für die Bemalung.

3 a) Bei welchen Gelegenheiten oder Anlässen verändern Menschen bei uns ihre Haut durch Farben, Schminke oder Tätowierungen? Nenne Beispiele.
b) Zu welchen Ereignissen hast du schon einmal deine Haut bemalt oder verändert? Berichte.

Streifzug durch die Medizin

Hauterkrankungen

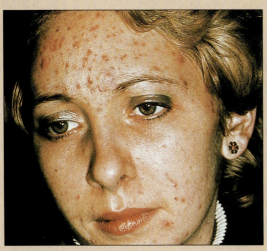

1 Akne

Akne – kein Grund zur Panik

Ab dem 10. bis 12. Lebensjahr kann es anfangen: Besonders im Gesicht zeigen sich Pickel und Pusteln. Der Körper beginnt nun, Sexualhormone zu bilden. Diese Hormone steigern auch die Fettproduktion in den Talgdrüsen der Haut. So lange das Fett abfließt, wird die Haut nur fettiger. Oft sind jedoch die Ausfuhrgänge der Talgdrüsen und Poren verengt. Fett und abgestorbene Hornhautzellen können nicht mehr abfließen und stauen sich im Talgdrüsenausführgang. Es bildet sich ein Talg-Horn-Pfropf. Auf der Haut tauchen dann weiße oder schwarze „Mitesser" auf, die Vorboten der Akne.
Die schwarze Farbe der Mitesser hat nichts mit Schmutz zu tun. Hautfarbstoffe, die Pigmente, färben das Talg-Horn-Gemisch dunkel.
Wenn Bakterien eindringen, entzünden sich die Mitesser. Als Folge entstehen rote oder eitrige Pickel und Pusteln.
Wenn sehr viele solcher Gebilde entstehen, spricht man von Akne.
Dies kannst du tun, um der Akne vorzubeugen oder sie zu heilen:
- Entferne das Hautfett durch regelmäßiges Waschen mit einem seifenfreien Mittel.
- Bei viel Bewegung an frischer Luft und durch gesunde Ernährung heilen Pickel schneller.
- Nicht an den Pickeln herumdrücken, sonst können Narben entstehen.
- Bei Akne musst du den Arzt aufsuchen. Er verschreibt dir wirksame Medikamente.

Fußpilz – eine Erkrankung der Sportler

Auf das Vergnügen in Schwimmbad und Sporthalle folgt mitunter das große Kratzen: juckende, brennende Haut, Rötungen, gelegentlich Bläschen und schmerzhafte, entzündete Risse an den Füßen. All das sind Anzeichen für einen Befall mit mikroskopisch kleinen Pilzen.
Luft- und wasserdichte Kunststoffe in Sportschuhen und Strümpfen bringen die Haut zum Schwitzen und schaffen das feucht-warme Klima, in dem diese Pilze besonders gut gedeihen. Sie können jede Stelle der Haut befallen. Besonders schnell vermehren sie sich jedoch zwischen den Zehen.
Hautpilzerkrankungen sind ansteckend. Vor allem in Schwimmbädern, Duschen und Umkleideräumen kann man sich anstecken.
- Um dem vorzubeugen, solltest du dort Badeschuhe tragen.
- Nach dem Bad musst du dich gut abtrocknen, besonders die Haut zwischen den Zehen.
- Wenn du an Fußpilz erkrankt bist, hilft nur eine Behandlung mit Medikamenten.

Warzen – eine ansteckende Hautveränderung

Warzen werden durch winzige Krankheitserreger, die Warzenviren, verursacht. Diese Viren veranlassen die Hautzellen schneller zu wachsen und sich zu vermehren. Dies wird dann als Warze sichtbar. Warzenviren sind nicht gefährlich. Sie bleiben in den oberen Hautschichten und gehen nicht ins Blut über.
Besonders beim Barfußlaufen in Schwimmbädern und Sporthallen kann man sich anstecken. Kratzt man die Warzen auf, breiten sich die Viren auf der Haut aus. Es entstehen neue Warzen oder du steckst andere Personen an.
So kannst du dich vor Warzen schützen:
- Vermeide das Barfußlaufen in Schwimmbädern und Sportstätten.
- Nach dem Schwimmen oder Duschen solltest du Hände und Füße gut abtrocknen.
- Falls du eine Warze bei dir entdeckst, lasse sie sofort vom Arzt behandeln, damit die Warzenviren sich nicht ausbreiten. Die meisten Warzen können schmerzfrei entfernt werden.

Bau und Leistungen des menschlichen Körpers

1 Schutz vor der Sonne

3.3 Vorsicht, Sonne!

Der Kamelhirte Siri Mohammed lebt in Nordafrika. Er ist von Kopf bis Fuß mit lockerer, heller Kleidung vor den Sonnenstrahlen geschützt.

Bei uns dagegen setzen sich viele Menschen freiwillig lange der Sonne aus, denn eine gebräunte Haut gilt heute als schön.

Gewöhnt man die Haut langsam an die Sonnenstrahlen, so bilden sich in der Keimschicht bräunende Farbstoffe, die **Pigmente**. Diese Farbstoffe schützen die Haut. Dieser Schutz ist notwendig, weil das Sonnenlicht unsichtbare ultraviolette Strahlen enthält. Diese *UV-Strahlen* schaden der Haut und verursachen den **Sonnenbrand**.

Die Sonne fördert die Bildung von Sommersprossen, Muttermalen und Leberflecken. Diese sind meist harmlos. Durch Veränderungen der Muttermale kann jedoch **Hautkrebs** entstehen. Jeder Sonnenbrand erhöht die Gefahr, dass es viele Jahre später zu bösartigen Hautveränderungen kommt.

Unser Körper braucht aber auch das Sonnenlicht, um gesund zu bleiben. Deshalb soll man sich oft im Freien aufhalten. Dabei ist es aber wichtig, sich mit Sonnencreme und geeigneter Kleidung vor zu viel Sonnenschein zu schützen.

> Die Haut reagiert auf die Sonnenstrahlen, indem sie mehr Farbstoffe bildet. Zu viel Sonne schadet der Haut. Sie trocknet aus, und man bekommt einen Sonnenbrand. Schließlich kann Hautkrebs entstehen.

1 Wie kannst du dich vor zu viel Sonne schützen und einen gefährlichen Sonnenbrand vermeiden? Beschreibe.

Hautcreme — Übung

V 1 Herstellung einer Hautcreme

Material: Messbecher, Waage, Becherglas, Rührstab, Wärmequelle (Herdplatte oder Bunsenbrenner), Thermometer, verschließbare Cremetöpfchen
Fettphase: 10 ml Pflanzenöl (z. B. Distelöl oder Sonnenblumenöl), 3 g Confonder, 5 g Shea-Butter, 2 g Cetylalkohol (Co-Emulgator)
Wasserphase: 35–45 ml destilliertes Wasser, 8 Tropfen Sanddornöl, 2 Messerspitzen Extrakt aus Grünem Tee, 1 Teelöffel D-Panthenol 75 %, 11 Tropfen Paraben K (Konservierungsmittel)

1 Schüler bei der Cremeherstellung

Durchführung: Gib die abgemessenen Rohstoffe der Fettphase in ein Becherglas und verrühre sie gut. Erwärme die Stoffe bei niedriger Temperatur bis sich der Cetylalkohol aufgelöst hat. Die Fettphase darf weder zu hoch erhitzt werden (nicht über 70° C) noch zwischendurch erkalten. Die feinen Flocken des Confonders lösen sich erst in der Wasserphase.

Für die Herstellung der fertigen Creme werden 35–45 ml destilliertes Wasser erhitzt. Gieße das heiße Wasser langsam auf die gesamte Creme-Fettphase und rühre dabei um. Es ist wichtig, dass das Wasser immer in die Fettphase eingerührt wird und nicht umgekehrt! Sobald die Creme etwa handwarm ist, rühre die Zusatzstoffe (Sanddornöl, Grüner-Tee-Extrakt, D-Panthenol 75 % und Paraben K) dazu.

Fülle die fertige Creme in kleine verschließbare Gefäße. Die Creme hält etwa 5 Monate.

Aufgabe: a) Begründe, warum die Pflege der Haut mit Creme wichtig ist.

Bau und Leistungen des menschlichen Körpers

Prüfe dein Wissen

A1 Wähle die Organe aus, die bei der Ausführung von Bewegungen beteiligt sind.
Herz, Knochen, Darm, Muskeln, Nerven, Lunge, Gelenke, Leber, Nieren, Sehnen.

A2 Benenne die unterschiedlich gefärbten Bereiche des menschlichen Skeletts.

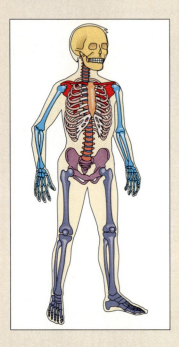

A3 a) An welcher Stelle des Skeletts befindet sich der abgebildete Knochen?
b) Wie wird er bezeichnet?
c) Benenne die Teile.

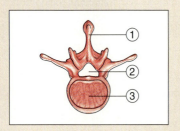

A4 a) Die Wirbelsäule hat eine bestimmte Form. Welche?
b) Was befindet sich an den blau gekennzeichneten Stellen?
c) Nenne die Abschnitte der Wirbelsäule und die Anzahl der dort befindlichen Knochen.

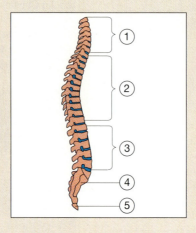

A5 a) Bestimmte Gelenke funktionieren so wie die abgebildeten Gegenstände. Wie heißen sie?
b) Nenne je zwei Gelenke des Skeletts zu diesen Gelenkarten.

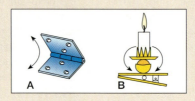

A6 Benenne die nummerierten Teile des Gelenks.

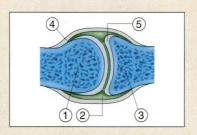

A7 Die Abbildung zeigt Knochen und Muskeln.
a) Benenne die Knochen 1 bis 4 und die Gelenke G_1 bis G_4.
b) Wie heißen die Muskeln bei M_1 und M_2?
c) Welche Aufgaben haben jeweils die Muskeln M_1 und M_2?

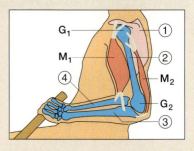

A8 Bei einer starken sportlichen Belastung springt der Gelenkkopf aus der Gelenkpfanne und sofort wieder zurück. Die Bänder bleiben gedehnt. Wie heißt diese Verletzung?
a) Prellung, b) Meniskusschaden, c) Verstauchung, d) Ausrenkung

A9 a) Nenne die drei lebenswichtigen Nährstoffe unserer Nahrung.
b) Welche vier Bestandteile benötigt unser Körper außerdem?

A10 Suche aus der Aufstellung die drei Nahrungsmittel heraus, die am fetthaltigsten sind.
Kartoffelbrei, Gurkensalat, Leberwurst, Vollkornbrot, Rindersteak, Chips, Trinkmilch, Weißbrot, Eier, Pommes frites, Schokolade

A11 Bei einer gesunden Ernährung sollten die Nährstoffe in einem bestimmten Verhältnis stehen. Nenne es.

A 12 Suche die richtigen Tipps zur gesunden Ernährung heraus.
a) Morgens vor der Schule möglichst wenig essen.
b) Abends vor der Nachtruhe reichlich trinken.
c) Zu jeder Mahlzeit auch Obst, Gemüse und Salat essen.
d) Drei Mahlzeiten täglich sind besser als fünf.
e) Kartoffeln und Salat sind gesünder als Pommes frites mit Majonese.

A 13 Andere Länder – andere Essgewohnheiten. Hier ist etwas durcheinander geraten. Berichtige.
Afrika – Fisch, Asien – Kartoffeln, Deutschland – Reis, Japan – Mais, Südamerika – Hirse

A 14 a) Nenne fünf Organe, auf die sich Alkohol auswirkt.

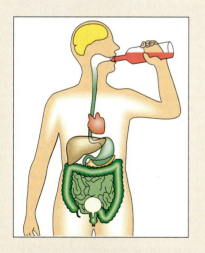

b) Alkohol kann verschiedene Wirkungen haben. Wähle richtig aus.
Kreislaufstörungen, Übelkeit, Schwindel, Fahruntüchtigkeit, Fettleber, Nierenschrumpfung, verlangsamte Reaktionen, Sucht, Gedächtnisverlust, Sehstörungen

A 15 Die Abbildung zeigt das Gebiss eines Menschen.
a) Wie viele Zähne hat das menschliche Gebiss insgesamt?
b) Entscheide, ob es ein Milchgebiss oder Dauergebiss ist.
c) Wie heißen die unterschiedlich gefärbten Zahnarten?

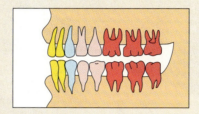

A 16 Der Längsschnitt zeigt den Zahn eines Menschen.
a) Benenne die Zahnart.
b) Wie heißen die durch Buchstaben gekennzeichneten Bereiche des Zahnes?
c) Benenne die nummerierten Teile.

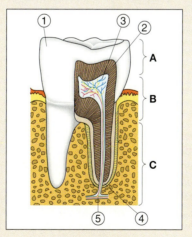

A 17 a) Wie heißt die häufigste Zahnerkrankung?
b) Welche Zahnschicht wird dabei zuerst zerstört?
c) Mache zwei Vorschläge, wie der Zerstörung vorgebeugt wird.

A 18 Bringe die „Stationen", die die Nahrung auf dem Weg durch unseren Körper durchläuft, in die richtige Reihenfolge.
Magen, Mund, Dünndarm, After, Dickdarm, Speiseröhre, Zwölffingerdarm

A 19 Gallenflüssigkeit, Magensaft und Speichel sind Verdauungssäfte. Füge sie in die folgenden Sätze richtig ein.
a) … macht die Nahrung gleitfähig.
b) … tötet Bakterien und Keime ab.
c) … unterstützt die Fettverdauung.

A 20 An welchen Körperstellen findet man Leistenhaut, an welchen Felderhaut?

A 21 Benenne die bezifferten Teile der Abbildung von der Haut.

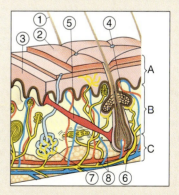

A 22 Was ist richtig? Wähle aus. Die Haut bedeckt etwa eine Fläche von der Größe
a) einer Schultischplatte,
b) einer Zimmertür,
c) eines Fußballfeldes.

Pubertät – Zeit der Veränderungen

1 Kinder und Jugendliche. A Cliquen auf dem Schulhof, **B** im Kindergarten

1 Aus Kindern werden Erwachsene

Mario ist 11 Jahre alt. Er spielt oft mit den anderen Jungen aus der Klasse in der Pause Fußball. Manchmal möchten auch Mädchen mitspielen. Aber die meisten Jungen lehnen das ab: „Wenn die Mädchen mitspielen, dann steig ich aus!" oder „Die Mädchen können doch sowieso nicht Fußball spielen, die dummen Gänse."
Wie soll Mario sich verhalten? Er findet die Mädchen eigentlich ganz in Ordnung. Hält er aber zu ihnen, wird er von den Jungen nicht anerkannt. Warum können die Anderen ihn nicht verstehen?

Jungen und Mädchen entwickeln sich unterschiedlich

Sicher kennst du ähnliche Situationen auch aus deiner Klasse. Im Gegensatz zu früher können die meisten Jungen mit den Mädchen nichts mehr anfangen und umgekehrt.
Jungen und Mädchen entwickeln sich etwa ab dem 10. Lebensjahr unterschiedlich. Sie prägen männliche und weibliche Verhaltensweisen aus und werden erwachsen.
In dieser Zeit schließen Mädchen besonders oft Freundschaft mit Mädchen, Jungen fühlen sich unter Jungen am wohlsten. Cliquen finden sich zusammen, in denen man reden, lachen und Spaß haben kann. Dort können auch Probleme mit Gleichaltrigen besprochen werden. Mitglieder einer Clique werden anerkannt, deshalb möchte man dazugehören. Man verhält sich so wie die anderen. Manchmal tragen die Mitglieder einer Clique sogar die gleiche Kleidung.
In allen Cliquen kann es vorkommen, dass etwas vorgeschlagen wird, was man selber nicht mitmachen möchte. Dann sollte man zu seiner Meinung stehen. Echte Freundschaften halten auch verschiedene Meinungen aus.

Jugendliche und Erwachsene

Jungen und Mädchen betrachten die Erwachsenen jetzt kritischer. Sie übernehmen nicht länger einfach

Pubertät – Zeit der Veränderungen

deren Ansichten und Meinungen, sondern möchten eigene Entscheidungen treffen. So entsteht immer öfter Streit zwischen Jugendlichen und ihren Eltern oder Lehrerinnen und Lehrern. Jugendliche grenzen sich bewußt von Erwachsenen ab, in dem sie z.B. ihre Kleidung und Frisur betont anders gestalten. Auch für die Erwachsenen ist diese Zeit der Veränderungen nicht leicht. Sie können das Verhalten der Jugendlichen nicht mehr einschätzen: die Stimmungen schwanken in wenigen Minuten zwischen „himmel-hoch-jauchzend" und „zu Tode betrübt". Dieses Verhalten verlangt von Eltern und Lehrkräften sehr viel Verständnis und Geduld.

Die Rolle der Hormone

Zwischen dem 10. und 14. Lebensjahr beginnen sich Mädchen zu Frauen und Jungen zu Männern zu entwickeln. Man nennt diese Zeit **Pubertät.** Ausgelöst werden diese Veränderungen durch *Geschlechtshormone*. Hormone sind Botenstoffe, die der Körper bildet. Sie werden mit dem Blut verteilt und steuern verschiedene Vorgänge im Körper.
Der Beginn der Pubertät ist bei jedem Einzelnen unterschiedlich. Die Bildung von Geschlechtshormonen beginnt bei Mädchen oft bereits vor dem 10. Lebensjahr. Bei Jungen setzt die Pubertät etwas später ein. Die Unterschiede in der Entwicklung von Mädchen und Jungen gleichen sich später wieder aus.

In der Pubertät erleben viele Mädchen und Jungen ihre **erste Liebe.** Es entsteht der Wunsch, mit einem Jungen oder einem Mädchen viel Zeit zu verbringen und ihm besonders nah zu sein. Jedes Mädchen und jeder Junge sollte jedoch nur soviel Nähe und Berührung zulassen, wie es ihr oder ihm angenehm ist.

2 *Cool = anerkannt?*

3 *Immer öfter gibt es Streit*

> Während der Pubertät entwickeln sich Kinder zu Erwachsenen. Der Zeitpunkt des Beginns ist für jedes Kind anders. Das Heranreifen des Körpers geht einher mit einer Veränderung der Einstellungen und Gefühle.

1 Notiere die häufigsten Ursachen für Streit mit den Eltern. Vergleiche mit deinen Mitschülern. Was fällt euch auf?
2 Typisch Mädchen – typisch Junge? Finde möglichst viele Fortsetzungen für den Satz: „Mädchen/Jungen können nicht …". Schreibe sie auf kleine Zettel und trage deine Sätze der Klasse vor.
3 Betrachte Abb. 2. Würdest du eine Mutprobe ablegen, um in eine Clique aufgenommen zu werden?

4 *Träumen und Schwärmen*

Pubertät – Zeit der Veränderungen

2 Jungen entwickeln sich zu Männern

2.1 Veränderungen des Körpers

Einem spielenden Kleinkind kann man oft nicht ansehen, ob es ein Mädchen oder ein Junge ist. Dagegen sieht man nackten Kindern ihr Geschlecht sofort an. Die *Geschlechtsorgane* sind ein eindeutiges Merkmal. Diese **primären Geschlechtsmerkmale** (primär = lat. erstes) zeigen von Geburt an, ob es sich um einen weiblichen oder einen männlichen Körper handelt.

Die sekundären Geschlechtsmerkmale des Mannes

Männer und Frauen unterscheiden sich aber noch durch andere Merkmale, die sich erst im Laufe der Pubertät entwickeln.
Die *Form des Körpers* verändert sich. Bei Jungen werden die Schultern breiter, die Hüften bleiben schmal. Die *Muskulatur* wird kräftiger. Die *Behaarung* des Körpers nimmt zu: Schamhaare, Achselhaare und ein erster Bartwuchs treten auf.
Zu dieser Zeit vergrößert sich auch der *Kehlkopf*. Dieser „Adamsapfel" ist nun von außen erkennbar. Die Stimme entwickelt sich zu einer tiefen Männerstimme. Dabei wechselt die Stimme oft zwischen der tieferen Männerstimme und der früheren höheren Kinderstimme. Manchmal ist ein Piepsen oder Quietschen zu hören, das vielen Jungen Probleme bereitet. Diese Entwicklungsphase nennt man *Stimmbruch*.
All diese Merkmale nennt man **sekundäre Geschlechtsmerkmale** (sekundär = lat. zweites).

Bei einigen Jungen bilden sich während der Pubertät Pickel im Gesicht und auf dem Rücken. Diese Hautveränderung heißt *Akne*. Sie klingt nach der Pubertät meist von allein ab.
Jeder Junge entwickelt sich unterschiedlich schnell und stark. Du brauchst dir also keine Sorgen zu machen, wenn bei dir etwas anders ist als bei anderen.

> Während der Pubertät werden beim Jungen die Schultern breiter und die Muskulatur kräftiger. Die Körperbehaarung und der Bartwuchs setzen ein. Er bekommt eine tiefere Stimme. Diese Merkmale nennt man sekundäre Geschlechtsmerkmale.

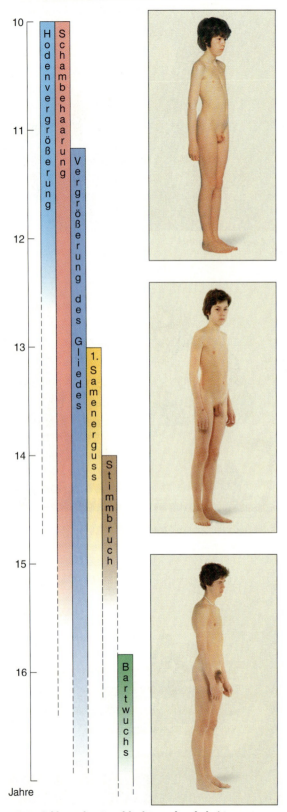

1 Entwicklung der Geschlechtsmerkmale bei Jungen

1 Beschreibe, wie sich die Geschlechtsmerkmale bei Jungen im Laufe der Pubertät entwickeln. Die Zeitleiste hilft dir dabei.

Pubertät – Zeit der Veränderungen

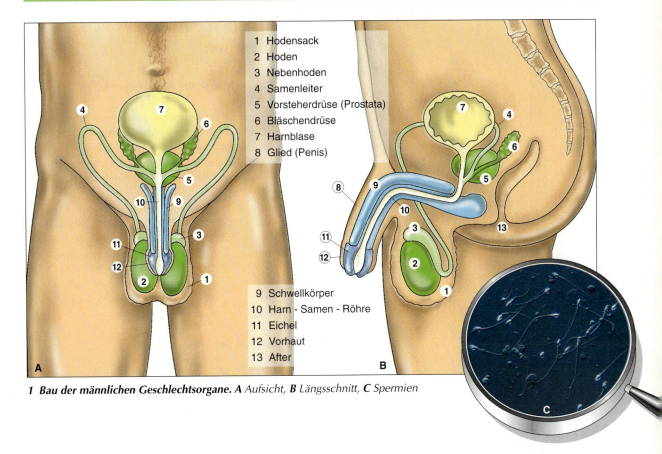

1 Bau der männlichen Geschlechtsorgane. **A** Aufsicht, **B** Längsschnitt, **C** Spermien

2.2 Die männlichen Geschlechtsorgane

Die männlichen Geschlechtsorgane sind von außen gut erkennbar. Hinter dem **Glied** oder **Penis** hängt der *Hodensack*, in dem sich zwei **Hoden** befinden. Sie produzieren täglich mehrere Millionen **Spermien,** die in den *Nebenhoden* gespeichert werden.
An der Spitze der Gliedes befindet sich die empfindliche *Eichel*. Sie wird von der *Vorhaut* geschützt. Lässt sie sich nicht schmerzlos über die Eichel ziehen, sollte man zum Arzt gehen. Die Vorhaut kann dann entfernt werden. Manche Religionen sehen diese so genannte „Beschneidung" für alle Jungen vor.
Während der Pubertät wachsen die Geschlechtsorgane. Das Glied wird länger und der Hodensack vergrößert sich. Die Geschlechtshormone sorgen dafür, dass die Spermienproduktion in den Hoden beginnt.

Funktion der Geschlechtsorgane

Das Glied ist normalerweise weich. Es kann sich jedoch auch versteifen. Dabei füllen sich die Blutgefäße der beiden *Schwellkörper* mit Blut. So wird das Glied länger und dicker und richtet sich auf.

Diese *Erektion* ist oft verbunden mit einem *Spermienerguss*. Dabei werden Spermien aus den Nebenhoden freigegeben. Gleichzeitig geben die *Vorsteherdrüse* und die *Bläschendrüse* Flüssigkeiten ab. Mit diesen Flüssigkeiten zusammen gelangen die Spermien in die *Spermienleiter*. Durch die *Harn-Spermien-Röhre* wird die Spermienflüssigkeit ausgestoßen.

Gelegentlich kommt es im Schlaf zu Erektionen, die von Spermienergüssen begleitet werden. Mit dem ersten Spermienerguss ist ein Junge geschlechtsreif, d. h. er kann jetzt ein Kind zeugen.
Erektionen und nächtliche Samenergüsse sind vollkommen natürliche Vorgänge. Niemand braucht sich für sie zu schämen.

> Während der Pubertät werden Hormone ausgeschüttet. Sie bewirken die Vergrößerung der Geschlechtsorgane und die Bildung von Spermien in den Hoden.

1 Beschreibe anhand der Abbildung den Weg der Spermien bei einem Spermienerguss.

3 Mädchen entwickeln sich zu Frauen

3.1 Veränderungen des Körpers

Die Pubertät bei Mädchen beginnt etwas früher als bei Jungen. Die **primären Geschlechtsmerkmale der Frau,** die *Geschlechtsorgane,* liegen im Inneren des Körpers. Ihre Entwicklung ist von außen nicht zu verfolgen. Die Entwicklung der **sekundären Geschlechtsmerkmale** ist dagegen gut erkennbar.
Zunächst stellen Mädchen Veränderungen an ihrer Figur fest. Die Haut lagert mehr Fett ein. Das *Becken* wird breiter. Die *Schenkel* und *Hüften* nehmen rundere Formen an. Die Taille erscheint schmaler. Zeitgleich beginnt das Wachstum der *Brüste.* Auch bei den Mädchen wachsen *Scham-* und *Achselhaare.* Diese Veränderungen werden durch Geschlechtshormone ausgelöst.

Probleme mit den Veränderungen

Manche Mädchen sind mit der Veränderung ihres Körpers nicht glücklich. Sie finden sich in dieser Phase zu dick oder zu dünn, die Brüste erscheinen ihnen zu klein oder zu groß, oder der Po zu dick. Solche Zweifel an der eigenen Figur sind normal. Alle Jugendlichen, ob Mädchen oder Jungen, müssen sich erst in ihren „neuen Körper" einfinden. Mädchen versuchen häufig mit Diäten ihre Traumfigur zu erreichen. Das ist ungesund, weil der Körper in diesem Alter noch nicht völlig ausgewachsen ist. Die Pubertät verbraucht viele Reserven. Wenn diese wegen einer Diät fehlen, kann das zu Krankheiten führen.
Hormone beeinflussen auch die Haut. Es können Pickel und Hautunreinheiten entstehen. Bei regelmäßiger Hautpflege verschwinden sie nach der Pubertät meist von allein wieder.

> Geschlechtshormone lösen die Entwicklung der sekundären Geschlechtsmerkmale bei Mädchen aus. Dazu gehören die Ausbildung der Brüste, das breite Becken sowie rundere Schenkel und Hüften.

1 Beschreibe die Veränderungen der Geschlechtsmerkmale während der Pubertät. Die Zeitleiste hilft dir dabei.
2 Erkläre, warum ein breites Becken bei Frauen eine sinnvolle Einrichtung der Natur ist.
3 Man sagt, der Körper eines Mannes beschreibe eine V-Form, und der Körper einer Frau eine A-Form. Zeichne. Erkläre.

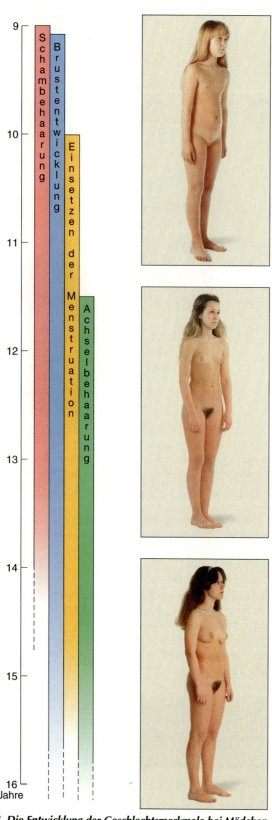

1 Die Entwicklung der Geschlechtsmerkmale bei Mädchen

Pubertät – Zeit der Veränderungen

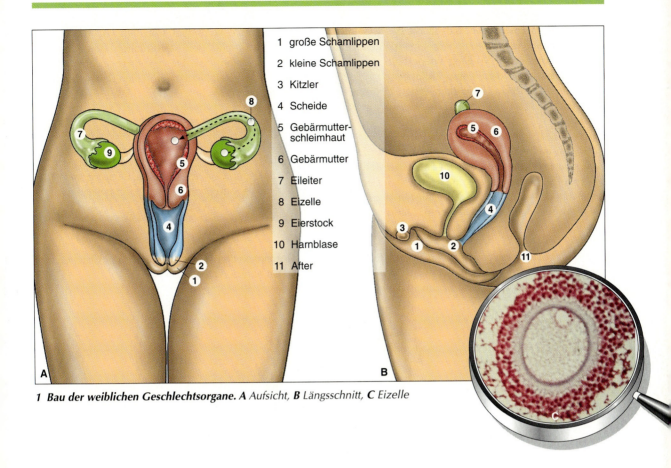

1 große Schamlippen
2 kleine Schamlippen
3 Kitzler
4 Scheide
5 Gebärmutterschleimhaut
6 Gebärmutter
7 Eileiter
8 Eizelle
9 Eierstock
10 Harnblase
11 After

1 Bau der weiblichen Geschlechtsorgane. *A* Aufsicht, *B* Längsschnitt, *C* Eizelle

3.2 Die weiblichen Geschlechtsorgane

Die weiblichen Geschlechtsorgane liegen größtenteils im Becken der Frau. Außen befinden sich zwei *große Schamlippen*. Darunter liegen die beiden *kleinen Schamlippen*. An deren vorderem Ende befindet sich der *Kitzler*. Die Schamlippen umschließen die Öffnung der Harnröhre und den Scheideneingang. Eine dünne Haut, das *Jungfernhäutchen*, verschließt den Scheideneingang fast vollständig. Zwischen Scheide und After befindet sich eine Muskelschicht, die man als *Damm* bezeichnet.

Die inneren Geschlechtsorgane

Wie eine biegsame Röhre ragt die ca. 10 cm lange **Scheide** in das Innere des Körpers. An die Scheide schließt sich die birnenförmige **Gebärmutter** an. Sie ist etwa faustgroß und sehr muskulös. Innen ist sie mit einer gut durchbluteten *Schleimhaut* ausgekleidet. Rechts und links münden die *Eileiter* in die Gebärmutter. Auf der anderen Seite enden sie an den walnussgroßen **Eierstöcken**. In ihnen lagern seit der Geburt mehr als 200 000 **Eizellen**.

Die Geschlechtshormone bewirken, dass von nun an jeden Monat eine Eizelle im Eierstock heranreift. Dies geschieht abwechselnd einmal im rechten, einmal im linken Eierstock. Die Eizelle liegt geschützt in einem *Eibläschen*. Es wandert an den Rand des Eierstocks und platzt dort auf. Dadurch wird die Eizelle in die trichterförmige Öffnung der Eileiters geschleudert. Diesen Vorgang bezeichnet man als *Eisprung*.
Nach drei bis fünf Tagen gelangt die Eizelle in die Gebärmutter. Dort ist in der Zwischenzeit die Gebärmutterschleimhaut um ein Vielfaches dicker geworden. Dies wird durch eine besonders starke Durchblutung erreicht. Diese ist nötig, um bei einer Schwangerschaft ein Kind zu versorgen.

Die Menstruation

Wird die Eizelle nicht befruchtet, stirbt sie ab. Die Gebärmutterschleimhaut wird nicht gebraucht. Darum löst sie sich etwa zwei Wochen nach dem Eisprung ab. Reste der Schleimhaut werden zusammen mit Blut ausgeschieden. Diesen Vorgang nennt man *Regel-*

Pubertät – Zeit der Veränderungen

blutung oder **Menstruation.** Sie dauert ca. 4–5 Tage. Schon während der Blutung reift eine neue Eizelle heran und der ganze Vorgang wiederholt sich. Der *Menstruationszyklus* dauert etwa 28 Tage.
Mit dem ersten Zyklus bzw. dem ersten Eisprung ist ein Mädchen geschlechtsreif. Es kann also ein Kind austragen.

Zu Beginn und während der Pubertät kann der Zyklus noch sehr unregelmäßig sein. Im Laufe der Zeit stellt sich meist von allein ein regelmäßiger Ablauf ein. Ein *Regelkalender* kann helfen, die Zeitabstände zwischen den Menstruationen zu kontrollieren. Darin trägt man den Beginn der einzelnen Blutungen und deren Stärke ein.
Frauen und Mädchen können sich während der Menstruation genauso frei und unbeschwert bewegen wie an anderen Tagen. Die Menstruation ist keine Krankheit. Manchmal kommt es trotzdem vor, dass junge Mädchen während der Menstruation starke Bauchschmerzen bekommen. Dann sollten sie übermäßige körperliche Anstrengungen vermeiden und sich mit einer Wärmflasche ins Bett legen.

> Während der Pubertät nehmen die weiblichen Geschlechtsorgane unter dem Einfluss von Hormonen ihre Funktion auf. Einmal im Monat bereitet sich der weibliche Körper auf eine mögliche Schwangerschaft vor. Dies verdeutlicht die monatlich wiederkehrende Menstruation.

1 Beschreibe den Ablauf eines Menstruationszyklus. Nimm die Abbildung unten zur Hilfe.

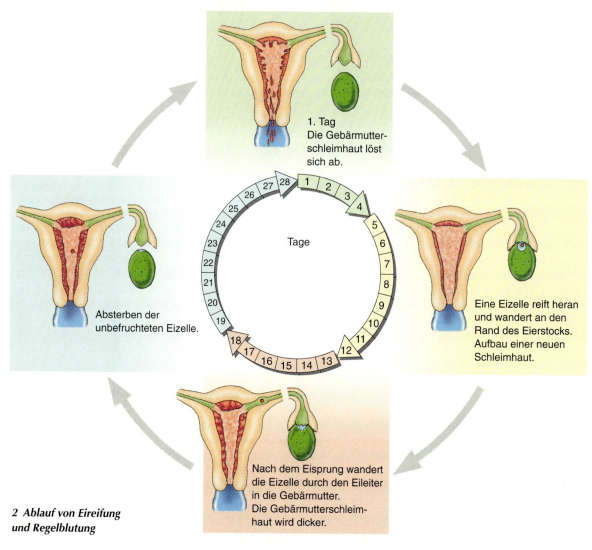

2 Ablauf von Eireifung und Regelblutung

Pubertät – Zeit der Veränderungen

KÖRPERHYGIENE

Pinnwand

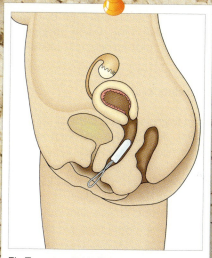

Ein Tampon wird bei entspannter Körperhaltung nach schräg hinten eingeführt. Er sitzt richtig, wenn du ihn nicht mehr spürst.

Ob Tampon oder Binde hängt davon ab, womit man sich wohl fühlt. Ein Tampon ist praktisch beim Sport oder Schwimmen. Eine Binde empfiehlt sich nachts oder bei starken Krämpfen. Sowohl Binde als auch Tampon müssen regelmäßig, spätestens jedoch nach sechs Stunden, gewechselt oder entfernt werden.

1 Betrachte den Regelkalender:
a) Wie hat sich die Blutung im Laufe des Jahres entwickelt?
b) Warum sollten auch besondere Situationen eingetragen werden?

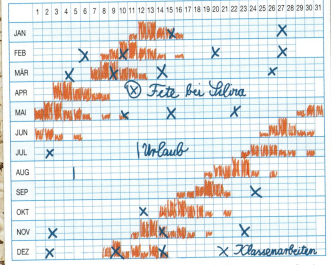

In einen Regelkalender trägt man ein, wann die Blutung stattgefunden hat und wie stark sie war. Besondere Situationen wie Flüge, Urlaub oder Stress sollten ebenfalls eingetragen werden.

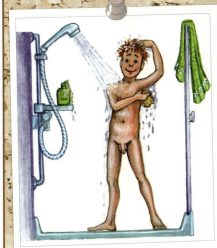

Dusche mehrmals in der Woche! Ziehe beim Waschen des Penis' die Vorhaut vorsichtig zurück und entferne die weißlichen Ablagerungen. Sie können sonst zu Entzündungen führen. Falls du stark schwitzt, kannst du ein mildes Deodorant benutzen.

Mode und Kleidung sind für Jungen und Mädchen ein wichtiges Thema. Wähle bewusst Kleidung aus Baumwolle oder anderen natürlichen Materialien wie Leinen, Wolle oder Viscose. Sie nehmen Gerüche wie z. B. Schweiß, besser auf als Kunststoffe. Wasche und wechsle deine Kleidung regelmäßig, damit unangenehme Gerüche nicht an ihr haften bleiben.

50 % Baumwolle / 50 % Leinen · 100 % Polyacryl

Pubertät – Zeit der Veränderungen

4 Ein Kind entsteht

Paare, die sich lieben, möchten sich körperlich nahe sein und manchmal „miteinander schlafen". Dies ist eine Umschreibung für Geschlechtsverkehr. Dabei wird der steife Penis des Mannes in die Scheide der Frau eingeführt. Kommt es dort zu einem Spermienerguss, kann ein Kind entstehen.

Der Beginn der Schwangerschaft

Die Spermien gelangen durch die Gebärmutter in die beiden Eileiter und treffen dort auf eine reife Eizelle. Ein einziges Spermium dringt in die Eizelle ein. Die Zellkerne des Spermiums und der Eizelle bewegen sich aufeinander zu und verschmelzen miteinander. Diesen Vorgang nennt man **Befruchtung.**

Die befruchtete Eizelle beginnt sich sofort zu teilen. Die Bewegungen der Flimmerhärchen im Eileiter befördern sie in die Gebärmutter. Dort nistet sie sich ca. 6 Tage nach der Befruchtung in die gut durchblutete Gebärmutterschleimhaut ein. Damit beginnt die **Schwangerschaft.** Von jetzt an setzt die Menstruation aus.

Die Entwicklung eines Kindes

Im Laufe der nun folgenden etwa 280 Tage wächst aus dem jungen Keim, dem **Embryo**, ein Kind heran. Zu Beginn der Schwangerschaft ist noch keine menschliche Gestalt zu erkennen. Doch bereits 8 Wochen nach der Befruchtung sind alle Organe des kleinen Organismus angelegt und das Herz schlägt.
Im 3. Monat beginnen die Organe ihre Aufgaben zu übernehmen. Von jetzt an nennt man den Keim **Fetus**.

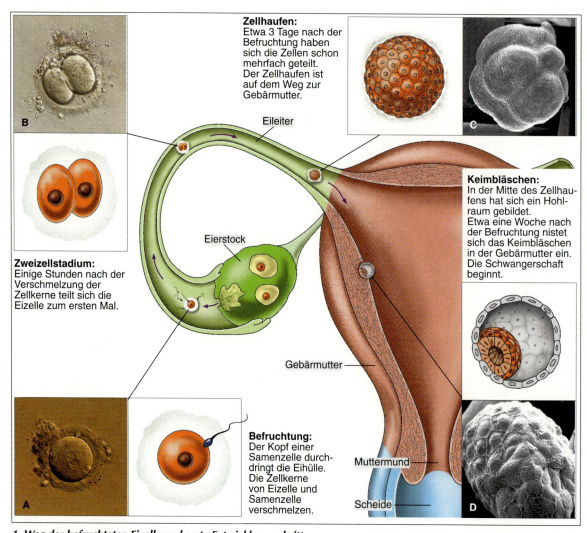

1 Weg der befruchteten Eizelle und erste Entwicklungsschritte

Pubertät – Zeit der Veränderungen

Er liegt, umgeben von Fruchtwasser, in der *Fruchtblase*. Dort ist er vor Erschütterungen geschützt und hat zunächst Platz genug, sich zu bewegen. Die Bewegungen des Kindes kann die Mutter bereits ab dem 5. Monat spüren.

Das Kind nimmt jetzt schon vieles aus der Umgebung der Mutter wahr und reagiert darauf. Es kann hören, hell und dunkel unterscheiden und „übt" durch Daumenlutschen das spätere Saugen an der Mutterbrust.

Die Versorgung des Kindes

Die *Nabelschnur* verbindet den Blutkreislauf des Fetus mit dem der Mutter. Sie beginnt am Bauch des Kindes und endet im *Mutterkuchen*. Dort findet ein Stoffaustausch statt. Sauerstoff und Nährstoffe aus dem Blut der Mutter gelangen in das Blut des Fetus. Abbaustoffe aus dem kindlichen Blut werden vom mütterlichen Blut aufgenommen und von ihr ausgeschieden.

Die Geburt

Im Verlauf des neunten Monats, wenn das Kind ca. 50 cm groß ist, empfindet die Mutter meist plötzliche krampfartige Schmerzen, die *Wehen*. Dabei zieht sich die Muskulatur der Gebärmutter in immer kürzeren Abständen zusammen. Währenddessen erweitert sich der Muttermund bis zu 10 cm Durchmesser. Die Fruchtblase platzt und das Fruchtwasser läuft ab. Die **Geburt** beginnt. Besonders starke Wehen, die Presswehen, drücken das Kind mit dem Kopf voran durch die Scheide. Die Mutter hilft dabei aktiv mit, indem sie die Bauchmuskulatur anspannt. So wird das Kind durch die Scheidenöffnung gepresst. Hebamme und Arzt oder Ärztin helfen ihr dabei, indem sie das Köpfchen des Kindes vorsichtig herausziehen. Einige Minuten nach der Geburt wird die Nabelschnur abgebunden und durchgetrennt. Diesen Vorgang nennt man **Abnabelung**. Aus dem Fetus ist ein **Säugling** geworden.

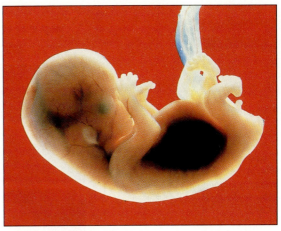

2 Fetus 11. Woche

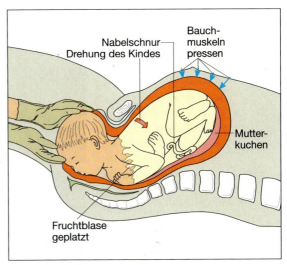

3 Geburtsvorgang

> Die Verschmelzung einer Eizelle mit einem Spermium nennt man Befruchtung. Die Schwangerschaft beginnt mit dem Einnisten der befruchteten Eizelle in die Gebärmutterschleimhaut. Durch Wehen wird die Geburt eingeleitet. Nach der Geburt wird das Kind abgenabelt.

1 Warum sollten Schwangere auf ihre Ernährung achten und öfters ausruhen?

2 Wie kannst du einer schwangeren Frau helfen?

4 Mutter mit Neugeborenem

Pubertät – Zeit der Veränderungen

Pinnwand

VERHÜTUNG

A Kondome

dünne Gummihaut · wird vor dem Geschlechtsverkehr über das steife Glied gezogen · verhindert, dass Spermien in die Scheide gelangen · keine Nebenwirkungen · mit etwas Übung sicher in der Anwendung · Schutz vor AIDS

C Chemische Mittel

Zäpfchen und Salben · werden kurz vor dem Geschlechtsverkehr in die Scheide eingeführt · spezielle Substanzen sollen Spermien abtöten · keine Nebenwirkungen · sehr unsicher

Junge Mutter

Gestern brachte eine 10-jährige Schülerin einen gesunden Jungen zur Welt. Die Geburt verlief ohne Komplikationen. Die Eltern der jungen Mutter sagten alle Unterstützung zu.

1 a) Ordne die Informationszettel den Abbildungen zu.
b) Welches Verhütungsmittel taucht zweimal auf?

2 Welches Verhalten hättest du in einer Situation wie in dem Zeitungsausschnitt vom Vater des Neugeborenen erwartet?

①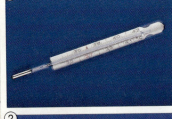

②

③

④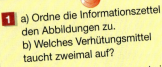

⑤

⑥

B Spirale

kleiner Haken aus Metall und Plastik · darf nur vom Arzt in die Gebärmutter eingeführt werden · verhindert das Einnisten der Eizelle · Blutungen und Entzündungen möglich · sicher

E Anti-Baby-Pille

Hormontablette für die Frau · tägliche Einnahme erforderlich · verhindert den Eisprung · Nebenwirkungen wie Blutungen, Krämpfe, Kopfschmerzen möglich · sicherste Verhütungsmethode

D Natürliche Methode

Jeden Morgen vor dem Aufstehen die Körpertemperatur messen · aus dem Verlauf der Temperaturkurve kann der wahrscheinliche Zeitpunkt des Eisprungs festgestellt und Geschlechtsverkehr an fruchtbaren Tagen vermieden werden · keine Nebenwirkungen · sehr unsicher

F Muttermundkappe

Gummikappe · wird auf den Eingang der Gebärmutter gesetzt · wird vom Arzt angepasst · verhindert, dass Spermien in die Gebärmutter gelangen · keine Nebenwirkungen · unsicher

5 Dein Körper gehört dir

Zeitungen berichten häufig, wie im nebenstehenden Artikel von Übergriffen Fremder auf Mädchen und junge Frauen. Trotzdem sind solche Vorfälle eher selten. Zwar sind es meistens Männer, die Mädchen und auch Jungen sexuell mißbrauchen, aber in den seltensten Fällen ist es ein ganz fremder Mann. Meist kennt das Opfer den Täter schon lange. Es können ältere Schüler sein, aber auch Nachbarn und sogar jemand aus der eigenen Familie.
Auch der Tatort ist in den seltensten Fällen ein einsamer Wald oder eine dunkle Straße. Häufig ist gar keine brutale Gewalt im Spiel.

Mädchen und Jungen, die sexuell missbraucht werden, trauen sich oft nicht mit jemand darüber zu reden. Sie haben Angst, dass man ihnen nicht glaubt oder halten sich gar für mitschuldig. Häufig müssen sie dem Täter versprechen, niemand etwas von diesem „Geheimnis" zu erzählen.

Aber gerade das Reden ist jetzt besonders wichtig. Solltest du dich einmal in einer solchen Situation befinden, wende dich an eine Person, der du vertraust. Deine Eltern, deine Freundin bzw. dein Freund oder eine öffentliche Stelle werden dir in dieser Zeit helfen.

In jedem Fall solltest du wissen:

- Berührungen und Zärtlichkeiten sollten angenehme Gefühle auslösen. Du hast das Recht, dich gegen alles zu wehren, was unangenehme Gefühle in dir weckt.

- Du hast das Recht zu bestimmen, wer dich anfassen darf und wer nicht.

- Du hast das Recht, Beschimpfungen, Verletzungen und Demütigungen mit Worten und Taten deutlich abzulehnen.

- Du hast das Recht, komische oder unheimliche „Geheimnisse" weiter zu erzählen, auch wenn du versprochen hast, es nicht zu tun.

> Jeder Mensch darf selber bestimmen, ob und wie er angefasst werden möchte. Er hat das Recht, seine Ablehnung deutlich zu zeigen. Mädchen und Jungen, die sexuell missbraucht werden, sollten darüber reden, auch wenn sie versprochen haben, es nicht zu tun.

Mädchen belästigt!

„**Essen** – Von einem Unbekannten wurde am Montagnachmittag eine 11-jährige Schülerin belästigt, als sie von der Schule nach Hause ging. In der Gartenstraße merkte sie, dass ihr ein Mann folgte. Direkt nach der Unterführung hielt er das Mädchen am Arm fest und berührte es unsittlich. Als die Elfjährige schrie und sich wehrte, ließ der Mann sie los und flüchtete …"

1 Bericht aus einer Tageszeitung

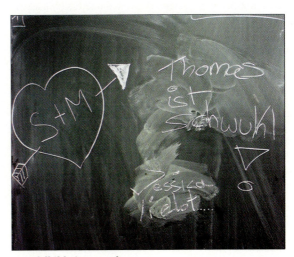

2 Tafelbild einer 6. Klasse

1 Nenne verschiedene Möglichkeiten, jemand deutlich und unmissverständlich klarzumachen, dass du etwas nicht willst.

2 Sieh dir das Tafelbild in Abb. 2 an. Was haben die Beleidigungen an der Tafel deiner Meinung nach mit Missbrauch und Belästigung zu tun? Wie würdest du reagieren? Beschreibe.

? Hier findest du Hilfe:
Deutscher Kinderschutzbund, Jugendamt, Frauenzentren, Mädchentreffs, Nottelefon für Kinder und Frauen, Pro Familia, Telefonseelsorge, … Die Telefonnummern stehen im Telefonbuch.

Pubertät – Zeit der Veränderungen

Übung **Mein Körper gehört mir!**

A1 Gefühle erkennen – Gefühle achten

a) Betrachte die beiden Bilder. Welche Gefühle könnten die beiden Jugendlichen haben?
b) Wie würdest du dir in solchen Situationen die Reaktionen deiner Klassenkameraden, Freunde und Eltern wünschen?

A2 Offener Brief an die Klasse 6a

> Offener Brief an die Klasse 6a!
> Eigentlich bin ich ganz gerne in dieser Klasse. Neulich allerdings war ich ziemlich enttäuscht von euch. Ihr erinnert euch: Christian versuchte in der großen Pause, mich zu küssen. Er hat mich sehr grob festgehalten und gegen die Schulwand gedrückt. Viele von euch haben zugeschaut. Ihr habt gesehen, wie ich mich gewehrt habe. Und was habt ihr gemacht? Ihr habt gelacht oder Christian sogar noch angefeuert. Vielleicht war das alles für euch besonders witzig, für mich war es schlimm! Warum hat mir niemand von euch geholfen? Ich habe zur Zeit gar keine Lust mehr in die Schule zu gehen.
> Kathrin

a) Lies den Text. Was hättest du getan, wenn Kathrin deine Freundin wäre?
b) Wie würdest du dich verhalten, wenn du zu den Klassenkameraden am Rand gehörtest?

A3 Gute und schlechte Geheimnisse

Manche Geheimnisse lösen ein aufregendes Kribbeln im Bauch aus, andere ein unangenehmes, schlechtes Gefühl.

Geheimnis 1:
Du beobachtest, wie zwei Freundinnen im Supermarkt CDs stehlen. Am nächsten Tag verschenken sie diese in der Klasse.

Geheimnis 2:
Du erzählst deinem besten Freund von einem Mädchen, das du toll findest und bittest ihn, niemandem davon zu erzählen.

Geheimnis 3:
Ein Freund deiner Eltern will dich immer küssen und streicheln, wenn ihr alleine im Zimmer seid. Er sagt, dies sei euer Geheimnis.

a) Welche Geheimnisse darf man deiner Meinung nach weitererzählen, und welche nicht? Begründe.
b) Wer wäre der richtige Ansprechpartner für die einzelnen Geheimnisse?

A4 Alltagssituationen

Jugendlichen fällt es oft schwer, Grenzen zu ziehen.

Beispiel 1
Sven sitzt in der Badewanne, die Badezimmertür ist nicht abgeschlossen. Die Mutter kommt herein und putzt das Waschbecken.

Beispiel 2
Anita schminkt sich vor dem Spiegel, als der Vater vorbeikommt und ihren BH-Träger zupft.

Beispiel 3
Anna mag nicht, dass ihr Lieblingsonkel sie bei der Begrüßung immer so feucht küsst.

a) Nimm Stellung zu den Beispielen.
b) Was kannst du den Jugendlichen raten?

Pubertät – Zeit der Veränderungen

Prüfe dein Wissen

A1 Welches der Merkmale in der Liste gehört nicht zu den sekundären Geschlechtsmerkmalen des Mannes?
a) Bartwuchs
b) Hoden
c) tiefe Stimme
d) breite Schultern

A2 Welches der folgenden Merkmale gehört nicht zu den sekundären Geschlechtsmerkmalen der Frau?
a) Brüste
b) Scheide
c) breites Becken
d) runde Schenkel

A3 Entscheide, welche Aussagen richtig sind.
a) Während der Pubertät werden männliche Geschlechtshormone gebildet.
b) Die Vorhaut schützt die Eichel.
c) Füllen sich die Schwellkörper, kommt es zu einer Erektion.
d) Die Spermien reifen in den Nebenhoden.
e) Die Spermien werden beim Spermienerguss durch die Harn-Spermien-Röhre ausgestoßen.

A4 Entscheide, welche Aussagen richtig sind.
a) Die Gebärmutter ist ein weibliches Geschlechtsorgan.
b) Die Eierstöcke befinden sich am oberen Ende der Scheide.
c) In den Eierstöcken befinden sich die Eizellen.
d) Die Schamhaare wachsen auf den kleinen Schamlippen.
e) Die Eileiter sind durch eine trichterförmige Öffnung mit der Gebärmutter verbunden.

A5 Die Abbildung zeigt einen Vorgang in den Eierstöcken.

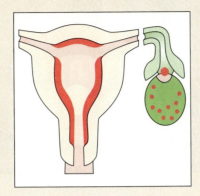

a) Wie heißt der dargestellte Vorgang?
b) Beschreibe ihn. Verwende folgende Begriffe:
Eierstock, Eizelle, Eileiter, Eileitertrichter.

A6 Die Abbildung unten zeigt ein Verhütungsmittel.
a) Wie heißt das Verhütungsmittel?
b) Wie wendet man es an?
c) Dieses Verhütungsmittel hat neben der Verhütung einer Schwangerschaft noch eine andere wichtige Funktion. Nenne sie und erkläre.

A7 Was sagt ein gut geführter Regelkalender über die Menstruation der betreffenden Frau aus?

A8 Betrachte die Abbildung.

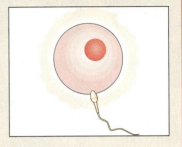

a) Welcher Vorgang ist abgebildet?
b) Beschreibe diesen Vorgang mit eigenen Worten. Benutze die Fachbegriffe Spermium, Eizelle, Verschmelzung.

A9 Du siehst hier ein Modell der Fruchtblase.

Beschreibe das Modell der Fruchtblase. Ordne den Ziffern die entsprechenden Begriffe zu.

A10 Bringe die folgenden Stichworte in die richtige Reihenfolge
a) Abnabelung
b) Anlage der Organe
c) Einnistung der befruchteten Eizelle
d) Wehen lösen die Geburt aus
e) Größenwachstum des Kindes.
f) Befruchtung
g) Geschlechtsverkehr

1 Untersuchungen mit bloßem Auge, Lupe und Mikroskop

1 Die Welt des Winzigen

Sicher hast du schon einmal durch ein Fernglas oder eine Lupe geschaut. Wenn man mit ihrer Hilfe etwas betrachtet, scheinen diese Dinge größer zu sein, als sie in Wirklichkeit sind. Auch Dinge, die du ohne diese Vergrößerungsgläser nicht siehst, werden sichtbar. Damit kannst du eine Welt kennenlernen, die dir sonst verborgen bliebe. Wie die Kinder auf dem Foto, die mit Hilfe von Lupe und Mikroskop Pflanzen untersuchen, kannst auch du die Einzelheiten eines Lebewesens erforschen.

Wir betrachten eine Pflanze mit Lupe und Mikroskop

Betrachten wir z. B. einmal die Blätter der Wasserpest. Diese Pflanze wächst in Bächen und Teichen unter der Wasseroberfläche. Die Feinheiten eines Blattes der Wasserpest sind mit einer *Lupe* bei zehnfacher Vergrößerung schon recht gut zu erkennen.
Die Vergrößerung wird möglich durch gewölbte und geschliffene Gläser, die *Linsen*. Eine einfache Lupe besteht aus einer Linse. Baut man zwei Linsen in einem gewissen Abstand voneinander in eine Metallröhre hinein, erhält man ein einfaches *Mikroskop*. Mit einem Schülermikroskop kann man bei hundertfacher Vergrößerung schon einzelne Bestandteile des Blattes der Wasserpest erkennen. Mit modernen Mikroskopen lassen sich Gegenstände bis zu zweitausendfach vergrößern.

2 Blätter der Wasserpest – mit dem Auge, der Lupe und mit dem Mikroskop betrachtet

> Winzige Gegenstände und Lebewesen kann man mit Hilfe von Lupe und Mikroskop vergrößert betrachten. Feine Strukturen der Welt des Winzigen können so untersucht werden.

1 Wie breit erscheint ein dünner Faden von 1 mm Stärke, der 400fach vergrößert wird?

Lebewesen bestehen aus Zellen

BLICK IN DIE WELT DES WINZIGEN

Pinnwand

Libellenflügel

20-fach

Schon bei 20facher Vergrößerung erkennt man den zarten Aufbau der durchsichtigen Flügelhäute. Sie sind von feinen Kanälen durchzogen, die dem Bluttransport und der Atmung dienen.

Pollen des Löwenzahns

850-fach

Mit bloßem Auge wirken die Pollen der Blüten wie Staub. Sie werden deshalb auch Blütenstaub genannt. Bei starker Vergrößerung sieht man deutlich einzelne kugelige Gebilde, die eine raue Oberfläche besitzen.

Schmetterlingsflügel

150-fach

Die zarten Flügel der Schmetterlinge sind von dachziegelartig angeordneten Farbschuppen bedeckt. Bei Berührung werden sie leicht zerstört.

Federn

Schaft
Federast
Bogenstrahl
Hakenstrahl

Mit einer starken Lupe kann man erkennen, dass die Hakenstrahlen wie in einem Reißverschluss die Bogenstrahlen festhalten und so eine zusammenhängende Fläche bilden.

1 Suche weitere Objekte wie z. B. Haare, Fasern, Pflanzenteile und untersuche sie mit Lupe und Mikroskop. Eine Anleitung zum Mikroskopieren findest du auf Seite 94. Zeichne, was du siehst.

Lebewesen bestehen aus Zellen

Übung   **Das Mikroskop**

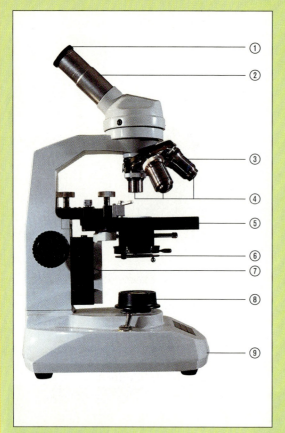

1 Aufbau des Lichtmikroskops

A1 Aufbau des Mikroskops

1 Okular: Linse, durch die man in das Mikroskop schaut. Sie vergrößert wie eine Lupe, z.B. 5×, 10×, 15×.
2 Tubus: Röhre, in der das Okular steckt.
3 Objektivrevolver: Hier befinden sich drei oder vier Objektive.
4 Objektive: Sie enthalten Linsen in unterschiedlicher Stärke. Die Zahl auf der Fassung des Objektivs gibt an, wievielmal das Objekt durch das Objektiv vergrößert wird. Multipliziert man diese mit der Zahl auf dem Okular, erhält man die Gesamtvergrößerung.
5 Objekttisch: Auflagefläche für das zu untersuchende Objekt.
6 Blende: Sie dient zum Regulieren der Helligkeit und des Bildkontrastes.
7 Grobtrieb und Feintrieb: Einstellräder zur Regelung des Abstandes zwischen Objektiv und Objekt.
8 Beleuchtung: Eine Lampe oder ein Spiegel unterhalb des Objekttisches sorgen dafür, dass das Objekt von Licht durchflutet wird.
9 Stativ: Haltevorrichtung

Mache dich mit dem Mikroskop vertraut. Denke daran, dass ein Mikroskop ein wertvolles Instrument ist, mit dem man sorgfältig umgehen muss.

V2 Richtig mikroskopieren – die erste Mikroskopierübung

Material: Daune, Faser oder Haar mit Wurzel, Objektträger, Mikroskop, Zeichenmaterial

Durchführung: 1. Wähle zu Beginn das Objektiv mit der kleinsten Vergrößerung.
2. Lege das Objekt auf einen Objektträger. Befestige den Objektträger auf dem Objekttisch.
3. Schau von der Seite auf das Mikroskop. Bewege mit dem Grobtrieb Objekttisch und Objekt vorsichtig aufeinander zu. Objektiv und Objekt dürfen sich nicht berühren! Erst jetzt darfst du durch das Okular schauen.
4. Schalte die Mikroskopbeleuchtung ein oder stelle den Spiegel so ein, dass genügend Tageslicht auf ihn fällt. Regele mit der Blende die Helligkeit.
5. Stelle das Bild mithilfe des Grobtriebes und anschließend des Feintriebes scharf ein.
Betrachte das Objekt.
6. Vergrößere nun mithilfe des Grobtriebes den Abstand zwischen Objektiv und Objekttisch. Schwenke jetzt ein Objektiv mit stärkerer Vergrößerung über den Objekttisch. Verfahre weiter wie oben beschrieben.
Aufgabe: Zeichne einen Ausschnitt deines Objektes in zwei Vergrößerungen.

Lebewesen bestehen aus Zellen

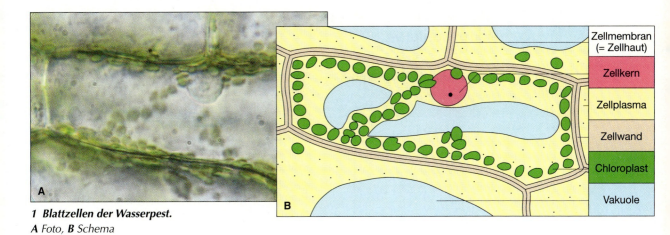

1 Blattzellen der Wasserpest.
A *Foto*, B *Schema*

2 Bau einer Pflanzenzelle

Schon mit der Lupe kannst du erkennen, dass die zarten Blätter der Wasserpest ein Muster aufweisen, das an eine Mauer erinnert. Ähnlich wie Ziegelsteine in einer Mauer sind hier **Zellen** miteinander verbunden. Sie bilden zusammen das Blatt. Zellen sind die kleinsten Bausteine der Pflanzen und aller anderen Lebewesen.

Bestandteile einer Pflanzenzelle

Jede pflanzliche Zelle ist von einer *Zellwand* umgeben. Sie gibt der Zelle Festigkeit und ihre Gestalt. Die Zellwand ist mit einer Zellhaut, der *Zellmembran*, ausgekleidet. Eine gallertartige Masse ist innen an die Zellhaut angelagert und durchzieht die gesamte Zelle. Diese Masse wird *Zellplasma* genannt. Im Zellplasma sind die weiteren Bestandteile der Zelle eingebettet.
Der *Zellkern*, ein kugeliges Gebilde, liegt meist am Rand der Zelle im Plasma. Alle Lebensvorgänge der Zelle werden vom Zellkern aus gesteuert.

In den Zellen der Wasserpest fallen unter dem Mikroskop eine Menge grüner Körner auf, die sich ebenfalls hauptsächlich am Rand der Zelle befinden. Sie geben den grünen Pflanzen die Farbe und werden deshalb *Blattgrünkörner* oder *Chloroplasten* genannt. Mit ihrer Hilfe baut die Pflanze Nährstoffe auf. Je älter eine Pflanze wird, desto stärker ist das Plasma von Zellsafträumen, den *Vakuolen*, durchsetzt. Hier sammelt sich der Zellsaft. Er enthält u. a. Zucker als Reservestoff.
Zellen leben nicht nur für sich allein, sondern stehen mit anderen Zellen durch Poren in Verbindung. Auf diese Weise können Stoffe ausgetauscht werden. Zellen einer Pflanze übernehmen unterschiedliche Aufgaben. Deshalb gibt es verschiedene Zelltypen.

> Zellen sind die Bausteine der Lebewesen. Pflanzliche Zellen bestehen aus Zellwand, Zellmembran, Zellplasma, Zellkern, Chloroplasten und Vakuolen.

1 Nenne Bestandteile einer Pflanzenzelle und beschreibe ihre Aufgaben.

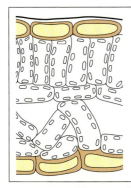

Deckzellen. Sie bilden die Haut der Pflanzen und schützen das Gewebe der Pflanze je nach Standort auf unterschiedliche Weise.

Steinzellen. Ihre Zellwände sind verstärkt. Dadurch verleihen sie dem jeweiligen Pflanzenteil enorme Festigkeit. Ein Beispiel dafür ist die Wand des Kirschkerns.

Brennhaar. Die hohlen Brennhaare enthalten reizende Stoffe und dienen als Verteidigungswaffen.

2 Typen von Pflanzenzellen

Lebewesen bestehen aus Zellen

Übung | **Mikroskopieren**

A1 Geräte, die wir zum Mikroskopieren brauchen

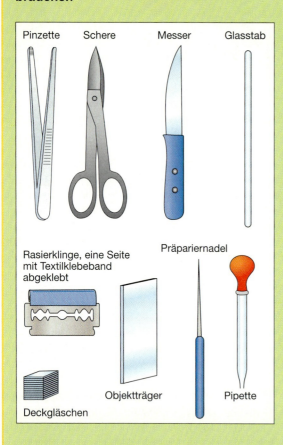

Um beim Mikroskopieren erfolgreich zu sein, muss aus dem zu untersuchenden Gegenstand ein **Präparat** hergestellt werden. Dazu benötigst du ein *Präparierbesteck*. Dieses besteht aus bestimmten Geräten.
Pinzette: Sie muss sauber sein und gut greifen. Du brauchst sie, um Objekte auseinanderzuzupfen.
Schere und Messer: Damit werden Grobschnitte angefertigt.
Glasstab: Damit kannst du z. B. Objekte auf dem Objektträger bewegen und Tropfen setzen.
Rasierklinge: Damit werden feine Schnitte angefertigt. Bevor du die Rasierklinge benutzt, muss sie auf jeden Fall auf einer Seite mit einem Textilklebeband abgeklebt werden, um Verletzungen auszuschließen.

Objektträger: Der Objektträger ist eine rechteckige Glasscheibe. Du legst das Objekt, das du untersuchen willst, in die Mitte des Objektträgers. Halte die Objektträger gut sauber.
Deckgläser: Sie dienen zum Abdecken und Schutz von Präparaten. Vorsicht! Deckgläser brechen leicht!
Präpariernadel: Mit der Nadel kannst du kleine Objekte zerlegen oder in die richtige Position bringen.
Pipette: Durch Zusammendrücken saugt man Wasser an und tropft es anschließend auf den Objektträger.

Probiere die verschiedenen Geräte aus. Gehe sehr vorsichtig mit der Rasierklinge um. Gib mithilfe der Pipette einen Tropfen Wasser auf einen Objektträger.

V2 Herstellung des ersten Präparates – Wir untersuchen Blattzellen der Wasserpest und fertigen eine mikroskopische Zeichnung an

Material: Mikroskopierbesteck, Mikroskop, Wasserpest, angespitzter Bleistift, glattes Zeichenpapier
Durchführung: 1. Zupfe mit der Pinzette ein Blatt der Wasserpest ab. Lege es in einen Tropfen Wasser auf den Objektträger.
2. Decke das Präparat mit einem Deckglas vorsichtig ab.
3. Lege das Präparat auf den Objekttisch.
Stelle das Mikroskop bei schwächster Vergrößerung scharf ein. Vergrößere dann schrittweise stärker.
Aufgabe: Zeichne bei 400facher Vergrößerung einige Zellen und beschrifte die Zellbestandteile.

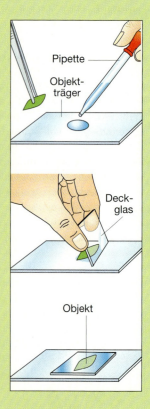

Lebewesen bestehen aus Zellen

Beachte beim Zeichnen folgende Hinweise: Strichele nicht, sondern ziehe die Linien durch. Zeichne zunächst dünn und ziehe erst zum Schluss die Linien stärker nach. Zeichne möglichst groß. Lass Platz für die Beschriftung deiner Zeichnung. Diese soll folgende Angaben enthalten: deinen Namen, Datum, Namen des Objekts, Bezeichnung der einzelnen Bestandteile und die benutzte Vergrößerung.

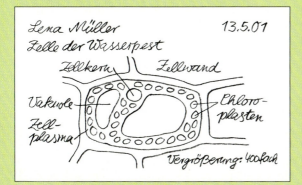

A3 Ein Zellmodell hilft beim Mikroskopieren

Auf dem Projektor steht eine durchsichtige Plastikbox, die einen Tischtennisball enthält. Auf dem Deckel ist der Schriftzug ZELL und auf dem Boden MODELL angebracht. An der Wand wirkt das Modell wie eine Fläche. Je nach Größe des Abstandes zwischen Lampe und Box erscheint entweder ZELL oder MODELL scharf.
Warum sieht man beim Mikroskopieren immer nur einzelne Teile scharf?

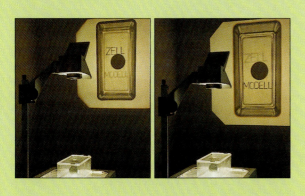

V4 Wir untersuchen Zellen der Zwiebelhaut

Material: Präparierbesteck, Mikroskop, rote Küchenzwiebel, Zeichenmaterial
Durchführung: 1. Schneide eine Zwiebel zweimal längs durch, sodass du vier Teile erhältst. Entnimm eine Zwiebelschuppe.
2. Schneide an der Innenseite mit der Rasierklinge ein kleines Viereck heraus, etwa 4 mal 4 mm.
3. Entnimm dieses Viereck mit der Pinzette und lege es ohne Falten auf dem Objektträger in einen Wassertropfen. Decke das Präparat wie in Versuch 2 mit einem Deckgläschen ab. Tupfe überschüssiges Wasser mit einem Stück Filterpapier weg.
Aufgabe: a) Betrachte das Zwiebelhäutchen zunächst bei schwächster Vergrößerung.
b) Vergrößere anschließend stärker. Zeichne zwei bis vier Zellen.
c) Beschrifte die Zeichnung.

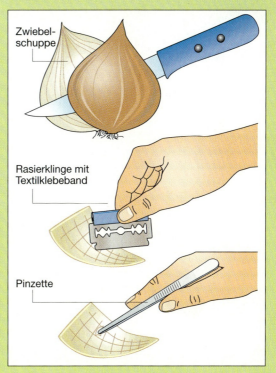

Lebewesen bestehen aus Zellen

3 Der menschliche Körper besteht aus Zellen

Du weißt, dass Pflanzen aus einzelnen Bausteinen, den **Zellen,** aufgebaut sind. Bestehen Tiere und der menschliche Körper ebenfalls aus Zellen? Eine einfache Möglichkeit dies herauszufinden besteht darin, etwas Mundschleimhaut von der Innenseite der Wangen abzuschaben und unter dem Mikroskop zu untersuchen.

Der Bau einer menschlichen Zelle

1 Entnahme von Mundschleimhautzellen

Tatsächlich entdeckt man bei genügender Vergrößerung einzelne Zellen.
Die Zellen der Mundschleimhaut enthalten einen *Zellkern* und *Zellplasma*. Sie sind von einer *Zellmembran* umgeben. Im Gegensatz zu pflanzlichen besitzen tierische Zellen keine Chloroplasten und keine feste Zellwand. Der Zellkern liegt eingebettet im Plasma im Inneren der Zelle. Er enthält die Erbanlagen und steuert alle Lebensvorgänge in der Zelle.
Untersucht man andere Teile des Körpers, stellt man fest, dass auch sie aus Zellen bestehen. Je nach ihrer Aufgabe unterscheiden sie sich aber in Form, Größe und ihrem inneren Aufbau. So sehen Nervenzellen ganz anders aus als die Zellen der Mundschleimhaut.

Gleichartige Zellen bilden ein Zellgewebe

Viele gleichartige Zellen erfüllen eine gemeinsame Aufgabe. Die Mundschleimhaut z. B. kleidet die Mundhöhle aus und schützt sie vor Verletzungen. Dies könnte eine einzelne Zelle niemals leisten. Deshalb besteht die Mundschleimhaut aus Millionen von gleich gebauten Zellen. Einen solchen Verband gleichartiger Zellen nennt man **Gewebe.**

Verschiedene Gewebe bilden ein Organ

Manche Aufgaben im Körper sind aber nur durch das Zusammenwirken mehrerer verschiedener Gewebe zu erfüllen. Eine solche Einheit bezeichnet man als **Organ**. In einem **Organismus** wie dem Menschen wirken viele Organe zusammen. Nur so ist er lebensfähig.

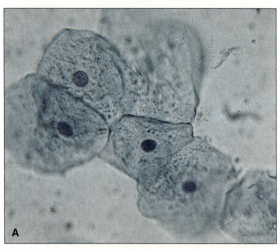
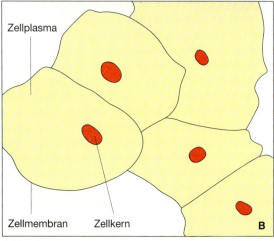

2 Mundschleimhaut. A Foto, B Schema

> Der Körper des Menschen ist aus Zellen aufgebaut. Sie bestehen aus Zellmembran, Zellplasma und Zellkern. Gleichartige Zellen bilden Gewebe.

1 Beschreibe den Bau einer tierischen Zelle.

Lebewesen bestehen aus Zellen

Nervenzellen
Nervenzellen bestehen aus einem Zellkörper und Fortsätzen, die bis zu 1 m lang sein können.
Ihre Aufgabe ist es, Reize, die von Sinnesorganen aufgenommen werden, als elektrische Impulse zum Gehirn zu leiten.
Auch das Gehirn ist aus Nervenzellen aufgebaut.

Knochenzellen
Knochenzellen haben zahlreiche Fortsätze, die mit den Fortsätzen der Nachbarzellen verbunden sind. Diese netzartige Struktur verleiht dem Knochen eine gewisse Elastizität.
Zwischen den Knochenzellen ist Kalk eingelagert. Dadurch erhalten die Knochen ihre Festigkeit.

Muskelzellen
In unserer Skelettmuskulatur treten die Muskelzellen als langgestreckte Muskelfasern auf. Die Fasern können sich verkürzen und werden wieder gedehnt. Diese Fähigkeit ist die Voraussetzung dafür, dass Muskeln unseren Körper bewegen können.

3 Zellen erfüllen unterschiedliche Aufgaben

2 Nenne Zelltypen des menschlichen und tierischen Körpers. Auf welche Aufgaben haben sie sich spezialisiert?

Lebewesen bestehen aus Zellen

4 Manche Lebewesen bestehen nur aus einer Zelle

Teiche sind nicht nur Lebensräume für Fische und Frösche. Dort kommen auch Lebewesen vor, die so klein sind, dass man sie mit bloßem Auge nicht sieht. Um sie betrachten zu können, braucht man ein gutes Lichtmikroskop.

Das Pantoffeltierchen

Mikroskopiert man eine Wasserprobe aus einem Teich, so entdeckt man darin Lebewesen, die einem Pantoffel ähneln. Sie heißen deshalb **Pantoffeltierchen**. Ihr gesamter Körper besteht nur aus einer Zelle. Diese **Einzeller** bewegen sich mithilfe von über 10 000 *Wimpern* fort, die sich in ihrer *Zellhaut* befinden. Durch schnelles Schlagen der Wimpern wird das Pantoffeltierchen vorangetrieben.
Der *Zellmund* ist ebenfalls von Wimpern umgeben. Diese strudeln Nahrung herbei, die aus Bakterien und kleineren Einzellern besteht. Sie gelangt vom Zellmund aus in ein *Nahrungsbläschen*, wo sie verdaut wird. Am *Zellafter* werden die unverdaulichen Reste ausgeschieden.
Die *pulsierenden Bläschen* haben die Aufgabe, überschüssiges Wasser aus dem Körper herauszupressen.

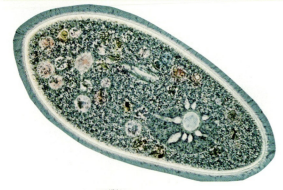
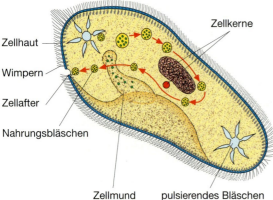

1 Pantoffeltierchen. *A Foto,* **B** *Schema*

Augentierchen und Amöbe

Augentierchen sind Einzeller, die mit einem lichtempfindlichen Zellbestandteil hell und dunkel unterscheiden können. Auch die Richtung des einfallenden Lichts können sie feststellen. Ihren Namen haben sie aufgrund des roten *Augenflecks* erhalten, der selbst aber nicht lichtempfindlich ist. Bei ausreichend Licht bildet das Augentierchen Chloroplasten, die Zucker herstellen. Ohne Lichteinfluss ernährt es sich von Nährstoffen aus dem Wasser. Das Augentierchen bewegt sich mithilfe einer Geißel fort.
Amöben können ständig ihre Gestalt verändern, indem sie aus Zellplasma *Scheinfüßchen* bilden, mit deren Hilfe sie sich fortbewegen. Weil sie ihre Körperform dauernd verändern, werden sie auch Wechseltierchen genannt.

2 Augentierchen

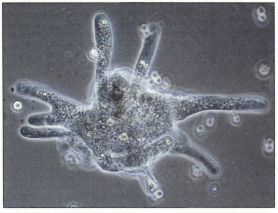

3 Amöbe *(Wechseltierchen)*

> Pantoffeltierchen, Augentierchen und Amöben gehören zu den Einzellern.

1 Beschreibe die Fortbewegung der abgebildeten Einzeller.

Lebewesen bestehen aus Zellen

Einzeller im Heuaufguss

Übung

V1 Wir untersuchen Kleinlebewesen im Heuaufguss

In trockenem Heu finden sich bestimmte Bakterien in einem Ruhezustand. Gibt man Wasser auf solches Heu, so vermehren sie sich sehr stark. Diese Bakterien dienen Einzellern – z. B. aus Tümpelwasser – als Nahrung. Die Zahl der Einzeller nimmt nun ebenfalls kräftig zu. Sie können leicht entnommen und unter dem Mikroskop beobachtet werden.

Material: Heu, Einmachglas, Glasscheibe, Tümpelwasser, Mikroskop mit Zubehör, Tapetenkleister

3 Entnahme einer Probe zur Untersuchung

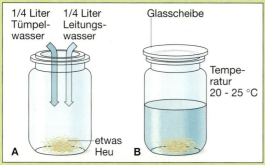

1 Ansetzen eines Heuaufgusses

Aufgaben: Die Untersuchung sollte frühestens nach drei Tagen durchgeführt werden.

a) Rühre ein wenig Tapetenkleister an. Gib einen Tropfen des Kleisters auf einen Objektträger. Der Kleister verlangsamt die Bewegung der Pantoffeltierchen.

b) Gib nun mit der Pipette einen Tropfen des Heuaufgusses auf den Objektträger und vermenge ihn mit Kleister. Bringe die Wasserprobe unter das Mikroskop, wie in Abbildung 2 zu sehen.

c) Mikroskopiere bei 100facher Vergrößerung. Zeichne die Lebewesen, die du siehst. Versuche, einige davon mithilfe der Abbildung 3 zu bestimmen.

d) Wiederhole die mikroskopische Untersuchung nach einigen Tagen. Was stellst du fest?

Durchführung: Gib etwas Heu in das Einmachglas, verfahre weiter wie in den Abbildungen.

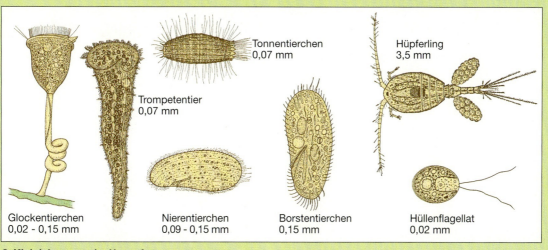

2 Kleinlebewesen im Heuaufguss

Lebewesen bestehen aus Zellen

Streifzug durch die Literatur

Der Wassertropfen

Du kennst doch sicher ein Vergrößerungsglas, so ein rundes Brillenglas, das alles hundertmal größer macht, als es ist? Wenn man es nimmt und vor das Auge hält und einen Wassertropfen vom Teich draußen anschaut, dann sieht man über tausend wunderliche Tiere, die man sonst nie im Wasser sieht, aber sie sind da und es ist Wirklichkeit. Es sieht fast so aus wie ein ganzer Teller voll kleiner Krebse, die durcheinander springen, und sie sind so grimmig, sie reißen einander Arme und Beine, Stücke und Teile ab, und sind doch fröhlich und vergnügt auf ihre Art.

Nun war einmal ein alter Mann, den alle Leute Kribbel-Krabbel nannten, denn so hieß er. Er wollte stets bei einer jeden Sache das Beste herauskriegen, und wenn es gar nicht gelingen wollte, dann nahm er es mit Zauberei.

Nun sitzt er eines Tages und hält das Vergrößerungsglas vor das Auge und schaut einen Wassertropfen an, der draußen von einer Wasserpfütze im Graben genommen war. Nein, wie es da kribbelte und krabbelte! All die tausend Kleintiere hüpften und sprangen, zerrten aneinander und fraßen einander.

„Ja, aber das ist ja abscheulich!" sagte Kribbel-Krabbel, „kann man sie nicht dazu bringen, in Frieden und Ruhe zu leben, und dass jeder sich um das Seine kümmert?" Und er dachte und dachte, aber es wollte ihm nicht gelingen, und dann musste er zaubern. „Ich muss ihnen Farbe geben, damit sie deutlicher werden können", sagte er, und dann goss er etwas wie ein Tröpfchen roten Weines in den Wassertropfen, aber es war Hexenblut, die allerfeinste Sorte zu zwei Schilling; und dann wurden alle die wunderlichen Tiere rosenrot über den ganzen Körper, es sah aus wie eine ganze Stadt voll nackter Wilder.

„Was hast du da?" fragte ein anderer alter Zauberer, der keinen Namen hatte, und das war just das Feine an ihm.

„Ja, kannst du erraten, was es ist", sagte Kribbel-Krabbel, „dann werde ich es dir schenken; aber es ist nicht leicht herauszufinden, wenn man es nicht weiß."

Und der Zauberer, der keinen Namen hatte, schaute durch das Vergrößerungsglas. Es sah wirklich aus wie eine ganze Stadt, in der alle Menschen ohne Kleider herumlaufen! Es war scheußlich, aber noch scheußlicher war es zu sehen, wie der eine den anderen puffte und stieß, wie sie sich zwickten und zwackten, einander bissen und einander hervorzerrten. Was zuunterst war, wollte zuoberst sein, und was zuoberst war, wollte zuunterst sein. „Schau, schau! Sein Bein ist länger als meins. Paff, weg damit! Da ist einer, der eine kleine Beule hinter dem Ohr hat, eine kleine unschuldige Beule, aber sie quält ihn, und so soll sie noch mehr quälen!" – Und sie hackten nach ihm, und sie zerrten an ihm, und sie fraßen ihn um der kleinen Beule willen. Da saß einer so still wie eine kleine Jungfrau und wünschte bloß Frieden und Ruhe; aber dann musste die Jungfrau hervor, und sie zerrten an ihr, und sie rissen an ihr, und sie fraßen sie!

„Das ist außerordentlich lustig!" sagte der Zauberer.
„Ja, aber was glaubst du, dass es ist?" fragte Kribbel-Krabbel. „Kannst du es herausfinden?"
„Das ist doch leicht zu sehen", sagte der andere, „das ist ja Kopenhagen oder eine andere große Stadt, sie gleichen ja alle einander. Eine große Stadt ist es."
„Es ist Grabenwasser!" sagte Kribbel-Krabbel.

Hans Christian Andersen

1 Der Zauberer Kribbel-Krabbel und sein Freund entdecken an den kleinen Wasserbewohnern eine Menge menschlicher Eigenschaften.
a) Nenne sie.
b) Beobachte einige deiner Mitschüler. Erkennst du einige der dargestellten Eigenschaften wieder?

Lebewesen bestehen aus Zellen

Zellen und Einzeller

Prüfe dein Wissen

A1 Die Abbildung zeigt ein Lichtmikroskop.

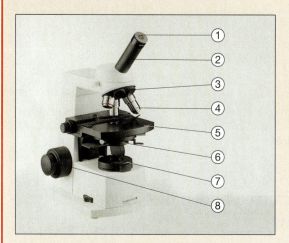

a) Ordne den Ziffern die richtigen Begriffe zu.
b) Erkläre, wozu die einzelnen Teile dienen.

A2 In der Abbildung siehst du eine mikroskopische Aufnahme.

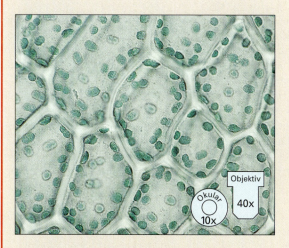

Welche der folgenden Aussagen sind richtig?
a) Die Aufnahme zeigt pflanzliche Zellen.
b) Die Aufnahme zeigt tierische Zellen.
c) Die Zellen enthalten keine Chloroplasten.
d) Das mikroskopische Bild wurde bei einer Gesamtvergrößerung von 50× aufgenommen.
e) Das mikroskopische Bild wurde bei einer Gesamtvergrößerung von 400× aufgenommen.

A3 a) Ordne den Ziffern im Zellschema die richtigen Begriffe zu.
b) Handelt es sich um eine Pflanzenzelle oder um eine Tierzelle? Begründe deine Antwort mithilfe der Zellbestandteile.

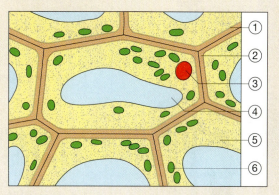

A4 a) Benenne die Bestandteile der Mundschleimhautzelle.
b) Es handelt sich hier um ein Gewebe. Welche der folgenden Beschreibungen kennzeichnet ein Gewebe?
– Ein Gewebe besteht aus vielen gleichartigen Zellen.
– Ein Gewebe besteht aus vielen verschiedenartigen Zellen.
– In einem Gewebe wirken viele Organe zusammen.

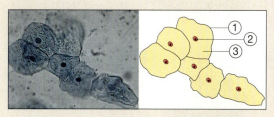

A5 Welche der folgenden Aussagen über Einzeller treffen zu? Welche sind falsch?
a) Pantoffeltierchen ernähren sich von Einzellern und Bakterien.
b) Das pulsierende Bläschen ist ein Verdauungsorgan.
c) Augentierchen bewegen sich mithilfe einer Geißel fort.
d) Amöben besitzen Wimpern zur Fortbewegung.

Bau und Leistungen der Blütenpflanzen

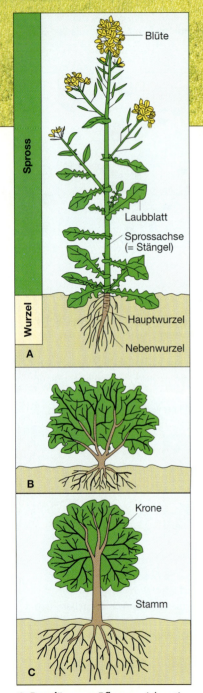

2 **Baupläne von Pflanzen.** A krautige Pflanze (Raps), B Strauch (Heckenrose), C Baum (Rosskastanie)

1 Blühendes Rapsfeld

1 Grüne Pflanzen bilden die Grundlage des Lebens

1.1 Wie Blütenpflanzen gebaut sind

Im Frühjahr leuchten auf vielen Feldern die gelben Blüten der Rapspflanzen. Gleichzeitig blühen auch Rosskastanie und Heckenrose. Weil alle diese Pflanzen Blüten ausbilden, nennt man sie *Blütenpflanzen*. Haben sie noch weitere gemeinsame Merkmale?

Betrachten wir die Rapspflanze genauer. Die oberirdischen Pflanzenteile bilden den **Spross.** Er besteht aus Sprossachse, Laubblättern und Blüten. Bei *krautigen* Pflanzen wie dem Raps heißt die Sprossachse *Stängel*. Auch Rosskastanie und Heckenrose haben eine Sprossachse. Sie ist verholzt. Verholzte Sprossachsen heißen *Stamm*.
Rosskastanie und Heckenrose sind darum *Holzgewächse*. Der Stamm der Rosskastanie kann sehr lang und dick werden. Er trägt eine Krone mit Ästen und Zweigen, an denen Blätter und Blüten wachsen. Diese Wuchsform nennt man *Baum*.
Bei der Heckenrose ist der Stamm kurz. Aus ihm wachsen knapp über dem Boden viele Seitenstämme. Pflanzen wie die Heckenrose bezeichnet man als *Strauch*.

Die Rapspflanze ist mit einer **Wurzel** im Boden verankert. Ziehen wir eine Rapspflanze aus dem Boden, erkennen wir eine *Hauptwurzel* und zahlreiche *Nebenwurzeln*. Auch Rosskastanie und Heckenrose haben Wurzeln.

> Alle Blütenpflanzen zeigen einen gemeinsamen Bauplan aus Spross und Wurzel. Je nach Wuchsform unterscheidet man krautige Pflanzen, Sträucher und Bäume.

1 Erkläre anhand der Abbildung 2 die Unterschiede von Kraut, Strauch und Baum.

Bau und Leistungen der Blütenpflanzen

1.2 Pflanzenorgane erfüllen bestimmte Aufgaben

Stehen Pflanzen auf der Fensterbank nahe einer kalten Fensterscheibe, kann man mitunter eine seltsame Beobachtung machen: Berühren Blätter die Scheibe, so wird sie an dieser Stelle nass. Auch die Blattunterseiten fühlen sich feucht an. Können Pflanzen über ihre Blätter „schwitzen"?

Das Blatt

Betrachtet man die Unterseite eines **Blattes** mit einem Mikroskop, sieht man kleine ovale Öffnungen. Es sind *Spaltöffnungen*, die jeweils zwei *Schließzellen* besitzen. Damit kann die Pflanze die Spaltöffnungen öffnen und schließen. Über die Öffnungen gibt die Pflanze Wasserdampf ab. An einer kalten Fensterscheibe verdichtet sich der Wasserdampf zu kleinen Tröpfchen. Diese Verdunstung nennt man *Transpiration*. Über die Spaltöffnung wird nur ein Teil des Wassers abgegeben. Der Rest verbleibt im Blatt und wird dort zur Herstellung von Nährstoffen verwendet. Da Pflanzen ständig Wasser abgeben, muss es aus dem Boden nachgeliefert werden.

Die Sprossachse

Das Wasser wird dem Blatt über die *Blattadern* zugeführt. In den Blattadern verlaufen Bündel von dünnen Röhrchen. Solche **Leitbündel** führen von den Wurzelspitzen durch die **Sprossachse** bis in die Blätter. Diejenigen Röhrchen eines Leitbündels, durch die Wasser transportiert wird, nennt man *Gefäße*.

Die Wurzel

Ihren Ursprung haben die Leitbündel in den Wurzelspitzen. An jeder Wurzelspitze sitzen viele haarfeine Wurzelhärchen. Durch ihre Wände nimmt die Pflanze Wasser aus dem Boden auf. Die Gefäße bilden von den *Wurzelhaaren* bis zu den Blättern zusammenhängende Leitungsbahnen.
Eine weitere Aufgabe der **Wurzel** ist die Verankerung der Pflanze im Boden. Bei einigen Bäumen, wie der Kiefer, kann sie mehrere Meter tief in den Boden wachsen. Andere Bäume bilden flache, aber sehr große Wurzelteller, z. B. die Fichte.

> Die Organe der Pflanze haben verschiedene Aufgaben. Die Wurzel dient der Verankerung im Boden und der Aufnahme von Wasser. Die Sprossachse leitet das Wasser in die Blätter. Die Blätter geben Wasserdampf ab und bilden Nährstoffe.

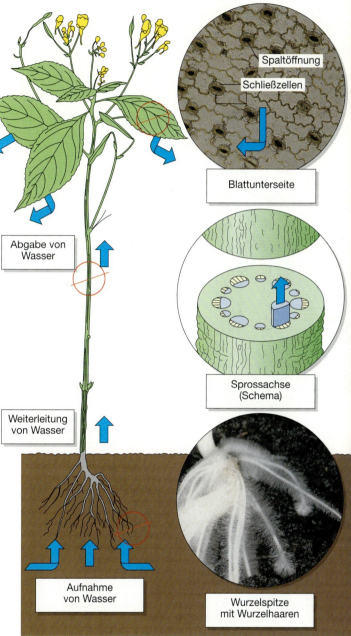

1 Springkraut. *Organe des Wassertransports*

1 Beschreibe anhand von Abbildung 1 den Weg des Wassers beim Springkraut.

2 Erstelle eine Tabelle nach folgendem Muster in deinem Heft und fülle sie aus:

Pflanzenorgan	Aufgabe
Blatt	…
Sprossachse	…
Wurzel	…

Bau und Leistungen der Blütenpflanzen

Übung
Wasserleitung und Verdunstung bei Pflanzen

V1 Stängel und Blätter leiten Wasser

Material: Glaszylinder oder Marmeladenglas, Rasierklinge, Lupe, Eosin oder rote Tinte zum Färben, Fleißiges Lieschen
Durchführung: Gib Wasser und Farbstoff in den Glaszylinder. Stelle einen Spross vom Fleißigen Lieschen ohne Wurzeln in den Glaszylinder und bringe ihn an einen hellen Ort.
Aufgaben: a) Kontrolliere Stängel und Blattadern 2 Tage lang in jeder Pause.
b) Schreibe deine Beobachtungen auf und erkläre sie.

V2 Blätter verdunsten Wasser

Material: 3 Marmeladengläser, 3 Plastiktüten, 3 Gummiringe, Öl, Wasser, Filzstift, Fleißiges Lieschen

Durchführung: Fülle zwei Gläser gleich hoch mit Wasser und markiere die Füllhöhe. Gieße etwas Öl auf das Wasser, damit es nicht verdunstet. Stelle in eines der Gläser ein Fleißiges Lieschen, ebenso in das leere Glas. Stülpe über die drei Gläser jeweils eine Plastiktüte und ziehe die Gummiringe darüber. Stelle die Gefäße an einen hellen Ort.
Aufgaben: a) Miss täglich den Wasserstand. Notiere das Ergebnis.
b) Beschreibe das Aussehen der Pflanzen und die Veränderungen an den Plastikbeuteln.
c) Erkläre deine Beobachtungen.

1.3 Die Blätter der grünen Pflanzen wandeln Sonnenenergie um

Wie Menschen und Tiere brauchen auch Pflanzen die Nährstoffe Kohlenhydrate, Fette und Eiweißstoffe für ihre Lebensvorgänge. Mit ihren Wurzeln können sie aber nur Wasser und gelöste Mineralstoffe aus dem Boden aufnehmen. Woher bekommen die Pflanzen die lebensnotwendigen Nährstoffe?

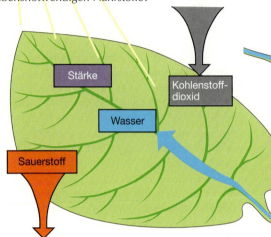

Forscher haben herausgefunden, dass Pflanzen das Kohlenhydrat *Stärke* aus dem *Kohlenstoffdioxid* der Luft und *Wasser* aufbauen können. Dieser Aufbau findet in den *Blattgrünkörnern* der Blätter statt. Die Energie für den Stoffaufbau liefert das *Sonnenlicht*. Diesen Vorgang nennt man **Fotosynthese.**
Bei der Fotosynthese entweicht aus den Spaltöffnungen der grünen Blätter *Sauerstoff*, den fast alle Lebewesen zur Atmung benötigen.

Die Stärke wird von den Pflanzen zu Fetten und Eiweißstoffen umgewandelt, die sie zum Wachsen, Blühen und zur Samenbildung brauchen.

> Die grünen Pflanzen bauen mithilfe von Licht aus Kohlenstoffdioxid und Wasser Nährstoffe auf. Dabei geben sie Sauerstoff ab. Die grünen Pflanzen bilden damit die Grundlage des Lebens für alle Lebewesen.

1 Beschreibe anhand der Abbildung, wie die Pflanze Stärke herstellt.
2 Woher bekommen Menschen und Tiere Stärke, Fette und Eiweißstoffe?

Wasser

Bau und Leistungen der Blütenpflanzen

1 Blühender Kirschzweig

2 Kirschblüte. Längsschnitt

1.4 Der Bau der Kirschblüte

Im Frühjahr blühen die Obstbäume. Weithin sichtbar leuchtet der Kirschbaum mit Tausenden seiner weißen Blüten. Betrachtest du eine Kirschblüte aus der Nähe, fallen dir sofort die fünf großen, weiß leuchtenden **Kronblätter** auf. Sie locken Insekten an. Schließt sich die Blüte, schützen die Kronblätter das Blüteninnere.
Am Rande des kelchförmigen Blütenbodens sitzen fünf grüne **Kelchblätter.** Bei geschlossener Blüte umhüllen sie die Kronblätter und dienen ebenfalls als Schutz für das Blüteninnere.

Die geschlechtlichen Organe der Blüte

Im Blüteninneren entdeckst du ein Bündel von etwa 30 **Staubblättern.** Jedes Staubblatt ist aus einem *Staubfaden* und einem *Staubbeutel* aufgebaut. Im Staubbeutel wird der Blütenstaub, der *Pollen,* gebildet. Er besteht aus winzig kleinen *Pollenkörnern,* aus denen sich männliche Geschlechtszellen entwickeln. Staubblätter sind die *männlichen Blütenorgane.*
Mitten zwischen den Staubblättern siehst du den *Stempel.* Er ist aus einem **Fruchtblatt** entstanden. Der Stempel besteht aus der klebrigen *Narbe,* dem *Griffel* und dem verdickten *Fruchtknoten.* Schneidest du den Stempel längs auf, entdeckst du die *Samenanlage* mit der *Eizelle.* Das Fruchtblatt ist das *weibliche Blütenorgan.*

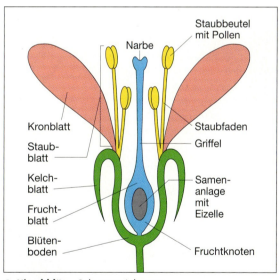

3 Kirschblüte. Schemazeichnung

> Die Kirschblüte ist aus verschiedenen Blättern zusammengesetzt: Kelchblätter, Kronblätter, Staubblätter und Fruchtblatt.

1 Zeichne den Blütenlängsschnitt der Kirschblüte in dein Heft und beschrifte die Blütenteile.
2 Betrachte eine Kirschblüte mit der Lupe. Welche Blütenteile zählen zu den weiblichen, welche zu den männlichen Blütenorganen? Schreibe auf.

Bau und Leistungen der Blütenpflanzen

Übung **Blüten**

V1 Wir zergliedern eine Kirschblüte

Material: Kirschblüte, Lupe, Pinzette, ein Stück durchsichtige Klebefolie (8 cm × 8 cm), schwarzer Zeichenkarton

Durchführung: *1. Bereitstellen und Ordnen der Blütenteile.*
Nimm die Lupe zur Hand und betrachte zunächst die Kirschblüte genau. Suche die einzelnen Blütenteile. Lege den Zeichenkarton auf deinen Arbeitsplatz. Zupfe mit der Pinzette nacheinander Kronblätter, Kelchblätter, Staubblätter und Fruchtblatt ab. Ordne sie kreisförmig auf dem Zeichenkarton an (siehe Abb. 1).
2. Herstellen eines Legebildes.
Lege nun die Klebefolie mit der Klebeseite nach oben neben den Zeichenkarton. Übertrage mit der Pinzette die Blütenteile in der gleichen Anordnung auf die Klebefolie. Drücke die Blütenteile sofort leicht an. Drehe nun die Klebefolie mit den anhaftenden Blütenteilen um und klebe sie vorsichtig auf den Zeichenkarton. In Partnerarbeit geht das leichter. Du hast nun ein **Legebild** einer Kirschblüte hergestellt.

1 Kirschblüte. *Legebild*

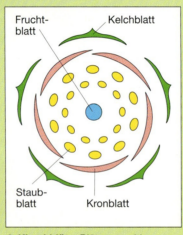

2 Kirschblüte. *Blütengrundriss*

3. Blütengrundriss
Du kannst die Anordnung der Blütenteile auch in einer Zeichnung darstellen. Beim Blütengrundriss schaust du von oben auf die Blüte. Alle Blütenteile werden nun schematisch dargestellt. Kelchblätter, Kronblätter und Staubblätter werden kreisförmig angeordnet. Die Kelchblätter bilden den äußeren Ring. Die Kronblätter werden in einem zweiten, inneren Ring versetzt angeordnet. Im Blüteninneren werden die Staubblätter dargestellt. Das Fruchtblatt bildet den Mittelpunkt. Den Blütengrundriss nennt man auch **Blütendiagramm**. Im Blütendiagramm haben alle Blütenteile ihre einheitlich festgelegte Farbe. Blütendiagramme erleichtern die Übersicht über die Anzahl und Stellung der Blütenteile.

Aufgaben: a) Zähle die einzelnen Blütenteile und nenne ihre Aufgaben.
b) Im Legebild und im Blütengrundriss sind die Blütenteile in einer ganz bestimmten Form angeordnet. Beschreibe und erkläre.

V2 Wir zergliedern eine Rapsblüte

Material: Rapsblüte, Lupe, Pinzette, ein Stück durchsichtige Klebefolie (8 cm × 8 cm), schwarzer Zeichenkarton

Durchführung: Betrachte die Rapsblüte mit einer Lupe. Suche die einzelnen Blütenteile.
Zur Herstellung eines Legebildes musst du die gleichen Arbeitsschritte anwenden, die bei der Kirschblüte beschrieben sind.

3 Raps. *Legebild*

Aufgaben: a) Stelle ein Legebild der Rapsblüte her.
b) Zeichne einen Blütengrundriss der Rapsblüte in dein Heft.
c) Vergleiche mit der Kirschblüte.
d) Übertrage die folgende Tabelle in dein Heft und fülle sie aus:

Anzahl	Kirsche	Raps
Kronblätter	…	…
Kelchblätter	…	…
Staubblätter	…	…
Fruchtblatt	…	…

Bau und Leistungen der Blütenpflanzen

PFLANZENFAMILIEN — Pinnwand

Schmetterlingsblütengewächse

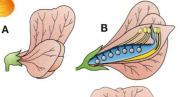
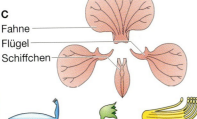

Schmetterlingsblüte.
A schematisch, **B** Längsschnitt, **C** zergliedert

Gartenerbse

Merkmale der Familie
- Kronblätter umgebildet zu Fahne, 2 Flügeln und Schiffchen
- Früchte sind Hülsen, sie bestehen aus einem Fruchtblatt und mehreren Samen
- viele Arten, die Ranken bilden
- Kräuter, Sträucher und Bäume
- weltweit etwa 9 000 Arten

Lippenblütengewächse

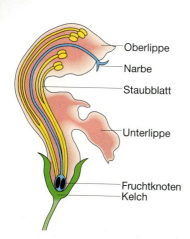

Lippenblüte (Längsschnitt).

Gundermann

Merkmale der Familie
- 5 Kronblätter, davon 2 zur Oberlippe und 3 zur Unterlippe verwachsen, meist 4 Staubblätter
- Sprossachse meist vierkantig
- je zwei Blätter stehen sich gegenüber und bilden mit dem nächsten Blattpaar ein Kreuz (kreuzständig)
- weltweit etwa 3 200 Arten

Was sind Pflanzenfamilien?

Pflanzen lassen sich anhand gemeinsamer Merkmale ordnen. Ein besonders wichtiges Merkmal ist die Blüte. Pflanzen mit gleich oder sehr ähnlich gebauten Blüten sind miteinander verwandt. Eine solche Verwandtschaftsgruppe wird als **Familie** bezeichnet. Bei Blütenpflanzen gibt oft die Form und Anordnung der Blütenteile der Familie ihren Namen.

1 Fertige ein Legebild einer Ginsterblüte an und ordne sie einer der beiden Pflanzenfamilien zu.

2 Suche Pflanzen in deiner Umgebung, die gleiche Merkmale wie Gundermann und Gartenerbse aufweisen.

3 Die Kirsche gehört zu den Rosenblütengewächsen, der Raps zu den Kreuzblütengewächsen. Betrachte die Legebilder auf Seite 108 und versuche, Merkmale dieser Pflanzenfamilien zu finden.

Bau und Leistungen der Blütenpflanzen

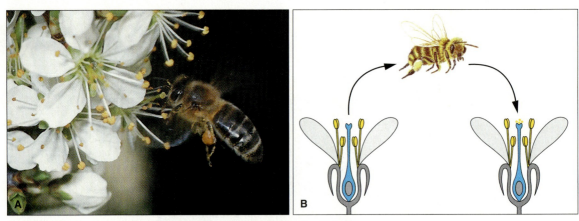

1 Insektenbestäubung. A *Honigbiene auf Kirschblüte,* B *Fremdbestäubung*

1.5 Insektenbestäubung

Am blühenden Kirschbaum herrscht Hochbetrieb. Honigbienen fliegen die Blüten an. Sie werden angelockt von dem Duft, der den Blüten entströmt. Die Blüten enthalten Pollen und Nektar, die den Bienen als Nahrung dienen. Nektar ist ein zuckerhaltiger Saft, der am Blütenboden ausgeschieden wird. Die Bienen saugen ihn mit ihrem Rüssel auf und bilden daraus Honig.

Die Kirschblüten enthalten in einer Blüte männliche und weibliche Blütenorgane. Solche Blüten heißen **Zwitterblüten.** Bei der Nahrungssuche streifen die Bienen Pollen von den Staubblättern der Kirschblüte ab. Die Pollenkörner bleiben an ihren haarigen Körpern haften. Bei weiteren Blütenbesuchen tragen sie die Pollenkörner auf die Narbe anderer Kirschblüten. Diesen Vorgang nennt man **Fremdbestäubung.**

Im Gegensatz zu den Zwitterblüten der Kirsche enthalten die Blüten der Salweide entweder nur männliche oder nur weibliche Blütenorgane. Sie sind *getrenntgeschlechtlich.* Im zeitigen Frühjahr leuchten die goldgelben „Kätzchen" an den Sträuchern und locken Bienen an, die bei der Nektarsuche mit Pollen „eingepudert" werden. Untersucht man den gelbblühenden Strauch näher, entdeckt man an den Blütenständen nur männliche **Pollenblüten,** nie weibliche Blüten. Diese wachsen an Salweiden mit graugrünen „Kätzchen". Der weibliche Blütenstand besteht aus vielen einzelnen **Stempelblüten.** Sie sondern reichlich Nektar ab. Der Duft lockt Bienen an, die bei der Nektarsuche die klebrigen Narben mit Pollen bestäuben. Weibliche und männliche Blüten wachsen also auf unterschiedlichen Sträuchern. Die Salweide ist *zweihäusig.*

2 Salweide. A *männliche Pflanze,* B *weibliche Pflanze*

> Die Kirschblüte ist eine Zwitterblüte. Sie besitzt weibliche und männliche Blütenorgane. Bei der Salweide wachsen Stempelblüten und Pollenblüten auf verschiedenen Pflanzen. Die Salweide ist zweihäusig. Die Übertragung von Pollen einer Blüte auf die Narbe einer anderen Blüte nennt man Bestäubung. Erfolgt die Bestäubung durch Insekten, spricht man von Insektenbestäubung.

1 Der Frühling ist warm und windstill. Die Bienen fliegen aus. Es gibt eine gute Kirschenernte. Erkläre.
2 Der Frühling ist warm, aber windig und regnerisch. Die Kirschernte ist schlecht. Erkläre.
3 Der Frühling ist warm und windstill. In einer Frostnacht erfrieren sehr viele Kirschblüten. Die Kirschenernte ist schlecht. Erkläre.
4 Die unauffälligen graugrünen Stempelblüten der Salweide werden gern von Bienen besucht. Erkläre.

1.6 Windbestäubung

Auch der Haselstrauch blüht bereits im Februar. Er trägt zwar noch keine Blätter, doch hängen an den Zweigen lockere, gelbe „Kätzchen". Es sind die männlichen Blüten der Hasel. Jedes „Kätzchen" besteht aus hunderten von männlichen Einzelblüten, die nur Staubblätter enthalten. Die weiblichen Blüten der Hasel wachsen am gleichen Strauch. Man kann sie leicht mit Blattknospen verwechseln. An der Spitze der weiblichen Blüten wachsen rote, pinselartige Narben. Geht ein Windstoß durch den Strauch, so schweben ganze Blütenstaubwolken durch die Luft. Die klebrigen Narben fangen den Blütenstaub auf, der durch den Wind herangetragen wird. Die Bestäubung erfolgt bei der Hasel nicht durch Insekten, sondern durch den Wind. Wie die Salweide enthalten die Blüten der Hasel entweder nur männliche oder nur weibliche Blütenteile. Sie sind *getrenntgeschlechtlich*. Weil aber beide Blüten auf einem Strauch wachsen, ist die Hasel eine *einhäusige* Pflanze.

1 Stäubende Hasel. A *männlicher Blütenstand,* B *weibliche Blüte*

Bei der Hasel wachsen Stempelblüten und Pollenblüten auf einer Pflanze. Die Hasel ist einhäusig. Die Stempelblüten werden durch den Wind bestäubt.

1 Zeichne männliche und weibliche Blüten der Hasel in dein Heft. Woran erkennt man die weiblichen Blüten der Hasel?

2 Erkläre mit eigenen Worten die Unterschiede zwischen Zwitterblüte, Pollenblüte und Stempelblüte. Nenne Beispiele.

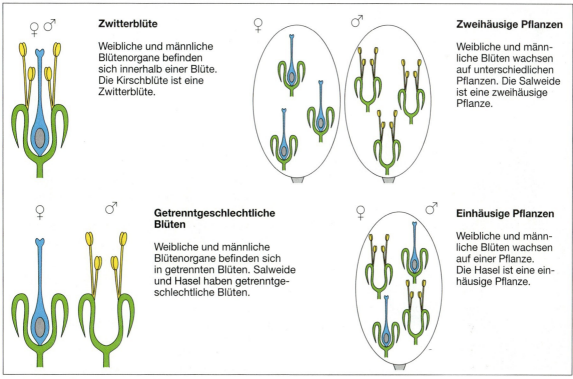

2 Kleines Lexikon der Bestäubung

Bau und Leistungen der Blütenpflanzen

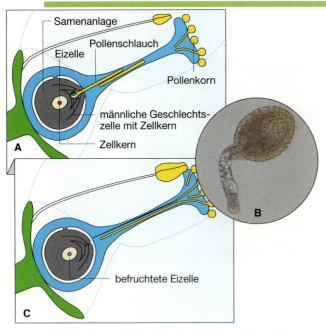

1 Befruchtung bei der Kirsche. **A** Pollenschlauch kurz vor der Befruchtung, **B** Pollenkornkeimung (Foto), **C** nach der Befruchtung

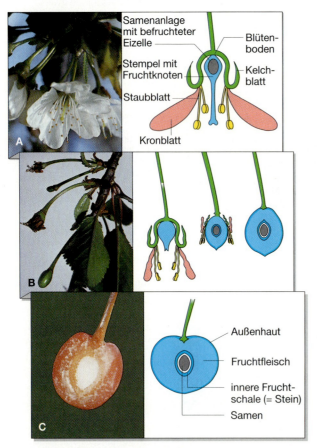

2 Entwicklung einer Kirschfrucht

1.7 Von der Bestäubung zur Frucht

Bei der **Bestäubung** der Kirschblüte werden die Pollenkörner einer Blüte durch Bienen auf den Stempel einer anderen Kirschblüte übertragen. Nach der Bestäubung keimen die Pollenkörner auf der Narbe und wachsen in den Stempel hinein. Mithilfe des Mikroskops kannst du erkennen: Aus jedem Pollenkorn wächst ein *Pollenschlauch* durch die Narbe in den Griffel. Das Ziel der Pollenschläuche ist die Eizelle in der Samenanlage.

Während des Wachstums bilden sich in den Pollenschläuchen männliche Geschlechtszellen. Der Pollenschlauch, der am schnellsten wächst, dringt in die Samenanlage ein. Hier öffnet er sich und setzt eine männliche Geschlechtszelle frei. Die männliche Geschlechtszelle verschmilzt mit der *Eizelle*. Das Verschmelzen des männlichen Zellkerns mit der weiblichen Eizelle nennt man **Befruchtung**.

Ist die Befruchtung abgeschlossen, verschließt sich die Samenanlage. Weitere männliche Geschlechtszellen können nicht mehr in die Eizelle eindringen.

Entwicklung einer Kirschfrucht

Nach der Befruchtung setzt die Fruchtentwicklung ein. Das kann man auch äußerlich an der Veränderung der Blüten erkennen. Die Kronblätter werden braun und fallen ab. Auch der Griffel und die Narbe vertrocknen. Der Fruchtknoten dagegen schwillt stark an. Auch in seinem Inneren zeigen sich Veränderungen. Die Wand des Fruchtknotens entwickelt sich zur *Fruchtwand* der reifen Kirschfrucht.

Die Fruchtwand besteht aus drei Schichten. Die glatte *Außenhaut* schützt das saftige, rote *Fruchtfleisch*, das innen von einer steinharten *Schale* begrenzt wird. Daher nennt man solche Früchte *Steinfrüchte*. Im Inneren des Kirschsteins hat sich aus der Samenanlage mit der befruchteten Eizelle der **Samen** gebildet.

> Nach der Bestäubung keimen die Pollenkörner zu Pollenschläuchen. In ihnen entwickeln sich die männlichen Geschlechtszellen. Bei der Befruchtung verschmilzt eine männliche Geschlechtszelle mit einer Eizelle. Nach der Befruchtung entsteht aus dem Fruchtknoten die Frucht. In der Frucht liegen ein oder mehrere Samen.

1 Beschreibe anhand der Abbildung 1 die Befruchtung der Kirschblüte.
2 Beschreibe anhand der Abbildung 2 die Fruchtbildung bei der Kirsche.
3 Aus welchen Teilen besteht eine reife Kirsche?

UNGESCHLECHTLICHE VERMEHRUNG

Pinnwand

Was ist ungeschlechtliche Vermehrung?

Blütenpflanzen vermehren sich durch Samen. Manche Blütenpflanzen sind jedoch in der Lage, sich zusätzlich ohne Ausbildung von Samen zu vermehren. Diese *ungeschlechtliche Vermehrung* erfolgt durch Ausläufer, Ableger, Brutknollen, Wurzelknollen oder Stecklinge.

Ausläufer

Die Erdbeere bildet lange Ausläufer. Das sind oberirdische Seitensprosse, die von der Mutterpflanze wegwachsen. Die an den Ausläufern heranwachsenden Tochterpflanzen werden zunächst durch die Ausläufer mit Nährstoffen versorgt. Haben die Tochterpflanzen Blätter und Wurzeln ausgebildet, können sie sich selbst versorgen. Die Ausläufer, also die Verbindung zur Mutterpflanze, vertrocknen.

Ableger

Das Brutblatt ist eine Zimmerpflanze. An seinen Blatträndern bildet es kleine Tochterpflanzen, die schon über Blätter und Wurzeln verfügen. Die Ableger fallen herab und wachsen im Boden an. Sie können nun zu großen Brutblattpflanzen heranwachsen.

Stecklinge

Grünlilie

Manche Pflanzen wie das Usambaraveilchen können durch Stecklinge vermehrt werden. Dazu steckt man einen Sprossteil in feuchte Erde. Aus dem Sprossteil (Zweige, Blätter mit Blattstiel) entwickelt sich eine neue Pflanze. In Gärtnereien vermehrt man Pflanzen oft durch Stecklinge.

1 Schneide ein etwa 10 cm langes Stängelstück eines Usambaraveilchens dicht unterhalb des Blattansatzes ab und stecke es etwa 3 cm tief in feuchte Erde. Stelle den Topf an einen warmen, schattigen Ort.
Halte die Erde feucht. Beobachte die Entwicklung des Stecklings etwa 14 Tage lang. Erkläre deine Beobachtungen.

2 Die Grünlilie ist eine Pflanze, die oft in Klassenzimmern gehalten wird.
Wie kannst du sie vermehren? Schreibe deine Vermutungen auf.

Bau und Leistungen der Blütenpflanzen

1 Löwenzahn. „Pusteblume" – Fruchtstand des Löwenzahns

1.8 Verbreitung von Früchten und Samen

Wenn du eine „Pusteblume" pflückst und darauf pustest, wirbeln viele kleine, fallschirmartige Gebilde durch die Luft. Die „Pusteblume" ist der Fruchtstand des Löwenzahns. Er besteht aus etwa 150 Einzelfrüchten, denn aus jeder einzelnen Blüte des gelben Blütenstandes hat sich eine Frucht entwickelt. Die Früchte besitzen Widerhaken und hängen an einem „Fallschirm" aus Haaren.

Verbreitung durch den Wind

Schirmflieger wie der Löwenzahn werden durch den Wind verbreitet und können viele Kilometer weit fliegen. Solche Früchte bezeichnet man als **Flugfrüchte.** Nach der Landung verankern sie sich mit Widerhaken auf dem Untergrund und keimen zu einer neuen Pflanze aus. So können sie sich an ihrem Standort verbreiten und neue Lebensräume besiedeln. Die Früchte des *Weidenröschens* sind mit einem Haarschopf ausgestattet, der wie ein Wattebäuschchen aussieht. Auch *Weiden* und *Pappeln* gehören zu den **Schopffliegern.** Ihre „Wattebäuschchen" bilden zur Flugzeit am Boden oft regelrechte Teppiche. Die Früchte von *Birke* und *Erle* haben zwei kleine Häutchen als Flügel. Diese **Segelflieger** schweben durch die Luft und keimen bei der Landung auf geeignetem Untergrund. Die Früchte der *Ulme* sitzen in der Mitte einer häutigen Scheibe. Im Flug rotieren sie um die eigene Achse. Auch der *Spitzahorn* hat Flugfrüchte. Jeweils 2 Früchte mit propellerartigen Flügeln sind zusammengewachsen. Sie werden durch den Wind getrennt. In der Luft drehen sie sich schraubenförmig und verlängern dadurch ihren Flug. Auch die Früchte von Hainbuche und Esche gehören zu den **Schraubenfliegern.**

Selbstverbreitung

Andere Pflanzen wie Ginster und Lupine besitzen **Schleuderfrüchte**. Wenn die Früchte reif sind, trocknen sie aus und brechen auf. Die beiden Hälften der Hülsen verdrehen sich dabei und schleudern die Samen bis zu 5 m weit fort. Auch die reifen Früchte des Springkrauts platzen bei Berührung auf und schleudern ihre Samen meterweit fort.

Verbreitung durch Tiere

Im Herbst sammeln Eichhörnchen die reifen Früchte vieler Sträucher und Bäume und verstecken sie als Wintervorrat im Boden oder in Baumhöhlen. Aus den Samen der Früchte, deren Verstecke die Eichhörnchen vergessen haben, keimen im Frühjahr neue Pflanzen. Manche Pflanzen schicken ihre Früchte als „blinde Passagiere" auf die Reise. Sie besitzen Haare mit Widerhaken, die wie eine Klettvorrichtung wirken. Sie haken sich im Fell oder im Gefieder von Tieren fest und werden irgendwo wieder abgestreift. Auch der Mensch verbreitet unfreiwillig **Klettfrüchte** wie Kleblabkraut, Klette und Waldmeister. Die Früchte des Schneeglöckchens enthalten Samen mit fetthaltigen Anhängseln, die gern von Ameisen gefressen werden. Sie schleppen die Samen häufig zu ihrem Bau. Unterwegs verzehren sie das Anhängsel und lassen den Samen liegen. Veilchen dagegen machen sich die Vorliebe der Ameisen für Süßes zunutze. Die Samen in ihren Früchten haben süße Anhängsel, mit denen sie die Ameisen anlocken. Die Früchte von Schneeglöckchen, Veilchen, Taubnesseln und Schöllkraut nennt man daher **Ameisenfrüchte**.

2 Blühender Löwenzahn

Bau und Leistungen der Blütenpflanzen

3 **Schleuderfrucht** *(Ginster)* *4* **Klettfrüchte** *(Kleblabkraut)* *5* **Lockfrüchte** *(Vogelbeere)*

Manche Bäume und Sträucher wie Eberesche, Himbeere, Holunder oder Schneeball haben auffällig gefärbte **Lockfrüchte,** die von Vögeln gefressen werden. Die in den Früchten liegenden Samen haben harte Schalen. Sie sind unverdaulich und werden mit dem Kot der Vögel oft weit entfernt von der „Mutterpflanze" ausgeschieden.

Verbreitung durch Wasser

Wasserpflanzen wie der Wasserhahnfuß haben **Schwimmfrüchte.** Sie enthalten Luft in ihrem Gewebe. So können sie auf der Wasseroberfläche schwimmen. Sie treiben mit der Wasserströmung weit fort.

Die Verbreitung von Früchten und Samen kann durch Wind, Tiere und Menschen, Wasser oder durch Selbstverbreitung erfolgen. Auf diese Weise können Pflanzen neue Standorte und Lebensräume besiedeln.

1 Ordne die Früchte und Samen aus Abb. 6 nach ihren Verbreitungseinrichtungen (4 Gruppen).
2 Warum findest du an Straßenrändern, Feldrainen oder Wiesen manchmal ein Blütenmeer aus Löwenzahn?
3 Nenne Lockfrüchte, die gern von Vögeln gefressen werden.

6 **Früchte werden unterschiedlich verbreitet**

7 **Ahorn.** *A fruchtender Spitzahorn, B Schraubenflug einer Teilfrucht*

1.9 Frühblüher

Wenn Ende Januar die Sonnenstrahlen den Schnee zum Schmelzen bringen, durchbrechen die Sprossspitzen der *Schneeglöckchen* den Boden. Sie haben den letzten Sommer und Winter als **Zwiebeln** im Boden überdauert.

Zwiebeln als Vorratsspeicher

Die Zwiebel ist ein **Vorratsspeicher,** der aus umgebildeten *Blättern besteht.* Im Längsschnitt kann man außerdem die Blatt- und Blütenanlagen der jungen Pflanze erkennen. Die in der Zwiebel gespeicherten Nährstoffe ermöglichen es dem Schneeglöckchen, zeitig im Frühjahr auszutreiben. Dabei schieben sich aus einem schützenden Hüllblatt die beiden Laubblätter, der Blütenstängel und die Knospe hervor. Beim Austreiben wird die Zwiebel sozusagen „ausgelaugt".
Die grünen Laubblätter bilden Nährstoffe, die in die unterirdischen Teile transportiert werden. Dort hat sich eine *Ersatzzwiebel* aufgebaut, die nun die Nährstoffe für das nächste Frühjahr speichert. Neben der Ersatzzwiebel bilden sich *Brutzwiebeln*, aus denen neue Pflanzen heranwachsen. Bevor das Schneeglöckchen verwelkt, streut es fetthaltige Samen aus, die von Ameisen verbreitet werden.

Sprossknollen und Wurzelknollen

Beim *Krokus* ist der unterirdische *Stängel* zu einem Speicherorgan umgebildet. Er ist zu einer zentimeterdicken, rundlichen **Sprossknolle** angeschwollen, die Nährstoffe gespeichert hat. Wenn nach der Blütezeit die grünen Blätter folgen, bilden sie Nährstoffe, die in Tochterknollen gespeichert werden. Von der Mutterknolle bleibt nur noch ein weicher, faseriger Rest übrig.
Ganz anders hat das *Scharbockskraut* seine Nährstoffe gespeichert. Seine Nährstoffe für das zeitige Blühen und Wachsen bezieht dieser Frühblüher aus **Wurzelknollen.** Es sind keulenförmig verdickte *Wurzeln.* Solange die Waldbäume noch nicht ausgetrieben haben und viel Sonnenlicht den Boden erreicht, bildet das Scharbockskraut neue Wurzelknollen und speichert dort Nährstoffe für das nächste Frühjahr.

Erdsprosse als Vorratsspeicher

Das *Buschwindröschen* lebt im Frühjahr zunächst von seinem Nahrungsvorrat, den die Pflanze im Vorjahr in einem unterirdischen *Stängel,* dem **Erdspross,** gespeichert hat. Er ist etwa bleistiftdick und wächst waagerecht unter der Erdoberfläche weiter. Auch Winterling und Primel besitzen solche Erdsprosse.

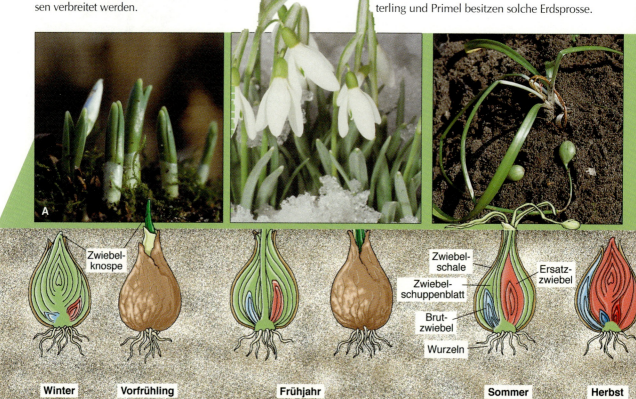

1 Frühblüher und ihre Überwinterungsorgane. **A** *Schneeglöckchen mit Zwiebeln (im Jahreslauf),*

Bau und Leistungen der Blütenpflanzen

Im Sommer scheinen die Buschwindröschen verschwunden zu sein. Wenn Bäume und Sträucher ab April ein dichtes Blätterdach ausbilden, erreicht nur noch wenig Sonnenlicht den Boden. Die oberirdischen Teile der Frühblüher werden welk, vertrocknen und sind nach wenigen Wochen verschwunden. Das Buschwindröschen überdauert als unterirdischer Erdspross bis zum nächsten Frühjahr.

> Frühblüher nutzen verschiedene Organe als unterirdische Speichereinrichtungen: die Blätter (Zwiebel), den Stängel (Sprossknolle, Erdspross) oder die Wurzeln (Wurzelknolle). Die Waldbewohner wie Buschwindröschen oder Scharbockskraut können dank diesem Speicher schon blühen, wenn Bäume und Sträucher noch keine Blätter entwickelt haben und das Licht auf den Waldboden vordringen kann.

1 Warum können Frühblüher so früh im Jahr blühen?
2 Beschreibe Licht- und Temperaturverhältnisse, denen Pflanzen im Vorfrühling im Wald ausgesetzt sind. Erkläre, warum der zeitige Blühtermin für die Frühblüher Vorteile mit sich bringt.
3 Die im Text genannten Frühblüher können sich auch ohne Samen vermehren. Erkläre.

2 Frühblüher. A Winterling, **B** Wildtulpe, **C** Primel, **D** Narzisse (Osterglocke)

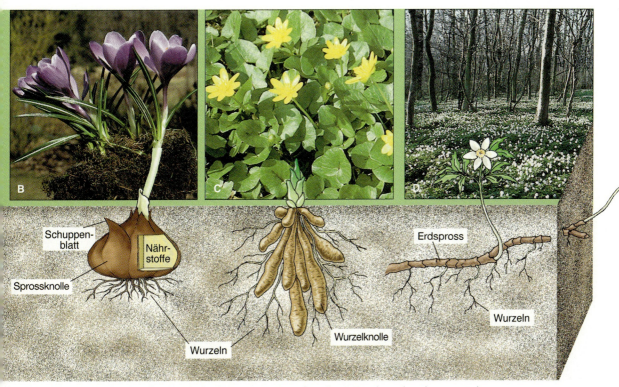

B Krokusse mit Sprossknolle, **C** Scharbockskraut mit Wurzelknolle, **D** Buschwindröschen mit Erdspross

Bau und Leistungen der Blütenpflanzen

1 Blüten der Feuerbohne

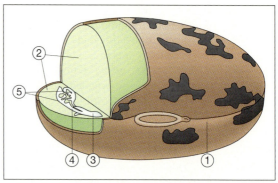

3 **Samen einer Feuerbohne.** ① Samenschale, ② Keimblätter, ③ Keimwurzel, ④ Keimstängel, ⑤ Laubblätter

2 Eine Samenpflanze entwickelt sich

2.1 Aus Samen entwickeln sich Pflanzen

Feuerbohnen zeigen schöne, leuchtend rote Blüten. Daraus entwickeln sich die Samen der Feuerbohne, die Bohnen. Die Samen sind umgeben von einer lederartigen Haut, der *Samenschale*. Wenn du den Bohnensamen zwei Tage in Wasser quellen lässt und ihn dann aufklappst, siehst du im Innern ein kleines Pflänzchen, den **Embryo**. Zwei winzige *Laubblätter*, die *Keimwurzel* und der *Keimstängel,* sind deutlich zu erkennen. Die beiden weißlichen Hälften des Bohnensamens werden *Keimblätter* genannt. Sie speichern die Nährstoffe, die bei der Keimung benötigt werden. Im trockenen Zustand kann der Samen Frost und Trockenheit ohne Schaden überstehen. Das nennt man *Samenruhe*. Wenn er aber in Wasser oder feuchte Erde gelegt wird, nimmt der Samen Wasser auf und quillt. Bei der

Quellung wird der Samen größer und schwerer. Dabei entsteht ein starker Druck, der die Erde um den Samen herum lockert. Dadurch kann das kleine Pflänzchen den Boden leichter durchdringen. Nach einigen Tagen im feuchten Boden platzt die Samenschale und die Keimwurzel bricht durch. Anschließend beginnt das Wachstum des Keimlings.

Ein Keimling wächst

In der Keimwurzel vermehren sich nach und nach die Zellen. Dadurch streckt sie sich. Die *Hauptwurzel* wächst nach unten in den Boden hinein und bildet dabei die *Seitenwurzeln*. An diesen entstehen die *Wurzelhärchen*. Nun erst beginnt der Keimstängel sich zu strecken und wächst aus der Bohne heraus. Er biegt sich hakenförmig um und wächst durch den gelockerten Boden nach oben. Die Laubblätter beginnen jetzt schon zu wachsen. Nachdem der Keimstängel mit den Laubblättern die Bodenoberfläche durchbrochen hat, bildet sich unter dem Einfluss des Lichts der grüne Blattfarbstoff, das *Chlorophyll*. Blütenpflanzen wie die Feuerbohne haben zwei Keimblätter. Deshalb nennt man sie *zweikeimblättrige Pflanzen*.

2 Keimung der Feuerbohne

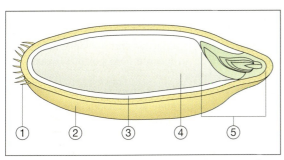

4 Roggenkorn. ① Härchen, ② Samenschale, ③ Eiweißschicht, ④ Mehlkörper, ⑤ Keim

Gräser besitzen nur ein Keimblatt

Die Samen von Gräsern und Getreidearten sind anders aufgebaut. Man kann sie nicht aufklappen wie bei der Bohne. Diese Samen bestehen hauptsächlich aus einem stärkehaltigen *Mehlkörper*, der von einer gelblichen *Samenschale* umgeben ist. Darunter befindet sich eine dünne *Eiweißschicht*. Außerhalb des Mehlkörpers liegt am unteren Ende des Samens der *Keimling*. Die Samen besitzen nur ein Keimblatt. Gräser, zu denen auch die Getreidearten gehören, sind *einkeimblättrige Pflanzen*. Während der Keimling sich entwickelt, versorgt er sich mit Nährstoffen aus dem Mehlkörper.

> Pflanzensamen enthalten den Keimling und Nährstoffe. Aus dem Keimling entwickelt sich die Pflanze.

1 Beschreibe die Keimung der Feuerbohne. Nimm die Abbildungen 2 A–H zu Hilfe.
2 Wie ist der Samen der Feuerbohne aufgebaut? Beschreibe und zeichne. Vergleiche mit einem Roggenkorn.

Bau und Leistungen der Blütenpflanzen

2.2 Was benötigen Samen zur Keimung?

Trockene Bohnen verändern sich über lange Zeit nicht. Wenn sie jedoch in feuchte Erde gelegt werden, beginnen sie zu keimen.
Ist Feuchtigkeit das Einzige, was nötig ist, um die Samen aus ihrer Samenruhe zu „wecken"? Spielen nicht auch Licht, Luft und Wärme eine Rolle?

Versuche sollen uns helfen, auf diese Fragen eine Antwort zu finden. Dazu muss untersucht werden, was mit der Bohne passiert, wenn eine der Bedingungen fehlt.
Im ersten Versuch sind alle Bedingungen erfüllt, die überprüft werden sollen: Die Bohnen sind mit Erde, Wasser, Licht, Wärme und Luft versorgt. Dieser Versuch dient als *Kontrollversuch*.
Der zweite Versuch wird in dunkler Umgebung durchgeführt. Es fehlt *Licht*. Der Samen keimt, aber das Pflänzchen bleibt blass.
Im dritten Versuch wird die Bohne nicht in Erde, sondern in Watte gelegt. Sie keimt trotzdem. Daraus kannst du schließen, dass Erde für die Keimung nicht unbedingt vorhanden sein muss.

In Versuch 4 wird die Bohne in trockene Erde gelegt. Es fehlt also *Wasser*. Der Samen keimt nicht. Der Versuch zeigt, dass Wasser für die Keimung notwendig ist.
In einem weiteren Versuch wird die Bohne unter Luftabschluss gehalten. Auch unter diesen Bedingungen keimt sie nicht. *Luft* ist ebenfalls für die Keimung unerlässlich.
Im letzten Versuch wird der Samen in kühle Erde gelegt. Die Temperatur beträgt nur 3 °C. Auch wenn die Samenschale ein wenig aufplatzt und die Spitze der Keimwurzel zu erkennen ist, stockt nun der Keimungsprozess, weil *Wärme* fehlt.

Die Versuche zeigen, dass Samen auch ohne Erde und Licht keimen. Fehlen jedoch Wasser, Luft oder Wärme, können sie nicht keimen.

> Keimungsbedingungen lassen sich durch Versuche ermitteln. Zur Keimung benötigt ein Samen Wasser, Luft und Wärme.

1 Keimungsversuche mit der Feuerbohne

1 Betrachte die Fotos 1 A–F.
a) Welche Keimungsbedingungen sind jeweils vorhanden? Beschreibe.
b) Vergleiche jeweils mit dem Kontrollversuch.
c) Überlege, warum der Keimling in Abb. 1 B blass bleibt. Erkläre.

Bau und Leistungen der Blütenpflanzen

1 Winde

3 Licht- und Schattenblatt der Rotbuche

2.3 Pflanzen wachsen unter bestimmten Bedingungen

Wenn ein Samen genügend Wasser, Luft und Wärme zur Verfügung hat, beginnt er zu keimen. Schon bald erscheint der winzige Keimling, der rasch größer wird. Zunächst ernährt er sich von den Vorratsstoffen der Keimblätter. Sobald diese verbraucht sind, ist der Keimling auf andere Quellen angewiesen. Die *Mineralstoffe,* die die junge Pflanze benötigt, entnimmt sie dem Boden. Die *Nährstoffe* muss sie selbst bilden. Dies geschieht bei der Fotosynthese. Die Fotosynthese läuft nur unter Einwirkung von Licht ab. Pflanzen benötigen zum weiteren Wachstum und Leben außer Wasser, Luft und Wärme also auch Mineralstoffe und Licht.

Pflanzen reagieren auf Licht

Um ans Licht zu gelangen, können Pflanzen Erstaunliches leisten. Die *Zaunwinde* kann sich an Bäumen und Zäunen emporwinden. Sie tut dies, um mit ihren Blättern möglichst viel vom lebensnotwendigen Sonnenlicht aufnehmen zu können.
Schau an einem sonnigen Tag einmal von unten in die Krone einer *Buche* hinein. Du wirst sehen, dass die Blätter „auf Lücke" stehen. So nutzen sie das Licht sehr gut aus. Innerhalb der Baumkrone siehst du innen größere Blätter als außen. Auch dadurch kann möglichst viel Licht durch die Blätter aufgenommen und für die Fotosynthese genutzt werden.
Die meisten Pflanzenarten wenden sich dem Licht zu und wachsen ihm entgegen. Diese Eigenschaft wird **Lichtwendigkeit** genannt.
Andere Pflanzen wie der *Stachellattich* können ihre Blätter im Verlauf eines Tages unterschiedlich ausrichten. So nehmen sie immer die richtige Lichtmenge auf. Solche Pflanzen bezeichnet man als **Kompasspflanzen.**

> Zum Wachstum benötigen Pflanzen außer Wasser, Luft und Wärme auch Mineralstoffe und Licht. Grüne Pflanzen haben verschiedene Möglichkeiten, um an die richtige Menge an Sonnenlicht zu gelangen.

1 Nenne die Bedingungen, die eine Pflanze zum Wachsen braucht.
2 Beschreibe, wie es Pflanzen gelingt, Sonnenlicht bestmöglich auszunutzen.

2 Stachellattich

4 Blattmosaik der Rotbuche

Bau und Leistungen der Blütenpflanzen

Übung — Keimung und Wachstum

V1 Samen als „Sprengmaterial"

Material: Samen der Gemüsebohne, großer Eimer, kleines Marmeladenglas mit Deckel, Wasser
Durchführung: Fülle das Marmeladenglas randvoll mit trockenen Bohnen. Gib dann Wasser hinzu (ebenfalls bis zum Rand). Verschließe das Glas mit dem Deckel und stelle es einen Tag lang in den Eimer.
Achtung: Berühre das Glas danach nicht mehr!
Aufgaben: a) Beschreibe deine Beobachtungen nach einem Tag.
b) Erkläre das Versuchsergebnis.

V2 Wachstumsprotokoll

Material: Samen der Feuerbohne, Blumenerde, Marmeladenglas, Wasser, Lineal
Durchführung: Lege eine Bohne einen Tag lang in Wasser. Fülle die Erde in das Gefäß. Drücke den Bohnensamen ganz am Rand etwa 4 cm in die Erde, sodass du ihn von außen sehen kannst. Stelle das Gefäß hell und warm auf.
Aufgaben: a) Miss täglich die Länge des Keimstängels. Schreibe die Werte auf.
b) Fertige daraus ein Diagramm auf Kästchenpapier. Trage dazu die Werte ein und verbinde die Punkte.

V3 Keimungsbedingungen

Material: Bohnensamen, 6 gleich große Marmeladengläser (eins mit Deckel), Watte, Blumenerde, Schuhkarton, Kühlschrank
Durchführung: Fülle Glas A etwa 1/3 hoch mit feuchter Blumenerde. Lege drei Bohnen gleichmäßig verteilt darauf und drücke sie etwas hinein. Stelle das Glas an einen hellen und warmen Ort. Halte die Erde feucht, aber nicht nass.
Glas A entspricht Abb. A, Seite 120.
Aufgaben: a) Erarbeite eine Versuchsanleitung. Nimm dazu die aufgelisteten Materialien und die Fotos auf Seite 120 zu Hilfe.
b) Beobachte die Entwicklung der Samen und Keimlinge und führe darüber ca. zwei Wochen lang ein Protokoll.
c) Erläutere die Versuchsergebnisse. Vergleiche sie mit dem Text auf Seite 120.

V4 Wie reagieren Pflanzen auf Lichteinfall?

Material: 3 gleich große Blumentöpfe, Blumenerde, Kressesamen, 1 Schuhkarton mit seitlichem Einschnitt, 1 kleiner Gegenstand zum Unterlegen

2 Versuche zur Lichtwendigkeit

Durchführung: Fülle die Blumentöpfe mit Erde und bedecke die Oberflächen mit Gartenkressesamen. Drücke die Samen leicht in den Boden und feuchte die Erde an. Lass die Samen an einem hellen Ort keimen und ca. 2 cm groß werden. Gieße sie regelmäßig.
Stelle die Töpfe nun so auf, wie du es in den Zeichnungen siehst.
Aufgabe: Beobachte einige Tage lang, was mit den Kressepflänzchen geschieht. Beschreibe und zeichne das Versuchsergebnis.

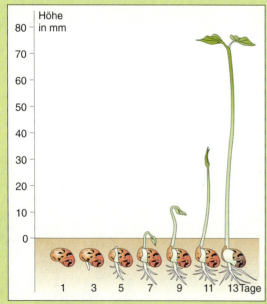

1 Wachstum einer Feuerbohne

Bau und Leistungen der Blütenpflanzen

Bau und Leistungen der Blütenpflanzen

Prüfe dein Wissen

A1 Wie heißen die Teile der Blütenpflanze?

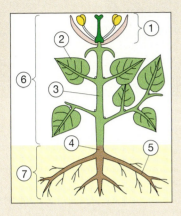

A2 Welche Aussagen sind richtig? Die Fotosynthese
a) ... ist die Atmung der grünen Pflanzen.
b) ... ist die Ernährung der grünen Pflanzen.
c) ... ist der Aufbau von Stärke aus Kohlenstoffdioxid und Wasser.
d) ... Ist abhängig vom Licht.

A3 Die Zeichnung zeigt eine Rapsblüte.
a) Wie nennt man diese Darstellungsform einer Blüte?
b) Ordne den Ziffern die Bezeichnungen der Blütenteile zu.

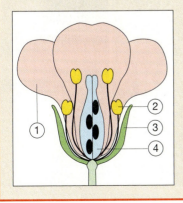

A4 Die Zeichnung zeigt eine Blüte in anderer Darstellung.
a) Wie nennt man diese Darstellungsform von Blüten?
b) Benenne die Blütenteile in der Reihenfolge von innen nach außen.
c) Zähle jeweils die verschiedenen Blütenteile.
d) Wie heißt die Pflanzenfamilie der Pflanzen, die solche Blüten besitzen?
e) Nenne 2 Pflanzen dieser Familie mit Namen.

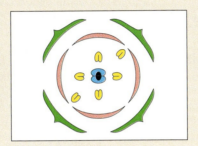

A5 Welche Aussagen treffen zu? Die Bestäubung einer Blüte kann erfolgen durch
a) Bienen,
b) Schmetterlinge,
c) Wespen,
d) den Wind,
e) die Blüte selbst,
f) Schnecken.

A6 Die Abbildung zeigt den Samen einer Feuerbohne. Ordne den Ziffern die richtigen Begriffe zu.

A7 a) Suche die Frühblüher unter den folgenden Pflanzen heraus.
Schneeglöckchen, Raps, Tulpe, Krokus, Herbstzeitlose, Scharbockskraut, Sonnenblume, Buschwindröschen, Lupine
b) Ordne den Frühblühern aus Aufgabe a) die entsprechenden Vorratsspeicher zu:
Wurzelknolle, Erdspross, Sprossknolle, Zwiebel.

A8 Ordne den Früchten in der Abbildung die entsprechenden Blätter zu. Wie heißen die dazugehörenden Bäume?

1 Ein naturnahes Schulgelände

Lebensräume im Umfeld der Schule

1 Pflanzen und Tiere auf dem Schulgelände

1.1 Wir erkunden das Schulgelände

„Es gibt Pflanzen", behauptet die Lehrerin, „für die sind Pflaster, Sand und Steine kein Problem. Sie wachsen gerade dort, wo viele Menschen leben, laufen und spielen, z. B. auf unserem Schulhof." Um dies zu überprüfen, beschließen die Schüler, auf dem Schulgelände auf Pflanzensuche zu gehen.

Gleich neben der Treppe vor dem Schulgebäude bemerken sie die flachen Blätter des *Breitwegerichs*. „Dem macht es nichts aus, wenn man auf ihn tritt", erklärt die Lehrerin. Auf dem trockenen Sandboden zwischen Bank und Papierkorb finden die Schüler den *Rainfarn* mit seinen gelben Blütenköpfchen. Ein ganz anderes Gewächs entdecken sie an der schattigen Mauer, die den Schulhof umgibt. Hier ist der Boden feucht und fruchtbar; gute Bedingungen für das hohe *Habichtskraut*. Wieder ganz andere Ansprüche stellt der *Blutweiderich*. Er braucht einen sumpfigen Boden, wie es ihn nur am Schulteich gibt. „Hier sind sogar einige Kletterkünstler", ruft Tim und zeigt auf den *Wilden Wein*, der an der Wand des Schulgebäudes emporklettert. „Weg, Mauer und Sumpf – auf unserem Schulgelände findet man also ganz verschiedene **Lebensräume**", erläutert die Lehrerin. „Sie unterscheiden sich in Boden, Licht und Feuchtigkeit voneinander."

Überleben in der Pflasterritze

Die gepflasterten Wege auf dem Schulgelände wollen die Kinder genauer untersuchen. Können hier Pflanzen überleben? Meist sind die Ritzen zwischen den Steinen mit Sand gefüllt. Das Regenwasser kann hier schnell versickern. Scheint die Sonne, erwärmen sich die Steine in kurzer Zeit. Hitze und Trockenheit

2 Pflanzenstandorte auf dem Schulgelände

Lebensräume im Umfeld der Schule

machen den Pflanzen das Leben schwer. Auch laufen ständig Schüler über die Wege. „Weil die hier wachsenden Gewächse es vertragen, ständig getreten zu werden, nennt man sie auch Trittpflanzen", erläutert die Lehrerin. „Betrachtet einmal den Breitwegerich und das Hirtentäschelkraut etwas genauer: Durch dicht am Boden liegende *Blattrosetten, harte Stengel* und eine tief in die Erde reichende *Pfahlwurzel* sind sie hervorragend an diesen Lebensraum angepasst."

Tiere unter Steinen

Nicht nur Pflanzen leben in den Pflasterritzen, auch viele Tiere führen hier ein sehr verborgenes Leben – einige von ihnen sogar *unter* den Steinen. Als die Kinder einen größeren Stein vorsichtig umdrehen, entdecken sie gleich mehrere der unten abgebildeten Tiere. Die meisten von ihnen scheuen das Licht und verkriechen sich tagsüber in einem feuchten und dunklen Versteck. Regenwürmer, Asseln und Schnurfüßer fressen vor allem Pflanzenreste. Erdläufer und Steinkriecher sind dagegen die „Raubtiere" der Pflasterritze, die den harmloseren Tieren nachstellen und sich von ihnen ernähren.

> Auf jedem Schulgelände gibt es verschiedene Lebensräume für Pflanzen und Tiere. Die Tiere und Pflanzen der Pflasterritze zeigen besondere Anpassungen an diesen Lebensraum.

4 *Pflanzen in der Pflasterritze*

1 Geht auf eurem Schulgelände auf Pflanzensuche. Tragt in eine Zeichnung eures Schulgeländes ein, wo ihr welche Pflanzen gefunden habt.
2 Macht Vorschläge für die weitere Begrünung eures Schulgeländes.
3 Betrachte die Pflanzen in Abb. 4. Beschreibe die Kennzeichen der Pflasterritzenbewohner.
4 Welchen Lebensbedingungen haben sich die so genannten „Trittpflanzen" angepasst?
5 Wie kommt der Breitwegerich zu seinem Namen?

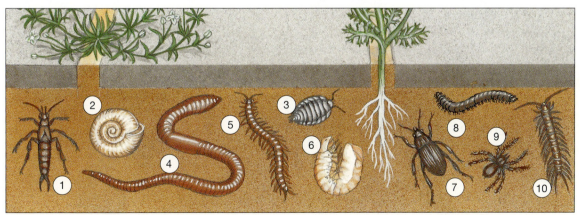

3 *Tiere unter Steinen.* ① *Ohrwurm,* ② *Schnecke,* ③ *Assel,* ④ *Regenwurm,* ⑤ *Erdläufer,* ⑥ *Käferlarve,* ⑦ *Laufkäfer,* ⑧ *Schnurfüßer,* ⑨ *Spinne,* ⑩ *Steinkriecher*

Lebensräume im Umfeld der Schule

Pinnwand

VÖGEL AUF DEM SCHULGELÄNDE

Vogelumrisse

A Zaunkönig
Kennzeichen: 9,5 cm, aufgerichteter Schwanz, Pinzettenschnabel
Besonderheiten: „Winzling" mit lautem Gesang · kugelförmiges Nest im Unterholz

B Kohlmeise
Kennzeichen: 14 cm, schwarzer Kopf mit weißen Wangen
Besonderheiten: sehr lebhaft · brütet in Baumhöhlen und Nistkästen

C Rotkehlchen
Kennzeichen: 14 cm, rostrote Brust, Kehle und Stirn
Besonderheiten: Nahrungssuche und Nestbau in Bodennähe · wenig scheu

D Buchfink
Kennzeichen: 15 cm, schwarzgrauer Scheitel und Nacken, zwei weiße Flügelbinden
Besonderheiten: unser häufigster Fink

E Grünfink
Kennzeichen: 15 cm, olivgrünes Federkleid
Besonderheiten: im Winter häufig am Futterhaus · in manchen Städten häufiger als Sperlinge

Tipps für Vogelbeobachter

Fernglas, Bestimmungsbuch und Notizblock sind alles, was du brauchst, um ein Vogelexperte werden zu können.

- Suche dir einen geschützten, versteckten Beobachtungsplatz.
- Meist verrät dir der Gesang, wo sich ein Vogel gerade aufhält.
- Notiere Form und Farben der Vögel, Schnabelform sowie besondere Verhaltensweisen wie Nestbau und Nahrungssuche.
- Wenn du einen Fotoapparat mit Teleobjektiv hast, gelingt dir vielleicht auch manches gute Vogel-Foto.

1 Welcher Steckbrief gehört zu welcher Abbildung?

2 Ordne die Vogelumrisse den richtigen Vögeln zu.

Begriffe zur Vogelbeschreibung (Feldsperling)

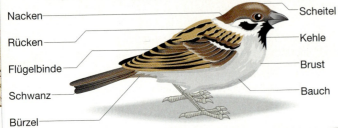

Nacken · Rücken · Flügelbinde · Schwanz · Bürzel · Scheitel · Kehle · Brust · Bauch

Lebensräume im Umfeld der Schule

1.2 Bäume erkennt man an auffälligen Merkmalen

Auf fast jedem Schulgelände wachsen Bäume und Sträucher. Bäume spenden Schatten und filtern Staub aus der Luft. Sie schützen vor Lärm und versorgen uns mit Sauerstoff. In ihren Zweigen finden Vögel einen versteckten Platz zum Brüten. Und nicht zuletzt verschönern Bäume und Sträucher das Schulgelände.

Doch hast du schon einmal bemerkt, dass auf eurem Schulgelände ganz unterschiedliche Bäume wachsen? Mit einiger Übung kannst du viele schon an der **Wuchsform** unterscheiden. So besitzt die Eiche eine sehr breite Krone mit starken, knorrigen Ästen. Die Krone der Fichte dagegen ist viel schlanker, ihre Äste wachsen bogenförmig nach oben.
Als echter „Baum-Detektiv" wirst du dir jedoch vor allem die **Blätter** genau anschauen. Leicht gelingt es, **Laubbäume** wie die Eiche von **Nadelbäumen** zu unterscheiden, zu denen auch die Fichte gehört. Eine viel schwierigere Aufgabe ist es, die Blätter mehrerer Laubbäume zu unterscheiden. Die Übersicht in Abbildung 2 kann dir bei der Bestimmung helfen. Entscheide zunächst, ob es sich um ein *einfaches* oder um ein *zusammengesetztes Blatt* handelt. Bei einem solchen Blatt wachsen an einem Blattstiel gleich mehrere kleine Fiederblättchen. Betrachte dann die *Blattform:* Manchmal ist sie länglich, bei anderen Bäumen ei- oder auch herzförmig. Schließlich ist auch der *Blattrand* ein wichtiges Merkmal. Sehr oft findest du hier kleine Zähnchen. Mitunter ist der Blattrand auch gebuchtet wie bei der Eiche oder gelappt.

1 Eiche

3 Fichte

> Auf einem naturnahen Schulgelände sind Bäume und Sträucher unverzichtbar. Sie unterscheiden sich durch ihre Wuchsform und die Merkmale ihrer Blätter.

1 Lege eine Sammlung getrockneter Blätter, ein **Herbar,** an. Beachte dabei folgende Hinweise:
a) Lege die Blätter einzeln zwischen die Seiten einer alten Tageszeitung.
b) Beschwere den Zeitungsstapel mit Büchern, damit sie gepresst werden.
c) Nimm die Blätter nach etwa 10 Tagen wieder heraus und klebe sie auf weißes Papier oder Zeichenkarton.
d) Beschrifte die Blätter wie im Beispiel unten.
e) Wenn du möchtest, kannst du ein ganzes „Blätterbuch" zusammenheften oder ein „Blätterposter" gestalten.

Einfaches Blatt — **Zusammengesetzte Blätter**: paarig gefiedert, unpaarig gefiedert, handförmig zusammengesetzt

Blattformen: länglich, eiförmig, elliptisch, verkehrt-eiförmig, herzförmig

Blattränder: ganzrandig, wellig, gesägt, gelappt, gebuchtet

2 Bestimmungshilfe für Laubblätter

4 Blättersammlung (Herbar)

Lebensräume im Umfeld der Schule

Pinnwand

STRÄUCHER UND BÄUME AUF DEM SCHULGELÄNDE

Bergahorn

Größe: bis 25 m hoher Baum
Blätter: einfach, fünflappig, mit gesägtem Rand
Blütezeit: Mai
Frucht: zwei geflügelte Nussfrüchte
Besonderheit: häufiger Alleebaum

Hainbuche

Größe: bis 25 m hoher Baum
Blätter: einfach, eiförmig, gesägter Rand
Blütezeit: April bis Mai
Frucht: kleine Nussfrucht mit dreilappigem Flügel
Besonderheit: wegen des hellen Holzes auch „Weißbuche" genannt

Hasel

Größe: 2 - 6 m hoher Strauch
Blätter: einfach, herzförmig, gesägter Rand
Blütezeit: Februar bis März
Frucht: Haselnuss
Besonderheit: reife Nüsse dienen vielen Tieren, z. B. Mäusen und Eichhörnchen, als Nahrung

Weißdorn

Größe: bis 8 m hoher Baum oder Strauch
Blätter: einfach, gelappt mit 5 bis 7 Lappen
Blütezeit: Mai bis Juni
Frucht: rote Beeren
Besonderheit: wird wegen seiner Stacheln als undurchdringliche Hecke angepflanzt

Eberesche (Vogelbeere)

Größe: bis 10 m hoher Baum
Blätter: zusammengesetzt, 11 bis 15 Fiederblättchen mit gesägtem Rand
Blütezeit: Mai
Frucht: korallenrote Früchte
Besonderheit: Früchte dienen nach dem Frost vor allem Vögeln als Nahrung

Die Kastanie – ein Baum in Zahlen

Höhe: bis 25 m
Kronendurchmesser: 10 m
Anzahl der Blätter: 250 000
Fläche der Blätter: 2 500 m^3
Produktion von Sauerstoff pro Tag: ausreichend für 10 Menschen

1 Welche Gehölze gehören zu den Bäumen, welche zu den Sträuchern?

2 Wie nutzen die Tiere des Schulgeländes die abgebildeten Bäume und Sträucher?

Lebensräume im Umfeld der Schule

Bestimmungsschlüssel für Sträucher und Bäume

Übung

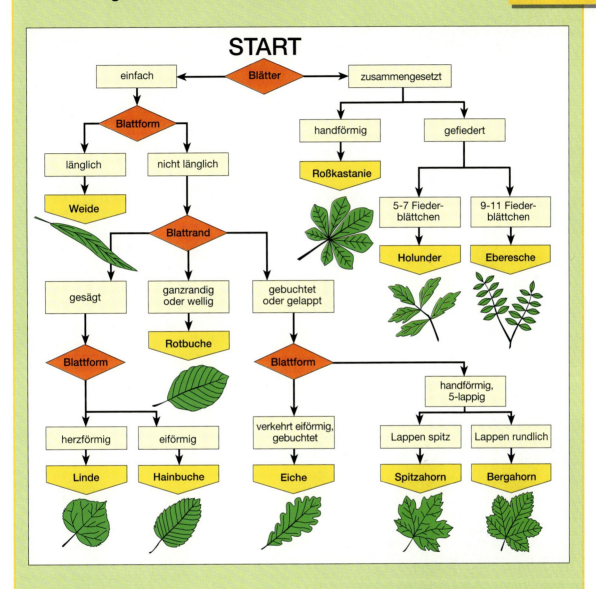

A1 Blätter bestimmen

a) Betrachte die rechts abgebildeten Blätter genau. Bestimme sie mithilfe des Bestimmungsschlüssels. Schreibe so:
Blatt A: Blätter einfach → Blattform nicht länglich → Blattrand ganzrandig oder wellig → …

b) Sammle weitere Blätter. Versuche sie mit dem Bestimmungsschlüssel zu bestimmen. Von welchen Bäumen stammen sie?

Lebensräume im Umfeld der Schule

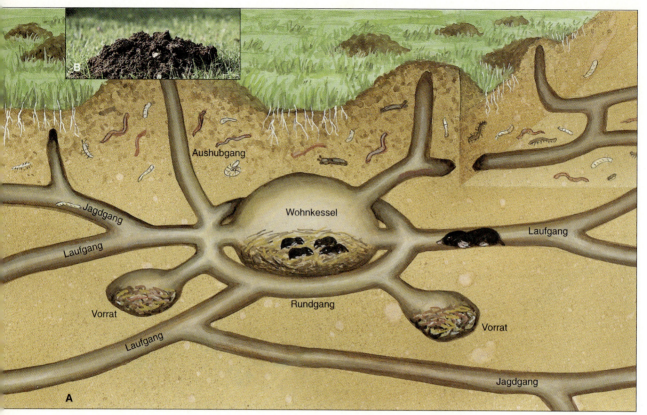

2 Lebensraum des Maulwurfs. A *Maulwurfsbau,* **B** *Maulwurfshügel*

1 Maulwurf. A *Kopf und Grabhände,* **B** *wühlender Maulwurf*

2 Einheimische Wildtiere

2.1 Der Maulwurf lebt unter der Erde

Maulwurfshügel sieht man in Gärten, Parks und auf Wiesen. Sie kennzeichnen das unterirdische Revier eines einzelnen Maulwurfs. Es kann mehr als 30 Hügel aufweisen. In diesem Revier liegt auch sein *Wohnkessel*, der mit Gras, Moos und anderen Pflanzenteilen ausgepolstert ist. Er wird zum Schlafen benutzt und die Jungen des weiblichen Maulwurfs werden hier geboren und aufgezogen.

Jagd unter der Erde

Der Wohnkessel ist von einem *Rundgang* umgeben, von dem mehrere *Laufgänge* mit festen und geglätteten Wänden abzweigen. In ihnen kann er sich schnell vorwärts bewegen. Sie führen zu den *Jagdgängen*, die er alle 3 bis 4 Stunden nach Beutetieren absucht. Er frisst Regenwürmer, Asseln, Käfer, Spinnen, Schnecken und

Lebensräume im Umfeld der Schule

Tausendfüßer, die in sein Tunnelsystem eingedrungen sind. Beim Aufspüren der Beutetiere hilft ihm sein hervorragender Geruchssinn. Obwohl er keine Ohrmuscheln hat, hört der Maulwurf gut. Mit seinem Rüssel kann er tasten und Erschütterungen wahrnehmen. Die Sehfähigkeit ist dagegen nicht besonders ausgeprägt. Die Augen sind nur stecknadelkopfgroß und liegen tief im Fell verborgen. Sie haben für das Leben in der Erde nur einen geringen Nutzen.

Das Leben im Boden

Der Maulwurf ist für seine unterirdische Lebensweise gut ausgestattet. Mit seinem spitzen Kopf schiebt er die Erde zur Seite. Der walzenförmige Körper erleichtert das Fortkommen in der Erde. Da sein samtartiges Fell keinen „Strich" hat, kann er in den Gängen ohne Probleme vorwärts und auch rückwärts laufen.

Besonders auffällig sind seine Vorderbeine, die zu **Grabhänden** umgebildet sind. Sie sind kurz, aber sehr kräftig. Ein zusätzlicher Knochen neben dem Daumen, das *Sichelbein*, verbreitert die Handfläche. Sie wird so zu einer großen Grabschaufel. Da alle Finger sehr scharfe Krallen haben, sind sie für die Wühlarbeit bestens geeignet. Die losgescharrte Erde wird von ihm an die Erdoberfläche befördert. So entstehen die Maulwurfshügel.

Das Gebiss des Maulwurfs ist mit nadelspitzen Zähnen ausgestattet. Mit ihm kann er Beutetiere gut festhalten, aber auch die harten Panzer der Insekten leicht knacken. Dieses Gebiss ist typisch für einen **Insektenfresser**.

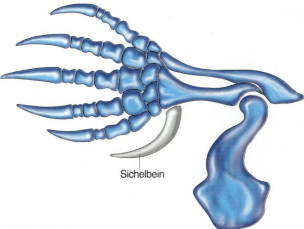

4 Grabhand

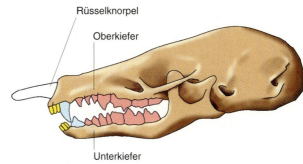

5 Insektenfressergebiss

> Maulwürfe leben in unterirdischen Bauen. Mit ihrem Körperbau, ihren Grabhänden und dem dichten Fell sind sie hervorragend an das Leben im Erdboden angepasst. Die Nahrung wird mit dem Insektenfressergebiss zerkleinert.

1 Beschreibe das Wohn- und Jagdrevier des Maulwurfs. Benutze Abb. 1.

2 Nenne anhand der Abb. 3 einige Beutetiere des Maulwurfs.

3 In manchen Maulwurfsrevieren hat man Ansammlungen von „angebissenen" Regenwürmern gefunden. Sie lebten noch, konnten sich aber nicht mehr bewegen. Nenne Gründe für ein solches Verhalten des Maulwurfs.

4 Viele Gartenbesitzer wollen den Maulwurf aus ihrem Garten vertreiben. Sie fürchten, dass er die Wurzeln der Pflanzen frisst. Wie ist deine Meinung dazu?

5 Maulwürfe sind geschützt und dürfen nicht getötet werden. Nenne Gründe.

6 Maulwürfe haben ein Insektenfressergebiss. Nenne Merkmale dieses Gebisses. Vergleiche es mit dem Raubtiergebiss des Hundes.

7 Beschreibe Abb. 4. Wie unterscheidet sich das Sichelbein von den Fingern?

8 Maulwürfe verbringen fast ihr ganzes Leben unter der Erde. Wie sind sie an dieses Leben angepasst?

3 Nahrung des Maulwurfs

Lebensräume im Umfeld der Schule

1 Große Hufeisennase

2.2 Fledermäuse jagen im Flug

An einem warmen Sommerabend kannst du Tiere am Himmel beobachten, die wie kleine schwarze Schatten schnell in einem unruhigen Zickzackflug umherflattern. Diese Art des Fliegens verrät, dass es **Fledermäuse** sind. Fledermäuse können nicht wie die Vögel gleiten und segeln. Sie müssen ununterbrochen mit ihren Flügeln schnell auf und ab schlagen, um in der Luft zu bleiben. So kommen die flatternden Flugbewegungen zustande. Deshalb zählt man Fledermäuse auch zu den Flattertieren.

Fledermäuse sind gute Flieger

Fledermäuse haben keine Federn, sondern ein Haarkleid. Außerdem sehen ihre „Flügel" ganz anders aus als die Flügel der Vögel. Die Unterschiede sind besonders gut am Skelett zu erkennen. Während bei Vögeln hauptsächlich die Armknochen den Flügel bilden, sind es bei Fledermäusen überwiegend die Knochen der Hand. Ihre Vordergliedmaßen sind zu Flügeln umgebildet. Auffallend sind die langen Unterarm-, Mittelhand- und Fingerknochen. Zwischen ihnen, den Beinen und dem Schwanz sind, ähnlich wie bei einem Regenschirm, *Flughäute* ausgespannt. Mit ihrer Hilfe können sie so gut fliegen.
Der Daumen und die Füße ragen über die Flughäute hinaus. Sie dienen zum Festhalten, Klettern und Krabbeln.

Jagd in der Dunkelheit

Fledermäuse ernähren sich von Nachtfaltern, Käfern und anderen Insekten, die sie als *Nachtjäger* im Flug erbeuten. Mit ihren kleinen Augen können Fledermäuse jedoch nur schlecht sehen. Trotzdem finden sie in der Dunkelheit ihre Beute und können Hindernissen ausweichen. Wie gelingt ihnen das?
Biologen haben herausgefunden, dass Fledermäuse ständig *Ultraschallrufe* ausstoßen, die für uns Menschen unhörbar sind. Treffen diese Schallwellen auf ein Hindernis, etwa auf ein Beutetier, so wird der Schall davon als Echo zurückgeworfen. Diese Echo-Schallwellen fängt die Fledermaus mit ihren großen Ohren auf. An der Richtung und Stärke kann die Fledermaus die Lage und Größe eines Gegenstandes oder Beutetieres bestimmen. So weicht sie einem Hindernis aus oder fängt das Insekt. Mit dem *Insektenfressergebiss* wird die Beute zerkleinert.

Fledermäuse sind Säugetiere

Den Tag verbringen Fledermäuse in einem dunklen Versteck. Man findet sie in hohlen Bäumen, im Gebälk von alten Gebäuden, oder in Höhlen. Dort krallen sie sich mit den Hinterbeinen fest und hängen schlafend mit dem Kopf nach unten.

Lebensräume im Umfeld der Schule

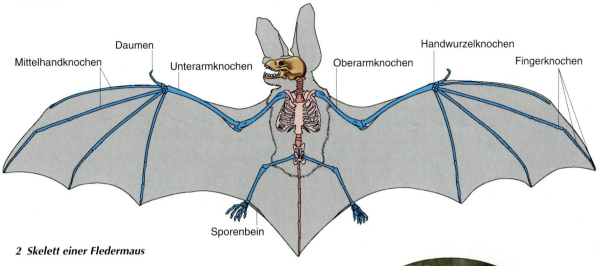

2 Skelett einer Fledermaus

Fledermäuse sind Säugetiere. Die Weibchen bringen in den Höhlen in jedem Jahr ein Junges zur Welt. Die winzigen Neugeborenen sind zunächst nackt und blind. Sie klammern sich am Fell der Mutter fest und werden in den ersten Wochen auch im Flug mitgenommen. Nach etwa sieben Wochen beginnen sie selbst zu fliegen.

Wenn zum Herbst hin die Insekten knapp werden, fliegen Fledermäuse in frostsichere Winterquartiere. Sie fliegen dann bis zu hundert Kilometer weit, um einen geeigneten Unterschlupf, zum Beispiel einen Bergwerkstollen, zu finden. Oft bilden sie große Kolonien, um sich gegenseitig zu wärmen. Sie halten hier ihren Winterschlaf.

> Fledermäuse sind Säugetiere. Mit Hilfe großer Flughäute können sie ausgezeichnet fliegen. Sie sind Insektenfresser und jagen nachts ihre Beute im Flug. Zur Orientierung in der Dunkelheit und zum Aufspüren der Beute stoßen sie Ultraschallrufe aus.

3 Fledermäuse mit Jungen

1 Erläutere, wie sich Fledermäuse in der Dunkelheit orientieren können.
2 Vergleiche den Flügel einer Fledermaus mit einem Vogelflügel. Wie unterscheiden sie sich?
3 Wie lässt sich der Name „Fledermaus" erklären? (Du weißt, dass dieses Tier weder zu den Vögeln noch zu den Mäusen gehört.)
4 Die Zahl der Fledermäuse nimmt immer mehr ab. Daher stehen sie unter Naturschutz. Finde Gründe für den Rückgang der Fledermäuse.
5 Ein alter Aberglaube besagt, dass sich Fledermäuse im langen Haar von Frauen verfangen. Erkläre, warum dies falsch ist.

4 Ruhende Fledermäuse

Streifzug durch die Technik

Das Echolot

Rufst du im Gebirge gegen eine Felswand, kommen deine Worte nach kurzer Zeit als *Echo* zurück. Der Ruf versetzt die Luft in Schwingungen. Diese *Schallwellen* breiten sich nach allen Seiten aus. Treffen sie auf ein festes Hindernis wie zum Beispiel eine Felswand, werden sie zurückgeworfen. Schallwellen können sich auch unter Wasser ausbreiten. Diese Tatsache macht man sich beim **Echolot** zur Bestimmung von Wassertiefen zunutze. Von einem Sender im Schiffsrumpf werden Schallwellen in Richtung Meeresboden ausgesandt. Von dort werden sie zurückgeworfen und von einem Empfängergerät aufgenommen. Weil man die Geschwindigkeit der Schallausbreitung im Wasser genau kennt (1470 m in einer Sekunde), kann man aus der Laufzeit der Schallwellen die Meerestiefe an dieser Stelle berechnen. Mit Hilfe des Echolots können auch Fischschwärme im Wasser aufgespürt werden.

1 Echolot. A Fischkutter, **B** Echolotempfänger, **C** Aufspüren eines Fischschwarmes (Schema)

Streifzug durch die Medizin

Ultraschall

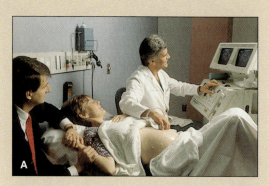

Als **Ultraschall** bezeichnet man Schallwellen, die sehr hohe Töne hervorrufen. Diese sind für das menschliche Ohr nicht mehr hörbar. Sie können jedoch Körpergewebe durchdringen und werden deshalb in der Medizin zur Untersuchung von Organen und zur Behandlung von Erkrankungen eingesetzt. Mit Ultraschall werden zum Beispiel Schleimbeutelentzündungen, Rheuma und Muskelverletzungen behandelt. Nierensteine lassen sich mit Ultraschall zertrümmern. Ultraschall lässt sich sogar zum Schneiden verwenden. Mit einem so genannten Ultraschall-Skalpell kann ein Chirurg sehr viel feinere Schnitte ausführen als mit einem normalen Skalpell.

Während der Schwangerschaft dienen Ultraschalluntersuchungen zur Überwachung der Entwicklung des Fetus. Anhand der Ultraschallaufnahmen des ungeborenen Kindes kann der Arzt den Geburtstermin errechnen. Diese Untersuchungen sind für Mutter und Kind im Gegensatz zur Röntgenbestrahlung völlig risikolos.

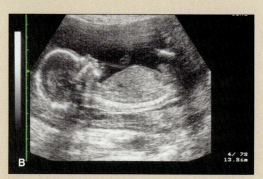

2 Ultraschall in der Medizin. A Untersuchung einer Schwangeren, **B** Aufnahme eines Fetus

Lebensräume im Umfeld der Schule

Fledermäuse

Übung

A1 Unterschlupfmöglichkeiten für Fledermäuse

Nenne geeignete Orte, an denen Fledermäuse Unterschlupf finden können. Verwende dazu die nebenstehende Abbildung. Begründe, warum es für die Tiere in der heutigen Zeit schwer geworden ist, Versteckmöglichkeiten zu finden.

V2 Wir bauen Fledermauskästen

Material: unbehandelte und ungehobelte Holzbretter (2 cm dick), Leinöl, Leim, dünne Holzschrauben (etwa 4 cm lang) oder Nägel, Säge, Raspel, Stechbeitel, Hammer, Pinsel, Schraubendreher, Bohrer

Unterschlupfmöglichkeiten für Fledermäuse

Durchführung: Aus den Brettern werden zunächst die Bauteile 1–7 ausgesägt. Die Hinterwand (1) wird mit Stechbeitel und Hammer auf der Innenseite so aufgeraut, dass kleine Vorsprünge entstehen, an denen sich Fledermäuse festhalten können. Die Teile 1 und 2 müssen oben mit der Raspel abgeschrägt werden, damit das Dach (5) fest aufliegt. Vor dem Zusammensetzen werden die Außenseiten zum Schutz vor Nässe mit Leinöl bestrichen. Nun werden die Bauteile zusammengeleimt und zum besseren Halt noch verschraubt. Ritzen werden mit reichlich Leim abgedichtet.

Aufhängung: Fledermauskästen werden in mindestens 5 m Höhe an einem Baum mit möglichst rissiger Borke oder an Gebäuden mit Nägeln oder Schrauben angebracht. Es ist darauf zu achten, dass der Anflug nicht durch Äste behindert wird. Sinnvoll ist es, mehrere Kästen zu bauen und in Sichtweite voneinander aufzuhängen. Sie können Fledermäusen als Sommerquartiere dienen. Die Umgebung muss den Fledermäusen genügend Nahrung bieten, sonst werden die Kästen nicht angenommen.

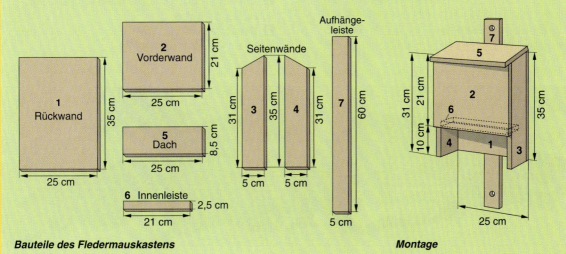

Bauteile des Fledermauskastens — *Montage*

Sachverzeichnis

A

Abdomenübersichtsaufnahme 127
- Hängelage 102f., 112, 130, 133, 141, 176
Ablacton 509
Abruptio placentae 509
Abszesse, periurethrale 486
Actinomycin D 296
Adenokarzinom, Niere 294
Adnexexstirpation 517
Agenesie, Hoden 265
Aludrox 305
Amnion 228
Analatresie 102, 132
Analdehnung, instrumentelle, Durchzugsoperation 155
Analektopie 133
Analstenose 132
- narbige 155
Anastomosenkorrektur 217
Anorchie 265
Antibiotika — Intestinalatresie 104
Antifibrinolytika 510
Antirefluxoperationen, Allgemeines 361
- nach Bischoff 364
- nach Grégoir 364
- nach Politano-Leadbetter 361
Anulus inguinalis externus 33, 49
- - internus 34, 38, 60
- - superficialis 30
- umbilicalis 18f.
Anurie 509
Anus copertus 141, 200
- - Mißbildungen 132f.
- praeternaturalis 439
- - Prolaps 138
- - transversalis 389, 407
Aortographie, lumbale 309
Aplasie, Bauchmuskulatur 239
Appendektomie, Invagination 92
Appendikostomie 92, 213
Appendix im Bruchsack 5
- testis 440, 456
Arteria colica sinistra 71
- cremasterica 271, 439
- dorsalis penis 440
- ductus deferentis 62, 271, 439, 452, 454
- epigastrica inferior 40, 439
- externa 31
- femoralis 49
- ileocolica, Strangulation 163

Arteria iliaca communis 392, 468
- mesenterica inferior 71, 469f.
- - superior 195
- obturatoria 40
- - Verletzungen 53, 68
- pudenda interna 413
- rectalis inferior 413
- - superior 147f., 208
- renalis 292f.
- spermatica 31
- - interna 59f., 62
- - Verletzung 43
- suprarenalis 292
- testicularis 269, 271, 439, 452
- - Durchtrennung 448
- umbilicalis 147, 207
- uterina 329, 503f., 508, 513
- vesicalis inferior 329, 335, 338, 413
Arteriae helicinae 474
- umbilicales 226, 229, 231
- vesicales inferiores 383
- - superiores 393
Arteriographie, intraoperative 309
Asphyxie, Schnittentbindung 501
Atherom 164
Atonie, Uterus 501
Atresie, diaphragmale 112
Ätzungen, Dottergangsfistel 159
Ausscheidungsurographie 323, 393
Azidose, hyperchlorämische 138f., 400
- respiratorische 501

B

Balanitis 478
Bauchbrüche, innere, Allgemeines 70
- Indikationen 72
- Komplikationen 74
- Kontraindikationen 73
- Operative Taktik 73
- Operationstechnik 73f.
- Zugangswege 73
Bauchdecke, Fehlbildungen 222f.
Bauchhöhlenschwangerschaft, Diagnose 510
- Klinik 511
- Konservative Behandlung 515
- Pathogenese 510
- Technik 512
Bauchwandlücke, mediane 239
Bauchwandödem 130
Bauhin-Klappe 163

Baule-Zeichen 82
Beckenbodenbrüche, Allgemeines 69
- Indikationen 69
- Komplikationen 70
- Operationstechnik 70
- Operative Taktik 69
- Zugangswege 69
Beckenbodenmuskulatur, Steißteratom 276
Beckenendlage, Schnittentbindung 499
Beckennieren 319
Beckenvenenthrombose 55
Begleitpyelonephritis, akute 331
Bestrahlungsbehandlung, Nierengeschwülste 295f.
Beurteilung, gutachtliche, epigastrische Hernie 10
- - Rektusdiastase 13
Bischoff-Plastik 364
Blase, hypotone 398
- - Rektusplastik 398
- - Technik 398
Blasen-Darm-Fistel 388f.
Blasendivertikel, Exstirpation 390
- Divertikelhalsplastik 391
- Indikation 390
- Komplikationen 392
- Technik 390
Blasenexstrophie, Allgemeines 386
- Ersatzblase 406f.
- Indikationen 386, 388
- Komplikationen 388
- Technik 388
Blasenfistel 371, 388, 436
- suprapubische 373, 481, 489
- Verschluß 374
Blasenhals, zirkuläre Exzision 395
Blasenhalsmanschette 436
Blasenhalssklerose 394
Blasenhalsstarre 398
Blasenhalsstenose 437
Blasen-Harnröhren-Winkel 399
Blasenhypotonie, myogene 389
Blaseninfektion, Divertikel 390
Blaseninkontinenz 436
- Formen 395
- Indikationen 395
- Komplikationen 396
- Lagerung 396
- Technik 396
Blasenkarzinom 381f.
Blasen-Mastdarm-Anastomose 386f.

Lebensräume im Umfeld der Schule

1 Flüchtender Feldhase

3 Feldhase in der Sasse

2.4 Feldhase und Wildkaninchen – zwei Fluchttiere

Der **Feldhase** lebt als Einzelgänger auf Feldern, Wiesen und in lichten Wäldern. In diesem Lebensraum scharrt er sich mit seinen Vorderläufen eine flache Bodenmulde, die *Sasse*. Darin liegt er tagsüber.
In der Dämmerung und nachts sucht er nach Nahrung. In seinem Lebensraum findet der *Pflanzenfresser* abwechslungsreiche Kost wie Gräser, Klee und Kräuter, manchmal auch Bucheckern, Eicheln und Beeren.

Feldhasen sind Fluchttiere

Ausgezeichnete **Sinnesorgane** warnen den Hasen frühzeitig vor möglichen Gefahren. Die langen *„Löffel"* nehmen Geräusche aus allen Richtungen auf. Die seitlich am Kopf liegenden *Augen* überblicken ein großes Sehfeld. Mit der empfindlichen *Nase* prüft er ständig die Witterung.
Nimmt der Hase eine mögliche Gefahr wahr, „drückt" er sich tief und völlig bewegungslos in seine Sasse. Die graubraune Tarnfärbung seines Felles bietet einen zusätzlichen Schutz. Wird er trotzdem aufgespürt, z. B. von einem Jagdhund, springt er plötzlich auf und jagt mit langen Sprüngen davon. Dabei setzt er die langen, kräftigen Hinterbeine weit vor die Vorderläufe. So kann er auf kurzen Strecken eine Geschwindigkeit von bis zu 70 Kilometern in der Stunde erreichen. Kommt der Verfolger zu nahe, schlägt er plötzlich einen Haken. Der Verfolger läuft ins Leere und der Hase gewinnt wieder genügend Vorsprung. Da er eine große Lunge hat und sehr ausdauernd ist, kann er seinem Verfolger fast immer entkommen.

Feldhasen sind Nestflüchter

Im März bringt die Häsin zum ersten Mal im Jahr 2–4 Junge in ihrer Sasse zur Welt. Die Neugeborenen sind behaart und haben die Augen geöffnet. Sie sind **Nestflüchter** und können schon bald die Sasse verlassen. Feldhasen haben bis zu dreimal im Jahr Nachwuchs. Die hohe Nachkommenschaft sorgt dafür, dass der Feldhase trotz starker Verfolgung durch Menschen und Beutegreifer nicht ausstirbt.

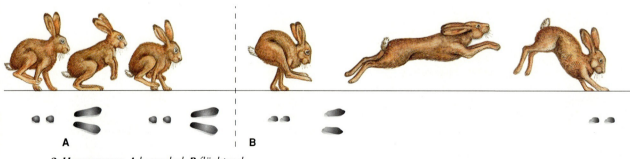

2 Hasenspuren. A hoppelnd, B flüchtend

Lebensräume im Umfeld der Schule

Wildkaninchen sieht man in Parks, auf Schulhöfen und Friedhöfen. Sie werden oft mit Hasen verwechselt. Man kann sie jedoch leicht unterscheiden, denn sie sind viel kleiner. Außerdem haben sie ein weißgraues Fell, viel kürzere Ohren und kürzere Hinterbeine. Kaninchen sind *Pflanzenfresser*. Neben Gras und Kräutern fressen sie auch Baumrinde, Blütenknospen und Gemüsepflanzen. Dadurch können sie besonders in Gärten und Parks große Schäden anrichten.

Wildkaninchen leben in unterirdischen Bauen

Im Gegensatz zum Feldhasen leben Wildkaninchen gesellig. Sie graben weitverzweigte unterirdische *Gänge* mit *Wohnkesseln*. Wenn mehrere Baue durch Gänge verbunden sind, entstehen ausgedehnte Kolonien. In diesem weitverzweigten Gangsystem finden die Kaninchen Schutz vor Kälte und Nässe, aber auch vor Feinden.

Fuchs, Wiesel, Marder und Greifvögel sind die Feinde des Wildkaninchens. Bei Gefahr trommeln die Kaninchen mit ihren Hinterbeinen auf die Erde und warnen die ganze Kolonie. Blitzschnell verschwinden sie dann in ihrem Bau. Ist jedoch der Fluchtweg zu ihrem Bau abgeschnitten, versucht das Wildkaninchen, wie der Hase, durch Hakenschläge zu entkommen. Kaninchen ermüden bei der Flucht jedoch sehr schnell und fallen ihrem Verfolger daher leicht zum Opfer.

Wildkaninchen haben viele Nachkommen

Kaninchen vermehren sich sehr stark. Vom Frühjahr bis zum Herbst bringt ein Weibchen bis zu 5 Würfe mit jeweils 5–10 Jungen zur Welt. Die jungen Wildkaninchen werden im Bau nackt und blind geboren. Es sind **Nesthocker.** Ungefähr drei Wochen lang werden sie gesäugt.

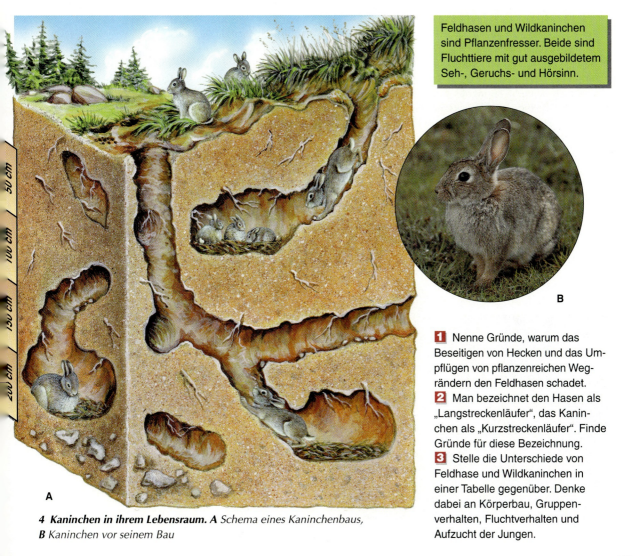

Feldhasen und Wildkaninchen sind Pflanzenfresser. Beide sind Fluchttiere mit gut ausgebildetem Seh-, Geruchs- und Hörsinn.

4 *Kaninchen in ihrem Lebensraum.* **A** *Schema eines Kaninchenbaus,* **B** *Kaninchen vor seinem Bau*

1 Nenne Gründe, warum das Beseitigen von Hecken und das Umpflügen von pflanzenreichen Wegrändern den Feldhasen schadet.
2 Man bezeichnet den Hasen als „Langstreckenläufer", das Kaninchen als „Kurzstreckenläufer". Finde Gründe für diese Bezeichnung.
3 Stelle die Unterschiede von Feldhase und Wildkaninchen in einer Tabelle gegenüber. Denke dabei an Körperbau, Gruppenverhalten, Fluchtverhalten und Aufzucht der Jungen.

Lebensräume im Umfeld der Schule

1 Eichhörnchen. A kletternd, B beim Sprung

2.5 Das Eichhörnchen – ein Nagetier

Ein Rascheln lässt dich beim Waldspaziergang innehalten. Zuerst siehst du nur einen buschig behaarten Schwanz, dann einen Kopf mit großen dunklen Augen. Auffällig sind die Ohren: Sie ragen weit aus dem rötlich-braunen Fell hervor. Es ist ein **Eichhörnchen.**

Hat es dich bemerkt, springt es sofort an einen Baumstamm und klettert an der Rückseite hinauf. In drei bis vier Meter Höhe schaut es hinter dem Baum hervor, läuft schnell über einen Ast und springt mehrere Meter bis in den nächsten Baum. Selbst auf dünnen Zweigen, die sein Gewicht kaum tragen, balanciert es sehr sicher. Beim Sprung dient der Schwanz als Steuer, sodass das Tier das Gleichgewicht nicht verliert.

Mit den langen Zehen und den gekrümmten Krallen kann das Eichhörnchen geschickt klettern. Auch die nackten Fußsohlen mit den rauen Hornschwielen bieten guten Halt.

Eichhörnchen bauen runde Schlafnester aus Zweigen in Baumkronen hinein. Dort gebären sie auch ihre Jungen.

Eichhörnchen sind Nagetiere

Betrachte einmal eine Haselnuss, die von einem Eichhörnchen geöffnet wurde. Du siehst die Spuren der langen meißelartigen Nagezähne, mit denen es die Schale geöffnet hat. Mit den breiten Mahlzähnen wird dann die Nuss zerkaut. Ein solches Gebiss haben **Nagetiere.** Zur Nahrung der Eichhörnchen zählen Eicheln, Früchte, Pilze, aber auch Eier und Jungvögel.

> Eichhörnchen sind durch ihren Körperbau ihrem Lebensraum hervorragend angepasst.

1 Wie sind Eichhörnchen dem Leben in Bäumen angepasst?

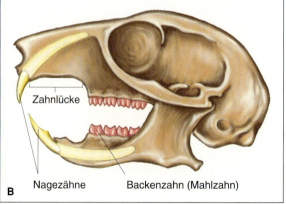

2 Eichhörnchen. A beim Nagen, B Nagetiergebiss

Lebensräume im Umfeld der Schule

1 Steinmarder. *A Kopf mit Kehlfleck, B im Motorraum*

2.6 Der Steinmarder – ein nachtaktives Raubtier

Als Anjas Mutter morgens das Auto starten will, springt der Motor nicht an. Sie öffnet die Motorhaube und entdeckt, dass die Verkleidung aufgerissen ist, Kabel und Schläuche angefressen oder zerstört sind. „Hier war ein Steinmarder am Werk," stellt der Meister in der Autowerkstatt fest.

Nächtliche Streifzüge

Der Steinmarder ist ein etwa katzengroßes **Raubtier**. Er besitzt ein grau-braunes Fell mit einem weißen, nach unten gegabelten *Kehlfleck*. Im Wald bewohnen die Steinmarder Baumhöhlen oder größere Nistkästen. Viel häufiger halten sie sich jedoch in der Nähe menschlicher Siedlungen auf, vor allem in Stadtrandgebieten, Dörfern und auf Einzelhöfen. In der Dämmerung wird der Steinmarder aktiv. Er ist ein geschickter Kletterer und verschafft sich aufgrund seines *schlanken Körperbaues* Zugang zu allen Schlupfwinkeln. Auf seinen nächtlichen Streifzügen durchsucht er sein Revier nach Beute. Warum er dabei auch Autoteile zerstört, ist bislang ungeklärt. Normalerweise stehen Kleintiere auf seinem „Speisezettel", vor allem Mäuse, Ratten und Vögel. Daneben ernährt er sich aber auch von Früchten und Eiern. Zu einem besonderen Ärgernis kann der Steinmarder werden, wenn er Hausgeflügel als Beute wählt. Das Geflatter kann ihn so aggressiv machen, dass er alle Hühner im Stall tötet.

> Der Steinmarder ist ein nachtaktives Raubtier. Er sucht oft die Nähe menschlicher Siedlungen.

1 Wann wird der Steinmarder zum Ärgernis, wann ist er nützlich? Suche Beispiele im Text.
2 Vergleiche das Gebiss von Steinmarder und Eichhörnchen. Nenne die Aufgaben der einzelnen Zähne.

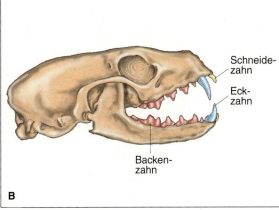

Schneidezahn
Eckzahn
Backenzahn

2 Raubtiergebiss des Steinmarders. *A Foto, B Schema*

Lebensräume im Umfeld der Schule

1 Rudel von Rothirschen

2.7 Der Rothirsch – ein Rudeltier

Die Klasse 6a besucht am Wandertag im Herbst einen Großwildpark. In aller Ruhe können die Schüler die *Rothirsche* in ihrem riesigen Gatter beobachten. Eine Gruppe von Hirschkühen und Hirschkälbern, ein **Rudel**, hält sich am Waldrand auf. Einige Tiere äsen Gräser oder Laub, andere haben sich zum Wiederkäuen niedergelegt. Plötzlich hören die Schüler ein lautes *Röhren*. Ein Hirsch mit einem mächtigen Geweih nähert sich dem Rudel. „Die Paarungszeit der Hirsche, auch **Brunft** genannt, hat begonnen", erfährt die Klasse von ihrem Lehrer.

Rivalenkämpfe in der Brunft

Das weibliche Rotwild bleibt das ganze Jahr in Rudeln zusammen. Die Führung übernimmt ein erfahrenes Alttier. Auch die jungen Hirsche bilden ihr eigenes Rudel. Nur in der Brunftzeit lösen sich diese Gruppen auf. Die starken älteren Hirsche treiben einige Weibchen zu einem Brunftrudel zusammen, das sie gegen andere Hirsche verteidigen. Nähert sich ein Rivale, wird er durch ein lautes Röhren, den *Brunftschrei*, gewarnt. Häufig entwickeln sich unter den Hirschen dann **Rivalenkämpfe**, in denen sich der stärkste Hirsch, der *Platzhirsch*, durchsetzt. Während der Brunft nehmen die Hirsche kaum Nahrung zu sich. Sie zehren von ihrem Körperfett und verlieren stark an Gewicht.

Am Geruch erkennt der Platzhirsch, ob ein Weibchen paarungsbereit ist. Am Ende der Paarungszeit verlassen die alten Hirsche wieder ihre Rudel und leben als Einzelgänger. Mitte bis Ende Mai bringen die Hirschkühe ein oder zwei Junge zur Welt. Die Hirschkälber behalten ihr rotbraunes Fell mit hellen Flecken nur wenige Wochen.

2 Rotwild. **A** *Rivalenkampf,* **B** *Hirschkühe mit Kälbern*

Lebensräume im Umfeld der Schule

Jährlich ein neues Geweih

Zum Ende des Winters werfen die Hirsche ihr Geweih ab. Schon bald darauf wächst ihnen ein neues Geweih. Es ist zunächst mit einer gut durchbluteten fellartigen Haut, dem **Bast**, überzogen. Der Bast versorgt das wachsende Geweih mit Nährstoffen und schützt es vor Verletzungen. Im Sommer ist es voll ausgebildet. Die Basthaut trocknet ein und wird durch Reiben an Büschen und Sträuchern, das *Fegen*, entfernt. Je älter der Hirsch ist, desto größer und kräftiger ist in der Regel sein Geweih. Erst im hohen Alter wird das Geweih wieder schwächer. In der Jägersprache werden die Hirsche nach der Anzahl der Geweihenden an beiden Stangen benannt, z. B. *Zwölfender*.

4 Plakat in einer Wald-Ausstellung

Waldschäden durch hohen Rotwildbestand

Rothirsche leben in großen zusammenhängenden Wäldern. Hier können sie den Störungen durch den Menschen ausweichen. Wird ihr Lebensraum durch die Zivilisation jedoch immer weiter zurückgedrängt, kann es zu einer Überbevölkerung an Rotwild kommen. In diesen Gebieten führt dann das Fegen und das *Schälen* der Baumrinde zur Nahrungsaufnahme zu großen Waldschäden. Deshalb versucht man durch *Bejagung* die Anzahl des Rotwildes zu regulieren.

> Rothirsche sind Pflanzenfresser und Wiederkäuer. Die männlichen und weiblichen Tiere leben in getrennten Rudeln. Während der Brunft kommt es unter den Hirschen zu Rivalenkämpfen. Wird der Bestand an Hirschen in einem bestimmten Gebiet zu hoch, kann dies zu großen Waldschäden führen.

Montabaurer Höhe
Rotwild in Gefahr

Es wird höchste Zeit, wenn im kleinsten Rotwildbezirk in Rheinland-Pfalz Wald und Wild eine gemeinsame Zukunft haben sollen, dass sich alle an einen Tisch setzen.
Dem Rotwild auf der Montabaurer Höhe geht es wirklich schlecht. Seine Existenz im Westerwald ist hochgradig gefährdet. Die Montabaurer Höhe ist jene Ecke, in die sich das Rotwild des kleinsten Rotwildbezirks in Rheinland-Pfalz zurückgezogen hat. Rund 16 000 Hektar sind es, die dem Rotwild zwischen Montabaur und Koblenz als Lebensraum zuerkannt sind. Tatsächlich aber ist es nur noch ein Viertel der Fläche (ca. 4 000 Hektar), auf der das Rotwild seine Fährten zieht. Heute dient das Gebiet zwischen den Ballungsräumen Frankfurt und Köln/Bonn vielen Ansprüchen: Jogger, Reiter, Mountainbiker, Pilze- und Beerensucher, Wanderer sowie die Bundeswehr tummeln sich dort in Heerscharen. Hinzu kommt ein immer größerer Flächenverbrauch durch Wohnungsbau und Industrieanlagen. Mit dramatischen Folgen: Im Kerngebiet in dem sich schätzungsweise 350 Stück Rotwild auf engstem Raum drängeln, sind die Buchen und Fichten erheblich gefährdet. Die Folge ist eine hohe Bejagung, die für das Wild zum „365-Tage-Stress" ausartet.
Dennoch: Der Lebensraum der Montabaurer Höhe ist für

5 Artikel in einer Jägerzeitschrift

3 Waldschäden durch Schälen der Baumrinde

1 Stimmt die Aussage in Abb. 4? Zum Schalenwild zählt auch das Rotwild. Sprecht in eurer Gruppe darüber.
2 Notiere aus dem Artikel in Abb. 5, wodurch der Lebensraum des Rotwildes zurückgedrängt wird.
3 Wie viele Enden hat das Geweih des Hirsches in Abb. 4? Zähle nach. Wie wird dieser Hirsch in der Jägersprache genannt?

Lebensräume im Umfeld der Schule

Pinnwand

HEIMISCHE WILDTIERE

Eichhörnchen
Körperlänge: 20–25 cm
Lebensraum: Wälder, Parkanlagen und baumbestandene Gärten
Lebensweise: frisst überwiegend pflanzliche Nahrung, gelegentlich auch Eier und Jungvögel · Baumbewohner, legt Nester (Kobel) in Bäumen an
Fortpflanzung: Nagetier · zweimal jährlich 3–7 Junge, Nesthocker

Wildschwein
Körperlänge: 100–150 cm
Lebensraum: Wälder mit Teichen und Morästen
Lebensweise: überwiegend nächtlich · Allesfresser · lebt in Familienverbänden (Rotten) · alte Männchen meist einzeln
Fortpflanzung: ein- bis zweimal im Jahr 4–8 Junge

Waldspitzmaus
Körperlänge: 9–13 cm
Lebensraum: Wälder, Gärten, Wiesen
Lebensweise: Tag und Nacht aktiv · Insektenfresser · Nester in Baumstümpfen oder unterirdisch
Fortpflanzung: mehrere Würfe pro Jahr

Igel
Körperlänge: 22–28 cm
Lebensraum: lichte Wälder, Hecken, Gebüsche, Parks und Gärten
Lebensweise: Dämmerungs- und Nachttier · frisst Insekten, Schnecken, Mäuse, auch pflanzliche Nahrung · rollt sich bei Gefahr zusammen
Fortpflanzung: zweimal 4–6 Junge pro Jahr

Damhirsch
Körperlänge: 130–160 cm
Lebensraum: größere Wälder mit Lichtungen, häufig in Tiergattern
Lebensweise: Pflanzenfresser · bildet nach Geschlechtern getrennte Rudel
Fortpflanzung: im Spätherbst schart ein starker Hirsch viele Weibchen um sich · 1–2 Junge pro Jahr

Baummarder
Körperlänge: 40–50 cm
Lebensraum: dichte Wälder
Lebensweise: Dämmerungs- und Nachttier · Raubtier, frisst oft Eichhörnchen · Nester in Baumhöhlen oder Eichhörnchenkobeln
Fortpflanzung: 3–4 Junge pro Jahr · Nesthocker

1 Ordne die abgebildeten Tiere folgenden Gruppen zu:
Fleischfresser – Pflanzenfresser – Allesfresser

Lebensräume im Umfeld der Schule

Wildtiere erkennen

Übung

V 1 Spuren im Wald

Material: Gefäße zum Sammeln, Fotoapparat

Durchführung: Suche im Wald nach verschiedenen Spuren, die Tiere hinterlassen haben. Das können Fraßspuren, Fährten, Losung (Kot), Federn und anderes sein.

Aufgabe: Sammle oder fotografiere, was du an Tierspuren findest. Versuche herauszufinden, von welchen Tieren sie stammen. Einige Beispiele zeigt die Abbildung.

A 2 Trittsiegel und Fährten

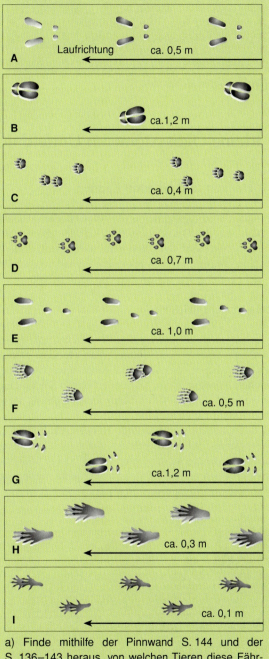

a) Finde mithilfe der Pinnwand S. 144 und der S. 136–143 heraus, von welchen Tieren diese Fährten stammen.

b) Von einem Tier sind die Spuren in langsamer und schneller Bewegung dargestellt. Ordne richtig zu.

145

Lebensräume im Umfeld der Schule

1 Hecken bieten Sichtschutz

3 Kleine Ökosysteme im Umfeld der Schule

3.1 Hecken sind lebende Zäune

Bei einem Spaziergang durch eine Wohnsiedlung siehst du immer wieder Hecken, die die Grundstücke voneinander abgrenzen. Diese „lebenden Zäune" sehen meist viel schöner aus als ein Holz- oder Drahtzaun. Anders als Zäune müssen Hecken aber immer wieder beschnitten werden, damit sie dicht werden und die gewünschte Form behalten.

Hecke ist nicht gleich Hecke

Wenn während des ganzen Jahres ein *Sichtschutz* gewünscht wird, pflanzen Gartenbesitzer meist **immergrüne Hecken.** Nadelgehölze wie Eibe oder Lebensbaum, aber auch Laubgehölze wie Mahonie oder Liguster sind geeignete Pflanzen dafür. An Straßen bieten solche Hecken zusätzlich einen *Lärmschutz* und halten Staub fern. Auch als *Windschutz* erfüllt die Hecke eine wichtige Aufgabe.
Besonders beliebt sind **blühende Hecken.** Ihr Bild wechselt während des ganzen Jahres. Schon im Februar stäubt die Hasel und kurze Zeit später leuchten in der Hecke die Blüten verschiedener Sträucher. Zum Herbst hin entwickeln sich aus den Blüten viele Früchte mit leuchtenden Farben, die schon von weitem zu erkennen sind.

2 Immergrüne Grenze zwischen Grundstücken

3 Hecken sind Lebensraum für verschiedene Tierarten. **A** Grünfink, **B** Kreuz-

Lebensräume im Umfeld der Schule

4 Blühende Hecken

Leben im Versteck

Beobachtest du längere Zeit eine blühende Hecke, entdeckst du Schmetterlinge, Hummeln, Bienen und Schwebfliegen, die sich vom Nektar oder Pollen in den Blüten ernähren. Aber auch versteckt im Innern der Hecke herrscht reges Leben. Vögel nisten und brüten in ihrem Schutz. Schnecken fressen von den Blättern und Spinnen bauen Netze, um Beutetiere zu fangen. Am Fuß der Hecke finden Kröten und Igel Unterschlupf im dichten Gebüsch und Spitzmäuse jagen Insekten. Besonders vielfältig ist die Tierwelt in **Wildhecken,** die in der offenen Landschaft stehen. Im Herbst sammeln Eichhörnchen dort Haselnüsse und viele Vögel finden bis in den Winter hinein Früchte, die sie als Nahrungsreserve brauchen.

> Hecken dienen als Sichtschutz, Lärmschutz, Windschutz und Schutz vor Schadstoffen. Sie sind ein wichtiger Lebensraum für verschiedene Pflanzen und Tiere.

1 Beschreibe, welche Aufgabe Hecken erfüllen.
2 Im Text werden einige Pflanzen der Hecke genannt. Suche Abbildungen dieser Pflanzen in Gartenkatalogen, schneide sie aus und klebe sie in dein Heft. Beschrifte.
3 Nenne Gründe, warum eine blühende Hecke mehr Tierarten Lebensraum bietet als eine immergrüne Hecke aus einer Pflanzenart.

spinne, **C** *Erdkröte,* **D** *Tagpfauenauge,* **E** *Hainbänderschnecke,* **F** *Rötelmaus*

5 Wildhecken

Lebensräume im Umfeld der Schule

2 Heckenlandschaft

| Kernzone | Mantelzone | Saumzone |

1 Tiere in den Zonen der Feldhecke.
① Feldhase, ② Erdkröte, ③ Rebhuhn,
④ Perlmutterfalter, ⑤ Zaunkönig,
⑥ Neuntöter, ⑦ Marienkäfer,
⑧ Turmfalke

3.2 Wildhecken schützen die Landschaft

Feld- oder Wildhecken findest du in unserer Landschaft fast überall. Warum hat man sie wohl gepflanzt? Schon vor vielen hundert Jahren sammelten die Menschen mühsam Steine aus dem Acker. Sie störten beim Anbau und bei der Ernte. An den Ackerrändern wurden sie abgelegt und kennzeichneten zugleich die Feldgrenzen.

Wildhecken entstehen oft „von selbst"

Samen von Wildkräutern, Bäumen und Sträuchern, die der Wind herbeitransportierte, blieben an diesen Steinwällen liegen und keimten dort. Oft haben sich auch Vögel hier niedergelassen und bei ihrer Rast mit dem Kot Samen ausgeschieden. So entstanden oft ohne Zutun des Menschen Hecken, die zugleich als natürliche Zäune um Viehweiden dienten.

Hecken haben viele Vorteile

Schnell stellten die Menschen weitere Vorteile fest: Hecken bremsen den Wind, so kann der Ackerboden nicht so schnell austrocknen und dann vom Wind abgetragen werden. Außerdem wird nach starken Regenfällen der Wasserabfluss verzögert. An den Rändern der Hecke werden Flugsamen, die der Wind heranträgt, aufgefangen. In landwirtschaftlich genutzten Gegenden können sich Unkrautsamen daher nicht so gut verbreiten. Ebenso werden Schädlinge durch diese natürlichen Grenzen aufgehalten. Sie dienen Insekten und Kleintieren, die die Hecke bewohnen, als Nahrung. Je dichter das Netz von Hecken ist, desto stärker sind ihre positiven Wirkungen.

> Ein dichtes Netz von Hecken erfüllt in offenen Feldlandschaften wichtige Aufgaben.

1 Stelle mit drei Skizzen zeichnerisch dar, wie eine Hecke entsteht. Beschreibe.
2 Nenne Tierarten, die Wildhecken als ihren Lebensraum nutzen.
3 Besonders an den Rändern der Hecke wachsen sehr viele unterschiedliche Pflanzen. Erkläre.
4 Hecken müssen erhalten und geschützt werden. Erkläre.

Lebensräume im Umfeld der Schule

1 Geschorener Rasen. A Amsel sucht Regenwürmer, **B** „unkrautfreier" Kurzschnitt

3.3 Eine Wiese im Schulgelände?

Die **Rasenfläche** vor dem Schulgebäude ist der ganze Stolz des Hausmeisters. Sie wird von ihm regelmäßig geschoren, gedüngt und bei Trockenheit mit Leitungswasser „gesprengt". Alle Gänseblümchen werden als „Unkraut" im Rasen schnellstens entfernt.

Ein Rasen ist artenarm

Die Arbeitsgemeinschaft Biologie hat diese Rasenfläche wochenlang unter biologischen Gesichtspunkten untersucht und herausgefunden, dass der kurzgeschorene Rasen nur wenigen Pflanzen und Tieren einen Lebensraum bietet. Ab und zu eine Amsel, die nach Regenwürmern sucht, einige Ameisen – andere Tiere sind nicht zu entdecken. Auch fand man im Rasen keine anderen Pflanzen als Gras.

Die Wiese lebt

Die Biologie-AG hat daher beschlossen, vor der Schule eine bunte Blumenwiese anzulegen. Eine **Wiese** lässt man einfach wachsen – hier wird nicht ständig gemäht und nicht gedüngt. Viele Pflanzen und Tiere finden hier einen Lebensraum. Bis zum Sommer wachsen die Wiesenpflanzen hüfthoch. Die leuchtenden Farben der verschiedenen Blumen und der Duft locken viele Insekten an. Schmetterlinge, Bienen, Hummeln, Käfer und Fliegen können auf der Wiese beobachtet werden. Auch Spinnen, Mäuse, Schnecken und Vögel finden hier einen Lebensraum.

> Ein regelmäßig gemähter Rasen bietet nur wenigen Tieren Nahrung und Verstecke. Auf Wiesen, die höchstens zweimal im Jahr gemäht werden, finden viele Tiere einen Lebensraum.

1 Woran liegt es, dass auf einer Rasenfläche im Vergleich zur Wiese nur wenige Pflanzen- und Tierarten vorkommen? Erkläre.
2 Vergleiche Rasen und Wiese jeweils aus der Sicht eines Biologen und eines Sportlers. Stelle in einer Tabelle jeweils die Vor- und Nachteile, die sich aus den unterschiedlichen Sichtweisen ergeben, gegenüber.
3 Stellt in einem Rollenspiel dar, wie der Hausmeister und Vertreter der Biologie-AG ihre Interessen beim Schulleiter vortragen.

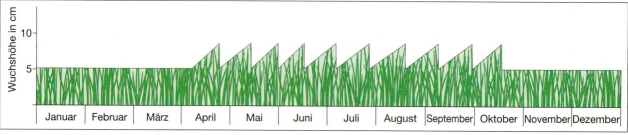

2 Kurzschnittrasen im Jahreslauf

Lebensräume im Umfeld der Schule

1 Blumenwiese. A Artenvielfalt, **B** Insektenvielfalt auf einer Doldenblüte

3.4 Wiesenpflanzen im Jahresverlauf

Wenn im Frühling die Tage länger werden, verändert sich auch die Natur.

Auf einer Wiese bilden nun Gänseblümchen und Schlüsselblumen geschützt in der Nähe des Bodens ihre Blüten aus. Schon bald danach beginnt die Blütezeit des Wiesenschaumkrauts. Du erkennst es an seinen lilafarbenen Blüten. Ende April beginnen viele weitere Blütenpflanzen auszutreiben. Die bekannteste ist wohl der Löwenzahn. Jeder kennt die goldgelben Blütenstände. Inzwischen wachsen auch viele Gräser und Blumen für einen Wiesenstrauß: Scharfer Hahnenfuß, Wiesenkerbel, Margeriten und Wiesensalbei.

Die Wiese wird gemäht

Doch gerade im Juni, wenn die Wiese in allen Farben leuchtet, ist es mit dem Blumenpflücken vorbei: Mit einem Schlag vernichtet die Mähmaschine den ganzen Pflanzenbestand der Wiese. Nur die Wurzeln und dicht am Boden wachsende Blätter überleben. Aber die Pflanzen sterben nicht ab. Aus bodennahen Knospen und unterirdischen Teilen werden neue Sprosse gebildet. Besonders gut gelingt das den Gräsern. Schon nach wenigen Wochen entdeckt man die Pflanzen aus der Zeit vor dem ersten Schnitt wieder. Sie wachsen schnell, so dass der Bauer im Spätsommer noch ein zweites Mal mähen kann. Ab August bilden die Pflanzen nur noch wenige Blätter aus. Dann ruht die Wiese den Winter über.

> Die Pflanzen im Lebensraum Wiese sind an die regelmäßigen Eingriffe durch Mähmaschinen oder Weidevieh angepasst.

1 Beschreibe die Entwicklung einiger Pflanzen innerhalb eines Jahres. Benutze Abb. 2.

2 Entwicklung von Wiesenpflanzen bei zweimaligem Schnitt innerhalb eines Jahres. ① Löwenzahn, ② Schlüsselblume, ③ Gras (Glatthafer), ④ Wiesensalbei

Lebensräume im Umfeld der Schule

Pinnwand

WIESENPFLANZEN

Wiesen-Klee

Blüten: dunkelrot bis rosa, wohlriechend
Blütezeit: Juni bis September
Vorkommen: Wiese, Acker, Wegrand

Scharfer Hahnenfuß

Blüten: gelb
Blütezeit: Mai bis August
Vorkommen: Wiese, Wegrand

Wiesen-Kerbel

Blüten: weiß, in Dolden
Blütezeit: April bis August
Vorkommen: Wiese, Weg- und Heckenrand

Wildgräser

① Weidelgras
② Wiesenfuchsschwanz
③ Gemeines Rispengras
④ Knäuelgras

① ② ③ ④

Wiesen-Margerite

Blüten: weiß
Blütezeit: Mai bis Oktober
Vorkommen: Wiese, Wegrand

Wiesen-Storchschnabel

Blüten: blauviolett
Blütezeit: Juni bis August
Vorkommen: Wiese, Wegrand

1 Welche blühenden Wiesenpflanzen findest du, wenn du im Mai einen Wiesenblumenstrauß pflücken willst?

Lebensräume im Umfeld der Schule

3.5 Tiere der Wiese

Stell dir vor, du liegst im späten Frühjahr auf einer Wiese. Nimm eine Lupe in die Hand und beginne mit deiner Reise durch die Welt der Wiesenpflanzen und der vielen dort krabbelnden Tiere.

Schichten der Wiese

Die oberste Etage, die **Blütenschicht,** beherrschen die guten Flieger. Bienen, Hummeln und Schwebfliegen finden hier Pollen und Nektar. Auch viele unserer schönsten Schmetterlinge wie das Blutströpfchen kannst du in dieser Schicht entdecken.

In der **Krautschicht** überwiegen Käfer, Spinnen und Heuschrecken. So sucht der Marienkäfer in diesem Stockwerk nach Blattläusen, von denen auch seine Larve viele Tausend verzehrt. Heuschrecken hört man ständig. Sie sind aber nur schwer zu entdecken, denn ihre grüne bis bräunliche Färbung ist die beste Tarnung, die es auf einer grünen Wiese gibt. Mit ihrem Zirpen suchen sie einen Partner oder grenzen ihr Revier ab.

Viele Tiere der **Bodenschicht** sind oft in ihrer Farbe der Erde angepasst. Asseln, Ameisen, Laufkäfer

1 Kiebitz

2 Tiere der Wiese. ① *Schwebfliege,* ② *Blutströpfchen,* ③ *Goldlaufkäfer,* ④ *Bänderschnecke,* ⑤ *Feldgrille,* ⑥ *Milbe*

3 Feldlerche

und Schnecken leben hier. Sie ernähren sich von abgestorbenen Pflanzenteilen oder stellen anderen Tieren nach.

Die Wurzeln der Wiesenpflanzen reichen bis zu 15 cm tief in den Boden. In dieser **Wurzelschicht** leben Milben, Regenwürmer, Grillen und Maulwürfe. Grillenmännchen verlassen ihre Wohnröhre nur selten. Meist hört man ihr Zirpen, wenn sie ein Weibchen anlocken wollen. Doch schon bei der kleinsten Erschütterung verstummen sie.

Lebensraum für größere Tiere

Die Wiese bietet auch größeren Tieren Schutz und Nahrung. Hier bringen Hasen und Rehe ihre Jungen zur Welt. Auch die Feldlerche, die hoch in der Luft im Flug ihr Lied singt, brütet gut getarnt in Bodenmulden der Wiese.

> Die Pflanzen einer Wiese bilden Schichten. In jedem Stockwerk leben bestimmte Tierarten

1 Einige Tiere sind in Abbildung 2 nicht benannt. Finde heraus, um welche es sich handelt.
2 Wiesen dürfen nicht zu früh und zu oft gemäht werden. Erkläre.

Lebensräume im Umfeld der Schule

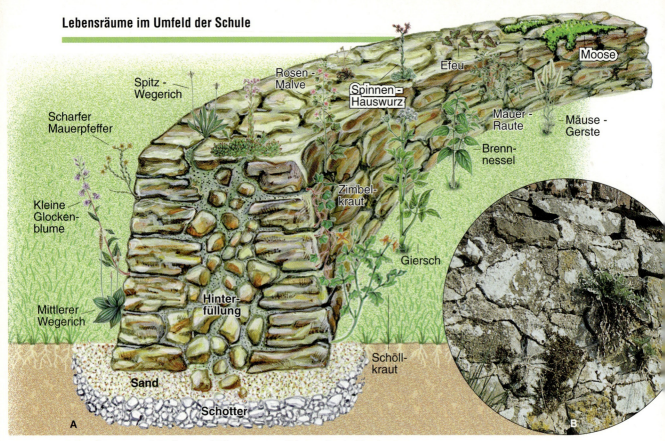

1 Trockenmauer. A Aufbau und Pflanzenarten, **B** bewachsene Trockenmauer

3.6 Mauern – Kleinlebensräume für Pflanzen und Tiere

Kennst du den Unterschied zwischen einer Betonmauer und einer Trockenmauer? Eine Betonmauer hat eine völlig glatte Oberfläche. Eine **Trockenmauer** jedoch hat waagerechte und senkrechte Ritzen. Eine solche Mauer besteht aus Natursteinen, die trocken, also ohne Mörtel aufgeschichtet werden. Dabei entstehen Fugen und viele Hohlräume, die bis ins Innere der Mauer führen.

Die Pflanzenwelt der Mauer

Eine Mauer kann kaum Wasser speichern. Hier können daher nur Pflanzen leben, die mit wenig Wasser auskommen. Oben auf der *Mauerkrone* gedeihen die Pflanzen, die am wenigsten Wasser benötigen. Sie haben dickfleischige Blätter, in denen sie Wasser speichern. Die der Sonne zugewandte Seite der Mauer besiedeln Glockenblume und Wegerich. Auf der kühleren und feuchteren Schattenseite entwickeln sich Zimbelkraut, Farne und Moose. Am *Mauerfuß* sind die Lebensbedingungen für die Pflanzen günstiger, da der Boden länger feucht bleibt. Hier wachsen auch größere Pflanzen wie Brennnesseln und Giersch.

Tiere an und in der Mauer

Die beim Aufschichten der Mauer entstandenen Lücken dienen als Aufenthaltsorte für Spinnen, die hier auf ihre Beute lauern. Springspinnen erbeuten Tiere aus benachbarten Lebensräumen, die die Mauer als Ruheplatz oder zum Sonnen aufsuchen. Andere Spinnen fangen ihre Beutetiere mit Netzen, die zwischen den Mauernischen aufgespannt sind. Mit etwas Glück entdeckt man eine Zauneidechse beim Sonnenbad. Steinläufer, Asseln und Ohrwürmer finden in den Spalten geschützte Tages- oder Nachtverstecke. Wildbienen, Schnecken und Erdkröten benutzen die Mauer als Überwinterungsquartier. In der Hohlräumen finden Steinhummeln und Spinnen geeignete „Kinderstuben".

> Auf Mauern wächst eine an Wassermangel angepasste Pflanzenwelt. Mauerspalten gehören zum Lebensraum vieler Tiere.

1 Ist es klug, Pflanzen aus dem Garten in Mauerritzen zu pflanzen, damit diese schnell bewachsen werden? Begründe.

2 Gib für einige der in der Pinnwand dargestellten Tiere an, wozu sie die Mauer brauchen.

Lebensräume im Umfeld der Schule

Übung — **Lebensinseln auf dem Schulgelände**

V 1 Fledermauskästen

Material: Fledermauskästen (käuflich zu erwerben, Herstellung im Werkunterricht, s. S. 135)

Durchführung: Bringt die Fledermauskästen Anfang März an alten Baumstämmen oder an Wänden im Halbschatten Richtung Süden an.
Aufgabe: Beobachtet, welche Fledermausarten die Kästen nach einiger Zeit annehmen.

V 2 Vogeltränken

Material: große, flache Schale, verschieden große Steine, Wasser

Durchführung: Stellt die Schalen an offenen, überschaubaren Orten auf. Legt einige Steine hinein. In 4–5 m Entfernung von der Tränke sollten sich Sträucher befinden.
Aufgabe: a) Stellt fest, welche Vogelarten sich einfinden. Beobachtet.
b) Welche Aufgabe erfüllen die Sträucher?

V 3 Totholzhaufen

Material: abgestorbene Äste, abgeknickte Zweige, Wurzelstöcke, Hecken- oder Strauchschnitt, Glasgefäß

Durchführung: Schichtet das gesammelte Material an einer ruhigen Stelle auf, wo es nicht stört. Grabt ein Glas daneben ebenerdig als Kleintierfalle ein.
Aufgaben: Beobachtet, welche Tierarten den Totholzhaufen annehmen. Leert das Glas täglich und lasst die Tiere wieder frei.

V 4 Fassadenbegrünung

Material: selbstkletternde Kletterpflanzen wie Efeu oder Wilder Wein
Durchführung: Holt die Erlaubnis ein, eine Fassade der Schule zu begrünen. Tauscht an den Pflanzstellen den Boden gegen Mutterboden aus und pflanzt im Abstand von ca. 30 cm vor der Wand. Gießt die Pflanzen gut an. Beachtet die Auswahl der Pflanzen nach Licht- und Schattenverträglichkeit.

Aufgabe: Welche Vorteile bietet die Fassadenbegrünung?

V 5 Steinhaufen

Material: größere Feldsteine oder andere Natursteine

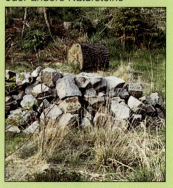

Durchführung: Hebt an einem sonnigen Platz Boden aus und schichtet auf einer Lage Sand Steine übereinander. Sie müssen fest liegen. Füllt von oben Sand darüber. Es sollen aber Ritzen und Höhlen erhalten bleiben.
Aufgabe: Berichtet, welche Tiere sich dort nach und nach ansiedeln.

Lebensräume im Umfeld der Schule

Prüfe dein Wissen

A1 Wie heißen die abgebildeten Pflanzen, die im Umfeld der Schule vorkommen?

A2 Suche die Pflanzen heraus, denen es nichts ausmacht, „getreten" zu werden.
Rainfarn, Breitwegerich, Vogelknöterich, Habichtskraut, Blutweiderich, Löwenzahn, Hirtentäschelkraut, Mastkraut

A3 a) Welche Bäume sind abgebildet?
b) Ordne die Blätter richtig zu.

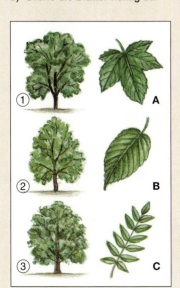

A4 Zwei Vogelarten trifft man auf dem Schulgelände nicht an. Finde sie heraus.
Zaunkönig, Buchfink, Kohlmeise, Eisvogel, Rotkehlchen, Gabelweihe, Grünfink, Haussperling

A5 a) Von welchem Tier stammt das abgebildete Gebiss?
Fledermaus, Reh, Wildkaninchen, Marder, Eichhörnchen, Maulwurf, Igel, Fuchs, Fischotter

b) Nenne alle Tiere aus der Aufzählung, die ebenfalls ein solches Gebiss haben.
c) Wie heißt diese Gebissart?

A6 a) Wie heißen die beiden abgebildeten Tiere?

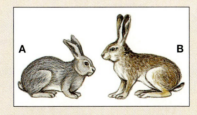

b) Ordne die folgenden Aussagen dem jeweiligen Tier richtig zu.
Sasse – unterirdischer Bau, Kurzstreckenläufer – Langstreckenläufer, 3 × jährlich Nachwuchs – 5 × jährlich Nachwuchs, weißgraues Fell – graubraunes Fell, Nestflüchter – Nesthocker, Einzelgänger – Kolonien, Wald, Feld und Wiese – Gärten, Parks und Friedhöfe

A7 Welche Aussagen treffen auf Hecken zu?
a) Hecken sehen besser aus als Zäune.
b) Hecken bieten wenig Schutz vor Lärm und Staub.
c) Hecken bieten Vögeln Lebensraum.
d) Hecken halten Wind ab.
e) In der Umgebung von Hecken ist es meist feucht.

A8 Nenne mindestens 8 Tierarten, die in Hecken leben.

A9 Ordne die aufgeführten Wiesenpflanzen so, wie sie im Jahreslauf auftreten.
Wiesensalbei, Wiesenschaumkraut, Löwenzahn, Schlüsselblume, Wiesenklee

A10 a) Wie heißen die Schichten einer Wiese?
b) Ordne die ausgewählten Tiere den Schichten zu.
Maulwurf, Marienkäfer, Blattlaus, Biene, Regenwurm, Ameise, Laufkäfer, Blutströpfchen, Hummel, Schnecke, Grille

A11 Nenne die Pflanzen, die an der Mauer abgebildet sind.

Wir leben mit Insekten

1 Bauplan der Insekten

2 **Blumenwiese.** A Lebensraum für viele Insekten, **B** Blüte mit Schmetterling

1 Blumenwiesen sind Lebensräume für Insekten

Kommt man im Sommer an einem schönen sonnigen Tag an einer blühenden Blumenwiese vorbei, summt und zirpt es überall. Man entdeckt Bienen und Schmetterlinge, die von Blüte zu Blüte fliegen. Grashüpfer springen davon. Auch Käfer und Hummeln werden von den bunten Farben der Wiesenblumen angelockt.

Insekten haben typische Merkmale

Auf den ersten Blick sehen diese Tiere sehr unterschiedlich aus. Trotzdem gehören sie alle zur Tierklasse der **Insekten.** Schaut man genauer hin, entdeckt man Gemeinsamkeiten. Ihr Körper ist wie durch Kerben in drei Abschnitte unterteilt: **Kopf, Brust** und **Hinterleib.**

Berührst du einen Käfer, fühlt er sich hart an. Alle Insekten besitzen eine feste Außenhaut. Wie ein Skelett stützt sie den Körper. Sie bildet das **Außenskelett.** Außerdem schützt dieser feste Panzer den Körper wie eine Ritterrüstung. Sechs gegliederte Beine und meist vier Flügel befinden sich am Brustabschnitt. Am Kopf sitzen die Fühler, die Augen und die Mundwerkzeuge.

Insekten ernähren sich unterschiedlich

Viele Insekten besuchen die Blumenwiese, weil sie von pflanzlicher Nahrung leben. An den Blättern und Stängeln saugen Blattläuse und Zikaden Pflanzensaft. Käfer fressen Blütenstaub und Blätter. Andere Insekten leben räuberisch. Sie jagen Kleintiere. So ernähren sich Marienkäfer und Ohrwürmer von Blattläusen. Weichkäfer lauern auf andere Blütenbesucher, die hier Nahrung suchen.

> Insekten haben ein Außenskelett. Ihr Körper ist in Kopf, Brust und Hinterleib gegliedert.

1 Insekten werden auch Kerbtiere genannt. Erkläre.

Wir leben mit Insekten

INSEKTEN AUF EINER WIESE

Pinnwand

Widderchen
Größe: 18 mm
Lebensweise: Falter saugen bevorzugt an den Blüten von Disteln und Kletten
Besonderheit: Warnfärbung, denn Falter und Raupe können eine übel riechende Flüssigkeit absondern

Weichkäfer
Größe: 7 bis 11 mm
Lebensweise: lebt häufig auf Doldenblüten · ernährt sich von Nektar und Pollen
Besonderheit: Larven jagen am Boden nach Schnecken, Insekten und Kleinlebewesen

Grünes Heupferd
Größe: 28 bis 42 mm
Lebensweise: frisst Insekten und Pflanzen · springende Fortbewegung, fliegt nur kurze Strecken
Besonderheit: erzeugt Zirplaute durch Aneinanderreiben der Deckflügel

Marienkäfer
Größe: 5,5 bis 8 mm
Lebensweise: frisst Blattläuse · überwintert in Gruppen unter Steinen oder Rinde
Besonderheit: Larven und erwachsene Tiere haben eine große Bedeutung als Schädlingsvertilger

Wiesenschaumzikade
Größe: 5 bis 7 mm
Lebensweise: saugt Pflanzensäfte
Besonderheit: Larven erzeugen Schaum, der sie vor Austrocknung und vor Feinden schützt

1 Nenne die Merkmale der Insekten.
2 Welche dieser Merkmale erkennst du bei den Insekten der Pinnwand wieder?

Insektenlarve
Bei vielen Insektenarten und einigen anderen Tiergruppen unterscheidet sich das Jugendstadium sehr stark vom erwachsenen Tier. Ein solches Jugendstadium bezeichnet man als **Larve.** Beim Schmetterling heißen die Larven Raupen, bei Fliegen spricht man von Maden, beim Maikäfer vom Engerling. Solche Larven wandeln sich im Puppenstadium in das fertige Insekt um.

1 Honigbiene

2 Die Honigbiene

2.1 Der Körperbau der Honigbiene

Die Blüten einer Blumenwiese locken mit ihren leuchtenden Farben auch unzählige Bienen an. Sie kommen, um den Nektar der Blüten zu sammeln. Doch wie finden sie zu den Blumen?

Orientierung der Biene

Wissenschaftler haben festgestellt, dass Bienen sehr gut Blütenfarben unterscheiden können. Schaut man mit einer Lupe den **Kopf** einer Biene genauer an, fallen besonders die großen, halbkugeligen Augen auf. Man erkennt auf der Oberfläche ein Muster aus vielen kleinen, regelmäßigen Sechsecken. Es sieht aus, als ob die Augen von einem Netz überzogen wären. Man nennt sie daher *Netzaugen*.
Die Netzaugen bestehen aus zahlreichen Einzelaugen. Jedes Auge nimmt ein Einzelbild wahr. Die Einzelbilder werden dann zu einem Gesamtbild verarbeitet. Durch die halbkugelige Anordnung können Bienen gleichzeitig nach vorn, hinten, zu den Seiten, nach oben und unten sehen. Wir Menschen müssen dazu ständig den Kopf und den Augapfel bewegen.
Auffallend sind auch die beiden beweglichen *Fühler*, mit denen die Bienen tasten. Auf den Fühlern liegen auch die Geruchsorgane. Mit ihnen finden sie zum duftenden Nektar, den sie mit ihrem *Saugrüssel* aufsaugen.

Beine und Flügel

Bei fast jedem Blütenbesuch bleiben Pollenkörner im Pelz der Biene haften. Diesen klebrigen Pollen fegt sie

2 Kopf der Honigbiene

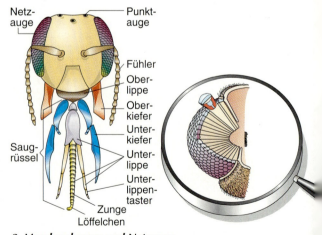

3 Mundwerkzeuge und Netzauge

Wir leben mit Insekten

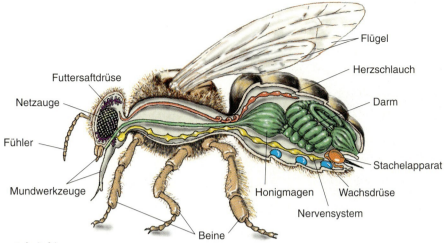

4 Bauplan einer Arbeitsbiene

während des Fluges mit den Vorderbeinen aus ihrem Haarkleid. Sie gibt ihn an die Hinterbeine weiter. Dort sammelt er sich in einer Vertiefung, dem *Körbchen*. Man nennt die Hinterbeine daher *Sammelbeine*. Pollen dient später den Bienenlarven als Nahrung.
Die Beine der Biene und auch die vier dünnhäutigen Flügel sitzen am **Brustabschnitt.**
Beim Flug werden die beiden Vorderflügel mit den Hinterflügeln verhakt. Sie bilden so eine größere Fläche.

Organe des Hinterleibs

Der **Hinterleib** hängt mit einer dünnen Verbindung am Brustteil. Im Hinterleib liegen Magen und Darm sowie der Stachelapparat. Der Stachel besteht aus zwei Stechborsten und besitzt Widerhaken. Er ist eine wirksame Waffe gegen andere Insekten. Beim Stich in die menschliche Haut bleibt der Stachel in der Haut stecken. Fliegt die Biene nach dem Stich fort, reißt sie sich den gesamten Stachelapparat aus dem Hinterleib, woran sie stirbt.

> Der Körper der Bienen ist in Kopf, Brustabschnitt und Hinterleib gegliedert.

1 Erläutere, welche Aufgaben die Fühler der Biene erfüllen.
2 Bienen entdecken sofort jede Veränderung in ihrer Umwelt mit den Augen. Erkläre.
3 Beschreibe, wozu der Stachelapparat der Biene dient.

5 Sammelbein *(innen)*

6 Sammelbein *(außen)*

7 Stachel

Wir leben mit Insekten

1 Bienenstöcke an einem Rapsfeld

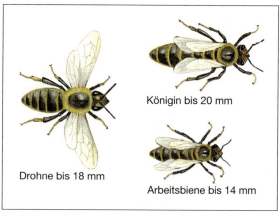

3 Die drei Bienenformen

2.2 Bienen sind Staaten bildende Insekten

Am Rande eines blühenden Rapsfeldes stehen mehrere farbige Kästen. Es sind *Bienenstöcke*, die der Imker zur Honiggewinnung und zur Bienenzucht aufgestellt hat. Mehr als 50 000 Tiere leben im Sommer in so einem Stock als *Bienenvolk* zusammen.

Leben im Bienenstock

Im Bienenstock hängen dicht nebeneinander mehrere senkrechte Holzrahmen, in die die Bienen ihre *Waben* aus Wachs gebaut haben.

Sie bestehen aus einigen tausend sechseckigen *Zellen*. Vorratszellen dienen als Lager für Honig oder Pollen. In einigen Zellen sieht man kleine weiße Stifte. Es sind *Eier*, die von der **Königin** des Bienenvolkes in die Zellen gelegt wurden. Man erkennt die Königin an dem langen schlanken Hinterleib. Während des Hochzeitsfluges wurde sie von den männlichen Bienen, den **Drohnen,** begattet. Drohnen haben auffallend große Augen und einen plumpen Körper. Nach dem Hochzeitsflug werden die Drohnen aus dem Bienenstock gejagt. Sie sterben dann, weil sie sich nicht selbst ernähren können.

Von Mai bis Juni legt die Königin täglich bis zu 1500

2 Im Bienenstock. A Blick auf Bienenwabe, B Königin mit Arbeiterinnen, C Brutwabe

Wir leben mit Insekten

Eier in die Zellen. Bei dieser Tätigkeit wird sie von ihrem „Hofstaat", den **Arbeiterinnen,** umsorgt und gefüttert. Eine neue Königin wächst in einer besonders großen Zelle, einer *Weiselzelle,* heran.

Vom Ei zur Biene

Aus den Eiern schlüpfen nach drei Tagen kleine weiße *Larven,* die schnell heranwachsen. Larven haben weder Augen noch Beine.
Nach sechs Tagen spinnt sich die Larve ein. Man spricht jetzt von einer *Puppe.* Nun geschieht etwas Seltsames. Innerhalb von 12 Tagen wird aus der Larve eine fertige Biene. Jedes einzelne Organ, sogar Augen, Beine und Flügel bilden sich. Die geflügelte Jungbiene krabbelt dann aus der Brutzelle und übernimmt sofort als Arbeiterin wichtige Aufgaben im Bienenvolk.

Lebenslauf einer Arbeitsbiene

Eine wichtige Aufgabe der Arbeiterinnen ist die Fütterung und Pflege der gerade geschlüpften Larven. Sie werden von ihnen mit einem besonderen Futtersaft gefüttert. Die älteren Larven erhalten Pollen und Honig aus den Vorratszellen.
Ist eine Arbeiterin etwa 10 Tage alt, scheidet sie am Hinterleib kleine Wachsplättchen aus. In dieser Zeit hat sie die Aufgabe, Wachszellen zu bauen und Zellen mit Wachsdeckeln zu verschließen.
In einem späteren Lebensabschnitt kümmert sich eine Arbeiterin um den Abtransport toter Bienen und übernimmt den Wächterdienst am Einflugloch. Erst jetzt ist ihre Giftblase gefüllt und sie kann fremde Eindringlinge mit dem Giftstachel abwehren.
Den letzten und längsten Lebensabschnitt verbringt die Biene als Sammelbiene außerhalb des Stocks. Sie sammelt nun Nektar, Pollen und Wasser und versorgt so das Bienenvolk.

> Ein Bienenvolk besteht aus einer Königin, einigen männlichen Tieren, den Drohnen und vielen tausend Arbeiterinnen. Arbeiterinnen übernehmen während ihres Lebens verschiedene Tätigkeiten im Bienenstaat.

1 Nenne die Aufgaben der drei Bienenformen.
2 Wie kann man die Königin und die Drohnen von den Arbeiterinnen unterscheiden? Beschreibe.
3 Beschreibe die unterschiedlichen Aufgaben der Arbeiterin. Benutze Abb. 4.

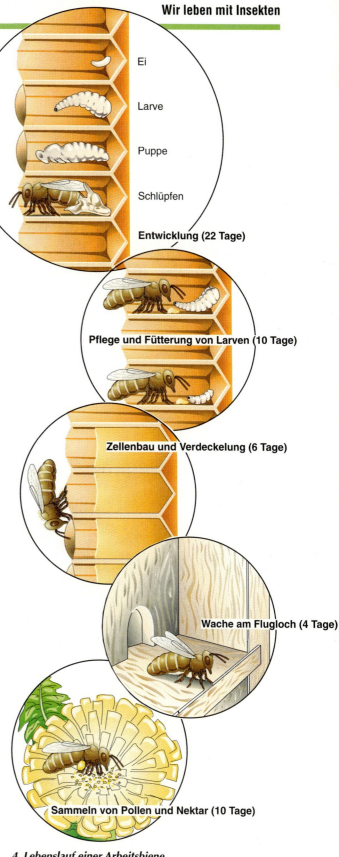

4 Lebenslauf einer Arbeitsbiene

Wir leben mit Insekten

Pinnwand

VERWANDTE DER BIENEN

Hummeln

Hummeln saugen mit ihrem Rüssel Nektar und sammeln Pollen. Sie leben in einjährigen Völkern. Nur die Königin überwintert. Im Laufe eines Jahres wächst ein kleines Volk heran, das aus etwa 300 bis 500 Tieren besteht. Ihre Nester bauen sie aus Moos, Wachs und Baumharz in Erdhöhlen, Baumstubben oder verlassenen Vogelnestern.

Hornissen

Die Hornisse ist unsere größte Wespenart. Sie ist inzwischen so selten geworden, dass sie unseren besonderen Schutz verdient.
Hornissen sind als Höhlenbewohner auf geräumige Baumhöhlen angewiesen. Finden sie solche Nistmöglichkeiten nicht, gehen sie aber auch in leere Nistkästen oder in andere Hohlräume. Dort beginnt die Königin mit dem Nestbau. Etwa 500 Tiere leben im Sommer in einem Volk. Nur die Jungköniginnen erleben den nächsten Frühling. Hornissen leben überwiegend räuberisch.

Wespen

Wespen leben in Völkern. Ihre Nester bestehen aus einer papierähnlichen Masse, die durch Zerkauen von Holz und Vermischen mit Speichel entsteht. Manche Arten legen ihre Nester in Erdhöhlen an, andere auf Bäumen oder Dachböden. Die Larven werden mit erbeuteten Insekten gefüttert. Erwachsene Tiere ernähren sich von Nektar und dem Saft reifer Früchte. Ein Wespenvolk besteht nur einen Sommer lang. Auch das Nest zerfällt und muss neu angelegt werden. Lediglich einige begattete Königinnen überwintern in der Erde oder in morschem Holz und gründen im Frühjahr neue Völker. Der Nestbau muss zu Beginn von der Königin selbst ausgeführt werden, bis die ersten Arbeiterinnen geschlüpft sind.

Erste Hilfe bei Bienenstichen

Anders als bei Wespen oder Hornissenstichen bleibt nach einem Bienenstich der Stachel in der Wunde zurück. Mit dem Daumennagel sollte der Stachel vorsichtig aus der Wunde herausgeschoben werden, damit nicht die noch daran hängende Giftblase ihren Inhalt vollständig in die Wunde entleert.
Auch wenn Schmerz und Juckreiz nach einem Einstich unangenehm sind, genügt es in den meisten Fällen, die angeschwollene Stichstelle mit Eisstücken oder feuchten Umschlägen zu kühlen.
Bei einem Stich in den Mund, in die Nähe der Augen oder wenn eine allergische Reaktion zu befürchten ist, sollte sofort ein Arzt aufgesucht werden.

1 Vergleiche die Lebensweisen von Bienen, Wespen, Hummeln und Hornissen in Form einer Tabelle. Berücksichtige Ernährung, Nestbau, Überwinterung.

Wir leben mit Insekten

Insekten

Übung

V1 Körperbau der Honigbiene

Material: Lupe, Stereolupe, Pinzette, durchsichtiges Klebeband, Zeichenmaterial, tote Bienen

Durchführung: Besorge tote Bienen bei einem Imker. Bewahre sie in kleinen Filmdosen oder in einem Glas mit Schraubdeckel auf. So sind sie vor Austrocknung geschützt.

Aufgaben: *a) Wir vergleichen verschiedene Bienen.* Nimm mit der Pinzette verschiedene tote Bienen und betrachte sie mit der Lupe oder Stereolupe. Kannst du Unterschiede im Körperbau feststellen? Benutze dazu die Abb. 3 (S. 162)

b) Wir untersuchen den Körperbau. Betrachte die Körpergliederung bei einer Biene. Vergleiche dein Objekt mit der Abbildung 1 (S. 160). Fertige eine Umriss-Zeichnung des Bienenkörpers an und beschrifte sie.

c) Wir untersuchen und vergleichen die Beine. Lege vor dir einen durchsichtigen Klebestreifen mit der Klebeseite nach oben auf den Tisch. Trenne mit einer Pinzette die Beine einer Biene möglichst nahe am Körper ab. Ordne die Beine so auf dem Klebestreifen an, wie sie der Lage am Körper entsprechen. Betrachte die Beine mit der Stereolupe. Zeichne ein Vorderbein. Vergleiche ein Vorderbein mit dem Hinterbein. Stelle in einer Tabelle Gemeinsamkeiten und Unterschiede zusammen.

d) Wir untersuchen die Flügel. Trenne mit einer Pinzette den Vorder- und Hinterflügel auf einer Seite der Biene nahe am Körper ab. Lege sie in der richtigen Lage auf einen Klebestreifen. Betrachte die Flügel mit der Stereolupe. Zeichne die Flügel.

V2 Bau eines Insektenmodells

Material: Schere, Klebstoff, Klebeband, Basteldraht, Pfeifenputzer, verschiedene Recyclingstoffe wie Jogurtbecher, Eierkartons, Papprollen vom Küchenpapier, Käseschachteln, leere Teelichter, Silberfolie, Klarsichtfolie.

Durchführung: Bastle aus den mitgebrachten Materialien das Modell eines Insekts. Denke dabei an die typischen Merkmale eines Insekts.

Aufgabe: Stellt in der Klasse die verschiedenen Modelle aus. Kontrolliert, ob die einzelnen Modelle „biologisch richtig" zusammengebaut wurden.

A3 Innenskelett – Außenskelett

Der Insektenkörper ist umgeben von einer festen Außenhaut, dem Chitin. Dieser Chitinpanzer bildet das Außenskelett der Insekten.

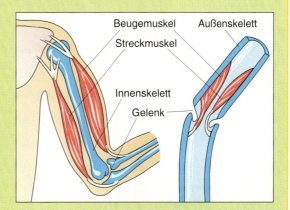

Beschreibe anhand der Abbildung den Aufbau des Bewegungsapparates bei Mensch und Insekt.

Wir leben mit Insekten

1 Kleiner Fuchs bei der Eiablage

3 Schmetterlinge leben in unterschiedlicher Gestalt

Schmetterlinge, die auch *Falter* genannt werden, zählen zu den bekanntesten und schönsten Insekten. Eine bei uns noch häufige Art ist der **Kleine Fuchs.** Er überwintert als Schmetterling auf Dachböden, in Scheunen oder an anderen geschützten Stellen. Sobald es wärmer wird, erwacht er aus der Winterstarre und verlässt schon im zeitigen Frühjahr sein Winterquartier. Sofort beginnt er Nahrung zu suchen. Schmetterlinge erreichen mit ihrem langen Saugrüssel Nektar im tiefsten Blütengrund. In Ruhestellung liegt der Saugrüssel wie eine Uhrfeder zusammengerollt unter dem Kopf.

Eiablage an der Futterpflanze

Im späten Frühjahr sucht der Falter einen Partner, um sich zu paaren. Nach dem Balzflug heftet das Weibchen des Kleinen Fuchses seine **Eier** in kleinen Haufen an die Unterseite von Brennnesselblättern. Dieses ist die bevorzugte Futterpflanze der Nachkommen. Nach der Eiablage stirbt der Falter.

2 Geschlüpfte Raupen

Raupen fressen und wachsen

Aus den Insekteneiern schlüpfen nach etwa 20 Tagen die winzigen **Larven.** Man nennt sie bei Faltern *Raupen*. Die Geschwister leben in der ersten Zeit dicht und gesellig beieinander. Viele Raupen sind notwendig, damit die Schmetterlinge überleben. Um vor Feinden geschützt zu sein, spinnen die Raupen mehrere Blätter ihrer Wirtspflanze mit feinen Seidenfäden zusammen.

Raupen sind sehr gefräßig. Kaum aus dem Ei geschlüpft, beginnen sie, die Blätter ihrer Wirtspflanze zu fressen. Wenn die Temperaturen nicht zu niedrig sind, wächst die Raupe schnell. Schon bald wird ihr die Haut zu eng, denn dieser äußere Chitinpanzer kann nicht mitwachsen und ist nur wenig dehnbar. Schon unter der alten Haut wächst eine neue größere Haut. Nun dehnt sich die Raupe, bis die alte Haut aufplatzt und sie buchstäblich „aus der Haut fahren" kann. Die neue, noch ganz zarte und falti-

3 Ausgewachsene Raupe

Wir leben mit Insekten

ge Haut benötigt einige Zeit, um auszuhärten. Nach der zweiten Häutung verändert sich das Aussehen der anfangs dunkel gefärbten Raupe.
Sie ist nun behaart und trägt zwei gelbe Längsstreifen auf dem Rücken und je einen an der Seite. Die Häutung wiederholt sich etwa fünfmal, bis sie nach etwa einem Monat ihre endgültige Größe erreicht hat. Nun hört sie auf zu fressen und sucht einen geeigneten Platz, um sich zu verpuppen.

Verwandlung zum Schmetterling

Mit Hilfe eines feinen Spinnfadens, der aus einer Spinndrüse an ihrem Mund austritt, hängt sich die Raupe mit dem Hinterleibsende an Stängeln oder Blättern auf. Jetzt häutet sie sich ein letztes Mal. Aus der Raupe entsteht eine **Puppe**. Diese ist farblich der Umgebung angepasst. Betrachtet man die Puppe von außen, verharrt sie scheinbar regungslos. In ihrem Inneren jedoch verwandelt sie sich. Aus der einfach gebauten plumpen Raupe wird ein wunderschöner Schmetterling. Ist die Verwandlung nach etwa 20 Tagen abgeschlossen, platzt bei warmem und trockenem Wetter die Puppenhülle auf und der Falter schlüpft. Verknittert hängen die Flügel an ihm herab. Sofort pumpt der Falter Luft und Flüssigkeit in die Flügeladern. Dadurch entfalten und strecken sie sich – die Flügel erhalten Spannung. Dann härten sie an der Luft aus. Nach etwa einer Stunde ist der frisch geschlüpfte Falter flugfähig. Sofort beginnt er die erste Blüte anzufliegen.

4 Entwicklung eines Schmetterlings

5 Puppe

6 Schlüpfender Falter

7 Geschlüpfter Falter

> Die Entwicklung eines Schmetterlings erfolgt vom Ei über die Larve und Puppe bis zum fertigen Falter.

1 Beschreibe die Entwicklung eines Schmetterlings. Benutze die Abbildung 4.
2 Brennnesseln sind nicht sehr beliebt. Sie werden daher in Gärten oft schnell ausgerissen. Nenne einen Grund, sie wachsen zu lassen.
3 Schmetterlinge sind selten geworden. Überlege Möglichkeiten, die Überlebenschancen der Schmetterlinge zu verbessern.

1 Jan und Leonie im Schmetterlingshaus

4 Wir schützen und bekämpfen Insekten

4.1 Der Mensch schützt Insekten

Jan und Leonie beobachten beim Besuch eines Schmetterlingshauses Schmetterlinge, wie sie Nektar aus den Blüten eines Strauches saugen. Dabei bestäuben sie diese. **Schmetterlinge** sind also wichtig für die Vermehrung vieler Blütenpflanzen. Sie haben sich mit ihrem langen Rüssel auf bestimmte Blüten spezialisiert.

Aber auch andere Insekten erfüllen wichtige Aufgaben in der Natur.
Marienkäfer und **Ohrwürmer** z. B. fressen Blattläuse. Blattläuse schaden bestimmten Gemüse- und Zierpflanzen, indem sie ihnen den Pflanzensaft aussaugen. Marienkäfer sorgen also dafür, dass die Zahl der Blattläuse vermindert wird. Aus Sicht des Menschen sind sie biologische Schädlingsbekämpfer.
Insekten sind auch an der Beseitigung von Pflanzenresten und Falllaub beteiligt. Der **Springschwanz** beispielsweise ist klein und unauffällig, kommt aber in großer Zahl vor und vertilgt große Mengen dieses Pflanzenmaterials.

2 Marienkäfer vertilgt Blattläuse

3 Kleintiere als Falllaubfresser

Wir leben mit Insekten

Zu den Abfallfressern zählt auch der **Mistkäfer.** Er legt seine Eier in Kotballen größerer Tiere, von denen sich dann der Nachwuchs ernährt.

Auf ähnliche Weise ziehen **Totengräber** ihren Nachwuchs heran. Diese Käfer graben tote Tiere ein und verwenden sie als Brutstätte für ihre Nachkommen. Sie leisten auf diese Weise einen wichtigen Beitrag zur Beseitigung von Kadavern.

Große Bedeutung haben Insekten auch als Nahrungsgrundlage für andere Tierarten. So ernähren sich Singvögel, wie beispielsweise Blau- und Kohlmeisen, hauptsächlich von Insekten und deren Larven.

Da es jedoch immer weniger Lebensräume gibt, in denen Insekten ungestört leben können, muss der Mensch zum Schutz dieser Lebensräume beitragen.

4 Mistkäfer auf Kot

Hilfe für Insekten

Wer Insekten schützen will, muss ihnen geeignete Futterpflanzen anbieten. Auch passende Unterschlupf- und Nistmöglichkeiten sind wichtig.

Wenn man eine **Wildblumenwiese** anstelle eines Zierrasens anlegt, bieten die unterschiedlichen Pflanzen vielen Insekten Nahrung und Unterschlupf. So bevorzugen Hummeln zum Beispiel die Blüten des Salbeis, um Nektar zu suchen.

Auch eine blühende **Hecke** ist Lebensraum für zahlreiche Insekten. Alte morsche Bäume sollten nicht entfernt werden. Sie bieten vielen Insekten Nistmöglichkeiten.

Mit einfachen Mitteln lassen sich **Nisthilfen** und Unterschlupfmöglichkeiten auch selbst herstellen. Damit kann man einen kleinen Beitrag zur Erhaltung und Schaffung des Lebensraumes von Insekten leisten.

5 Totengräber mit Kadaver

> Viele Insekten sind für die Bestäubung von Blüten nützlich. Andere Insekten sind unentbehrlich bei der Schädlingsbekämpfung und bei der Beseitigung von Pflanzenresten und Kadavern. Nützliche Insektenarten müssen geschützt werden.

1 Betrachte die Abbildung 6! Welchen Tieren dienen Insekten als Nahrungsgrundlage? Beschreibe.
2 Warum ist die Schädlingsbekämpfung durch Insekten chemischen Mitteln vorzuziehen? Erkläre.
3 Insekten räumen den Waldboden auf. Erkläre.
4 Welche Bedeutung haben die Insekten für die Erhaltung bestimmter Vogelarten? Berichte.
5 Wie kann man nützliche Insekten schützen? Mache Vorschläge.

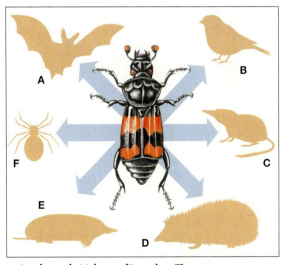
6 Insekten als Nahrung für andere Tiere

Wir leben mit Insekten

Übung: Hilfen für Insekten

A1 Entwicklung einer Wildbiene

Neben der Honigbiene gibt es zahlreiche Bienenarten, die aber meist allein leben und nicht als Nutztiere gehalten werden. Manche dieser Wildbienen legen ihre Eier in Halmen ab.

1 Entwicklung der Roten Mauerbiene. A Mauerbiene am Halmende, B abgelegtes Ei im Inneren eines Halmes, C Larve, D Überwinterung als Puppe. (B–D in aufgeschnittenem Halmabschnitt.)

a) Beschreibe anhand der Abbildungen, wie die Entwicklung der Roten Mauerbiene verläuft.

V2 Halmbündel als Nisthilfen

Material: Stängel von Stroh, Schilf oder Bambus, Bindfäden, Draht, Gartenschere

Durchführung: Schneide die Halme in 10 cm lange Abschnitte und binde sie mit dem Bindfaden zu Bündeln zusammen. Du kannst sie auch in eine Dose, hohlen Ast oder ähnliches stecken. Bringe zum Befestigen ein Stück Draht an.

Aufgabe: Befestige die Halmbündel an einem sonnigen Ort so, dass sie sich nicht bewegen. Beobachte ab und zu über mehrere Wochen.

V3 Holzblöcke als Nisthilfen

Material: Holzblöcke, ungefähr 15 cm dick, Bohrer (3–10 mm), Hammer, Nägel, Draht

2 Holzblock und Halmbündel

Durchführung: Bohre in einen Holzblock Löcher mit einem Durchmesser von 3 bis 10 mm. Achte darauf, dass sie 3 bis 10 cm tief sind. Schlage an der Rückseite einen Nagel ein, von dem etwa 1 cm frei bleiben sollte. Daran kannst du die Holzblöcke mit einer Drahtschlaufe aufhängen.

Aufgabe: Hänge die Holzblöcke an einer sonnigen, wind- und regengeschützten Stelle auf. Achte darauf, dass kein Regenwasser eindringen kann. Beobachte.

V4 Lochziegel als Nisthilfen

Material: Lochziegelsteine, Lehm, Spatel, Nagel.

Durchführung: Streiche mithilfe des Spatels die Löcher mit Lehm zu. Drücke anschließend mit einem Nagel unterschiedlich große Öffnungen in den Lehm.

Aufgabe: Stelle die Ziegel an einen geschützten und hellen Ort. Die Löcher müssen waagerecht ausgerichtet werden. Beobachte über einen längeren Zeitraum.

V5 Versteck für Ohrwürmer

Material: Mittelgroßer Blumentopf, Holzwolle, Stroh oder Heu, Bindfaden, Draht, Nagel, Schere

Durchführung: Befestige einen Draht in der Mitte eines Nagels. Ziehe das freie Ende des Drahtes von innen nach außen durch das Loch im Boden des Blumentopfes. An diesem Draht wird die Nisthilfe später aufgehängt. Umwickele das Füllmaterial mit dem Bindfaden zu einem Knäuel und befestige es an dem Nagel.

Aufgabe: Befestige den Ohrwurmtopf mit der Öffnung nach unten an einem Ast. Der Ohrwurmtopf sollte fest an diesem Ast anliegen. Beobachte, ob die Ohrwürmer den Topf als Unterschlupf nutzen. Berichte.

Wir leben mit Insekten

INSEKTEN UND BLÜTEN

Pinnwand

Käfer an einer Sonnenblume

Sonnenblumen besitzen röhren- und zungenförmige Blüten. Die außen liegenden leuchtend gelben, aber unfruchtbaren Randblüten locken Käfer und andere Insekten an. Diese Insekten bestäuben die unscheinbaren, aber fruchtbaren Blüten im inneren Bereich des Blütenstandes.

Biene an einer Wiesen-Salbeiblüte

Dringt eine Biene zum Nektarsaugen in die Blüte des Wiesensalbeis ein, gelangt Pollen auf ihren Rücken. Beim Besuch der nächsten Blüte bleibt der Pollen auf der Narbe hängen und bestäubt diese Blüte.

Schmetterling an Roter Lichtnelke

1 Welchen Nutzen haben die Insekten vom Besuch der Blüte? Welchen Nutzen haben die Blüten vom Besuch der Insekten?

2 Wie sind Lichtnelke und Schmetterling aneinander angepasst?

Die Kronblätter der Roten Lichtnelke bilden im unteren Abschnitt enge Röhren. Nur Schmetterlinge mit ihren langen Rüsseln können den Nektar am Grunde der Blüten erreichen. Sie übertragen dabei Pollen auf die Narbe der Blüte.

Wir leben mit Insekten

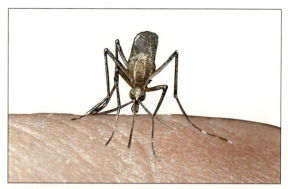

1 Stechmücke

4.2 Plagegeister des Menschen

Wer kennt das nicht? Man möchte im Sommer ein Picknick im Freien machen und plötzlich kommen ungeladene Gäste: Insekten aller Art werden durch die Gerüche der Nahrungsmittel und des Menschen selbst angelockt.

Mückenstiche verursachen Juckreiz

Stechmücken kündigen sich durch einen hohen sirrenden Ton an, den sie mit ihren Flügeln erzeugen. Nur die Weibchen saugen Blut, das sie zur Entwicklung der Eier benötigen. Ihre Mundwerkzeuge bilden einen *Stechrüssel*, mit dem sie die Haut durchdringen können. Beim Stich gibt die Mücke eine Flüssigkeit in die Wunde ab, die das Gerinnen des Blutes verhindert. Diese Flüssigkeit verursacht die anschließende Schwellung und den Juckreiz. In warmen Ländern können bestimmte Stechmücken, die Moskitos, Krankheiten wie Malaria übertragen.

Fliegen übertragen Krankheitserreger

Eine **Stubenfliege** kann auf einer glatten Glasscheibe senkrecht nach oben krabbeln. Dies gelingt ihr mit Hilfe von *Haftfüßchen*. Ständig ist sie auf der Suche nach etwas Fressbarem. Wenn sie feste Nahrung findet, gibt sie durch den Rüssel eine Flüssigkeit ab, mit der sie diese auflöst. Mit ihrem *Tupfrüssel* kann sie Flüssigkeiten aufnehmen. Sowohl mit den Haftfüßchen als auch mit dem Tupfrüssel kann eine Fliege Krankheitserreger transportieren. Diese stammen von Tierkot oder anderen Abfallstoffen, auf denen die Fliege Eier ablegt. Wenn eine Fliege nach der Eiablage Nahrung benötigt, kann es also leicht sein, dass sie direkt von einem Komposthaufen auf ein Honigbrötchen fliegt.

Wespenstiche können gefährlich sein

Wespen werden von jeder Art von Nahrung angelockt. Die Weibchen haben einen Stachel mit Giftdrüse, mit dem sie bei Gefahr mehrfach stechen können. Wenn die Wespe in den Mund gerät und bei einem Stich in den Rachen dieser anschwillt und die Atemwege verschließt, können Wespenstiche für den Menschen sehr gefährlich sein. Auch allergische Reaktionen auf Wespenstiche können lebensgefährliche Folgen annehmen.

> Insekten wie Mücken, Fliegen und Wespen können für die Menschen lästig oder sogar gefährlich werden. Einige Arten übertragen Krankheiten.

1 Begründe, warum man Fliegen aus der Küche vertreiben sollte.
2 Erläutere, weshalb nur Weibchen der Stechmücken für Menschen lästig sind.

2 Stubenfliege

3 Wespen

Wir leben mit Insekten

INSEKTEN ALS PLAGEGEISTER

Pinnwand

Schutz vor lästigen Insekten

Fliegengitter vor dem Fenster verhindern das Eindringen der Plagegeister. Auch ein Moskitonetz über dem Bett schützt vor Stichen. Ätherische Öle von Lavendel, Zitrone oder Menthol können auf die Haut aufgetragen oder in Duftlampen verdampft werden. Der Geruch hält Insekten ab. Chemische Lotionen oder Sprays sollte man nur nach Gebrauchsanleitung benutzen, um gesundheitliche Schäden zu vermeiden. Wirksamen Schutz bietet auch das Tragen von langen Hosen und langärmliger Kleidung.

Bremsen belästigen Tier und Mensch

Wie bei den Mücken, werden auch bei den Bremsen nur die Weibchen lästig. Sie saugen das Blut von Wirbeltieren. Bremsenstiche sind schmerzhaft, da die schwertartigen Mundwerkzeuge das Gewebe zerreißen und dabei meistens auch die Nerven verletzt werden. Bei uns verursachen Bremsen Schäden durch ständige Beunruhigung von Weidevieh, das durch die Stiche sogar in Panik geraten kann. In Afrika übertragen einige Bremsenarten Krankheiten wie zum Beispiel Milzbrand auf Säugetiere und Menschen.

Kopfläuse

Kopfläuse leben ausschließlich im Kopfhaar. Sie sind 2,5 bis 3,5 mm lang. Ein Weibchen legt bis zu 300 Eier, die sogenannten Nissen. Diese werden am Haaransatz „angekittet". Die Stiche der Läuse verursachen heftigen Juckreiz. Kopfläuse können durch engen Kontakt oder durch Schals, Mützen und Kämme übertragen werden. Kopflausbefall wird durch Behandlung der Haare mit speziellen Mitteln aus der Apotheke beseitigt.

Kopfläuse sorgen für schulfrei

Hamm. Nachdem in der örtlichen Grundschule mehrere Fälle von Kopflausbefall aufgetreten waren, erhielten zwei Klassen schulfrei. Wie das Gesundheitsamt mitteilte, dürfen betroffene Schüler/innen den Unterricht erst wieder besuchen, wenn sie vom Befall befreit sind.

So vermeidet man Bienen- und Wespenstiche

Bienen und Wespen greifen Menschen nicht absichtlich an. Sie stechen, wenn sie sich bedroht fühlen. Um Stiche zu vermeiden, sollte man folgendes beachten:
- Tiere nicht durch Umherschlagen aggressiv machen
- Getränke im Freien immer abdecken
- Speisen vor dem Essen genau anschauen
- Sich nicht in der Nähe der Nester aufhalten
- Nicht barfuß über eine Blumenwiese laufen

1 a) Wie können Läuse in Schule und Kindergarten übertragen werden?
b) Begründe, warum ganze Klassen schulfrei bekommen, wenn Kopfläuse auftreten.

2 Wie kann man verhindern, dass man eine Biene oder Wespe verschluckt?

3 Erkundige dich in der Apotheke, welche Mittel zum Schutz vor Mücken angeboten werden.

4 Warum sind Bremsenstiche besonders schmerzhaft?

Wir leben mit Insekten

Pinnwand — LÄSTIGE INSEKTEN IM HAUS

Silberfischchen

Silberfischchen halten sich im Haus an feuchten Orten wie Bad und Toilette auf. Daneben findet man sie auch in feuchten Kellern, in Küchen und Vorratsschränken. Silberfischchen ernähren sich von Haaren, Schuppen, stärkehaltigen Nahrungsresten und Vorräten. Daher sollte man befallene Räume häufig lüften und trocken halten.

Obstfliegen

Tau- oder Obstfliegen findet man auf faulendem Obst und Obstsäften. Dort legen sie ihre Eier ab. Diese Lebensmittel sollten daher abgedeckt, faulendes Obst rechtzeitig aussortiert werden.

Kleidermotte

Kleidermotten findet man in Kleiderschränken, Teppichen oder Fellen. Ihre Larven ernähren sich von tierischen Materialien wie Wolle, Seide oder Pelzen. Mottenfraß kann Kleidungsstücke zerstören. Duftstoffe wie Lavendel oder Zeder halten Motten fern.

Katzenfloh

Katzenflöhe können durch Katzen oder Hunde in die Wohnung eingeschleppt werden. Dort halten sie sich vorzugsweise an den Ruheplätzen dieser Tiere auf. Katzenflöhe stechen gelegentlich auch Menschen. Die Stiche von Katzenflöhen jucken sehr stark und es entstehen Quaddeln. Bei Flohbefall der Haustiere müssen die Katze oder der Hund behandelt werden. Die bevorzugten Ruheplätze muss man immer wieder intensiv reinigen.

1 Ordne mithilfe der Texte den abgebildeten Insekten die richtigen Namen zu.

2 Fertige eine Tabelle mit folgenden Spalten an: Name, Aufenthaltsort und Vorbeugung. Trage die auf dieser Pinnwand beschriebenen Informationen zu den Insekten ein.

Wir leben mit Insekten

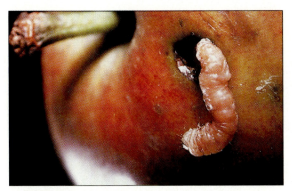

1 Raupe des Apfelwicklers

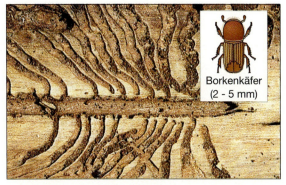

3 Fraßspuren des Borkenkäfers

4.3 Insekten als Pflanzenschädlinge

Wer einen Apfel aufschneidet, erlebt manchmal eine unangenehme Überraschung. Der Apfel ist „wurmstichig". Im Fruchtfleisch befinden sich Gänge, die von der Larve des Apfelwicklers hineingefressen wurden. **Apfelwickler** sind kleine braune Schmetterlinge mit einer Flügelspannweite bis zu 2,5 Zentimetern. Sie legen ihre Eier auf Blätter, Zweige und Fruchtknoten. Die aus den Eiern geschlüpften Larven fressen von den Blättern und bohren sich dann in die Äpfel ein. Befallenes Obst wird ungern gegessen und verdirbt schnell.

Schädlinge des Waldes

Der **Borkenkäfer** ist ein Holzschädling, der hauptsächlich Fichten befällt. Die Weibchen bohren senkrechte Gänge in die Rinde vorwiegend geschwächter, abgeknickter oder gefällter Bäume und legen dort ihre Eier ab. Ihre Larven fressen waagerechte Gänge, sodass ein ganz bestimmtes Muster entsteht.

Auch die Larven des **Schwammspinners,** eines bis zu 5,5 Zentimeter großen Nachtfalters, können Bäume in kürzester Zeit stark schädigen. Sie fressen Blätter verschiedener Laubbäume, besonders die von Eichen und Birken.

Wenn Schadinsekten in Massen auftreten, können sie ganze Wälder vernichten. Um große Schäden für die Forstwirtschaft zu vermeiden, müssen die Schadinsekten bekämpft werden.

> Manche Insekten schädigen Pflanzen, indem sie ihre Früchte, Blätter oder Rinde zerstören.

1 Was bedeutet es, wenn man sagt, ein Apfel sei „wurmstichig"?
2 Der Borkenkäfer wird auch Buchdrucker genannt. Begründe.

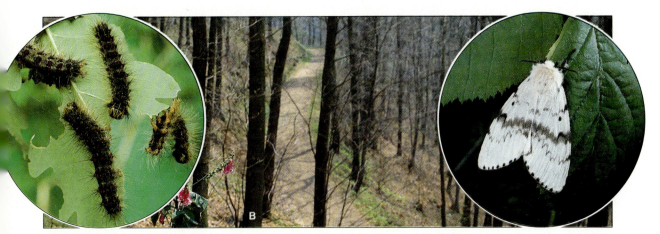

2 **Schwammspinner. A** Raupen, **B** Wald nach Massenbefall, **C** Schwammspinnerweibchen

Wir leben mit Insekten

1 Chemische Schädlingsbekämpfung

4.4 Schädlingsbekämpfung – mit oder ohne Gift?

Seit der Mensch Ackerbau betreibt, nutzen auch andere Lebewesen angebaute Pflanzen als Nahrungsquelle. Insekten beispielsweise können die Ernte stark mindern oder vernichten. Daher hat der Mensch vielfältige Methoden entwickelt, um solche Schadinsekten zu bekämpfen.

Chemische Methoden

Im Frühjahr kann man beobachten, wie Traktoren **chemische Pflanzenschutzmittel** auf den Äckern versprühen. Diese Gifte werden zum Beispiel gegen Insekten, Pilzbefall oder Unkräuter eingesetzt. Da diese Pflanzenschutzmittel zunächst sehr schnell Erfolg zeigen, wurden sie früher in großen Mengen eingesetzt. Heute weiß man, dass diese Gifte große Nachteile haben. **Insektizide,** die zur Bekämpfung von Insekten eingesetzt werden, töten neben den Schädlingen auch nützliche Insekten. Außerdem werden Schädlinge, die nicht vernichtet wurden, unempfindlich gegen das eingesetzte Mittel. So wird es immer schwieriger, sie zu bekämpfen. Die Gifte bleiben oft längere Zeit im Boden und gelangen ins Grundwasser. Außerdem werden sie über die Wurzeln von den Pflanzen aufgenommen. Über die Nahrung gelangen sie auch in die Körper von Tieren und Menschen. Heute werden chemische Pflanzenschutzmittel nur dann eingesetzt, wenn andere Mittel wirkungslos bleiben.

Biologische Methoden

Bei der biologischen Schädlingsbekämpfung setzt man Lebewesen aus, die die Schädlinge beseitigen. So werden zum Beispiel große Mengen von Eiern einer Schlupfwespenart in Maisfeldern ausgebracht. Die sich daraus entwickelnden Schlupfwespen legen ihre Eier in die Larven des Maiszünslers, eines Schmetterlings. Die Larven der Schlupfwespen fressen die Raupen von innen auf und verhindern so spätere Schädigungen des Mais.

Insektenfallen

Durch Insektenfallen kann man die Verbreitung von Insekten einschränken und so die Pflanzen schützen. Fallen mit besonderen Sexuallockstoffen locken Borkenkäfer an und machen sie unschädlich. Andere Insekten werden mit Fraßködern angelockt.

2 Ausbringen von Schlupfwespen im Maisfeld

> Schadinsekten müssen bekämpft werden, um die Ernten zu schützen. Chemische Mittel sind wirksam, bringen aber viele Nachteile für die Natur und den Menschen. Umweltverträgliche Methoden sind biologische Verfahren oder der Einsatz von Schädlingsfallen.

1 Beschreibe chemische und biologische Schädlingsbekämpfungsmethoden. Nenne jeweils Vor- und Nachteile.

Wir leben mit Insekten

Prüfe dein Wissen

A1 Benenne die nummerierten Teile des Bauplans der Insekten.

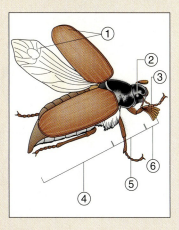

A2 Welche Ausagen treffen auf Insekten zu?
a) Insekten haben 4 Beine.
b) Insekten haben 6 Beine.
c) Insekten haben 8 Beine.
d) Insekten haben haben verschieden viele Beine.
e) Insekten haben einen dreigeteilen Körper.
f) Insekten haben einen zweigeteilen Körper.

A3 Welche Aussagen sind zutreffend?
a) Der Körper der Bienen ist in Kopf, Rumpf und Hinterleib gegliedert.
b) Bienen besitzen je zwei Vorder- und Hinterflügel, die sich während des Fluges verhaken.
c) Bienen fegen während des Fluges den Pollen mit den Sammelbeinen aus dem Haarkleid.
d) Eine Biene kann einen Menschen nicht mehrmals stechen.
e) Am Kopf fallen die sechseckigen Netzaugen auf, die aus vielen halbkugeligen Einzelaugen bestehen.

A4 Welche Begriffe treffen auf Honigbienen zu?
Netzaugen, Linsenaugen, Fühler, Taster, Stechrüssel, Saugrüssel, Sammelbein, Sprungbein, Haftfuß, Stechapparat, Stachelapparat

A5 Was sammeln Honigbienen bei ihrem Blütenbesuch?
Honig, Nektar, Pollen, Wachs

A6 Wie nennt man den Verband, in dem Bienen zusammenleben?

A7 a) Unter die dargestellten Insekten ist ein Tier geraten, das dort nicht hingehört. Nenne es.
b) Wie heißen die Insekten?

A8 Wie heißen die dargestellten Bienenformen?

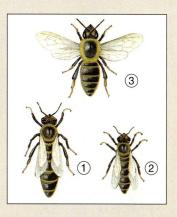

A9 Nenne die einzelnen Entwicklungsstufen bei Faltern. Beginne mit dem Ei.

A10 Welche der folgenden Insekten zählen zu den „Plagegeistern" des Menschen?
Maikäfer, Stechmücke, Wespe, Stubenfliege, Ohrwurm, Blattlaus, Honigbiene, Mistkäfer

A11 Nenne die Pflanzenschädlinge unter den aufgeführten Insekten.
Apfelwickler, Ameise, Stechmücke, Borkenkäfer, Ohrwurm, Marienkäfer, Schwammspinner

A12 Was trifft auf biologische Schädlingsbekämpfung zu?
a) Die biologische Bekämpfung ist wirksamer als die chemische.
b) Schadstoffanreicherungen im Boden und in anderen Tieren werden vermieden.
c) Mit biologischen Methoden kann man Schädlinge gezielt bekämpfen.

Gemeinsames Lernen in Projekten

Die Klasse plant ein Projekt

Die Gruppen bearbeiten ihren Auftrag

Selbstständiges Lernen macht viel Spaß, besonders in einer Gruppe. Die Arbeit klappt besser, wenn jeder seine Ideen einbringt.

Im folgenden Kapitel werden euch zwei Themen angeboten, die ihr gruppenweise in **Projekten** erarbeiten könnt.

Ein **Projektthema** vereinbart und plant ihr gemeinsam. Es wird in einzelne Arbeitsaufträge zerlegt. Diese werden jeweils von einer Schülergruppe übernommen.

Jede **Gruppe** arbeitet selbstständig und unabhängig von der anderen Gruppe. Lehrerinnen und Lehrer sind dabei nur Berater. Sie geben euch Tipps und Anregungen, wenn es einmal nicht recht voran geht. Euer **Auftrag** beinhaltet Beobachtungen, Versuche, Messungen und praktische Arbeiten. Als Hilfe für die Arbeit könnt ihr Bücher, Zeitschriften, Prospekte, Bilder, Videos oder das Internet nutzen. Manchmal ist es auch sinnvoll, Fachleute zu fragen.

- Projektthema vereinbaren
- Projektthema in einzelne Arbeitsaufträge zerlegen
- Aufträge in Gruppen übernehmen

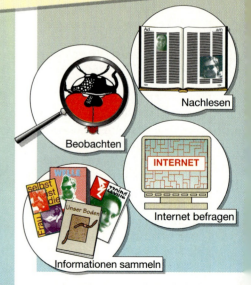

Beobachten · Nachlesen · Internet befragen · Informationen sammeln

Die Gruppen stellen ihre Ergebnisse vor

Die **Ergebnisse** eurer Arbeit stellt erst einmal jede Gruppe für sich zusammen. Damit alle Schüler der Klasse über die einzelnen Arbeitsergebnisse Bescheid wissen, trägt jede Gruppe ihre Ergebnisse den Mitschülern vor. Diese **Vorstellung** gibt somit jedem einen Überblick über alle wichtigen Inhalte des Projektthemas.
Die Ergebnisse eines Projekts sind oft auch für eine **Ausstellung** geeignet.

Ihr könnt damit den anderen Schülerinnen und Schülern der Schule oder euren Eltern die Ergebnisse der praktischen Arbeiten zeigen. Zur Vorstellung eurer Ergebnisse sind große Fotos, Zeichnungen, Plakate, Collagen und Folien geeignet. Gute Arbeiten könnt ihr in der Schule ausstellen oder in der Zeitung veröffentlichen. Dazu müsst ihr die Ergebnisse besonders sorgfältig und sauber darstellen.

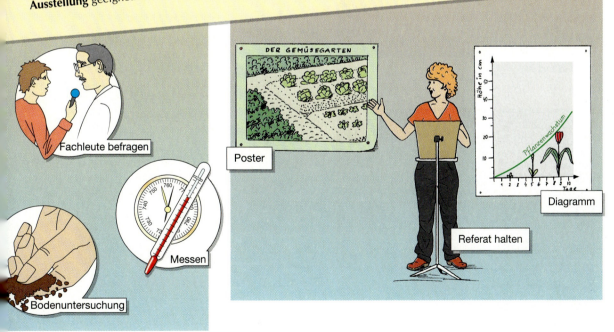

Projekt Boden

Boden

„Ihr habt aber große Kartoffeln!", staunt Marie. „Unsere Kartoffeln sind klein. Ob das wohl am Boden liegt?"

Kartoffeln wachsen am besten auf „leichten" Böden. Solche Böden haben einen hohen Anteil an Sand. Ein solcher **Sandboden** ist trocken. Nach einem Regen ist das Wasser schnell in dem lockeren Boden verschwunden.

Sandböden kann man leicht umgraben oder in anderer Form bearbeiten.

Wenn beim Umgraben die Erde am Spaten haften bleibt, deutet dies auf einen „schweren" Boden hin. Ein solcher **Lehmboden** bleibt nach einem Regenschauer lange feucht. Das Wasser bleibt oben stehen und bildet trübe Pfützen von gelblicher Farbe. Der Boden ist zäh. Er lässt sich nur mühsam bearbeiten.

Nicht nur die Zusammensetzung ist bei der Untersuchung von Böden wichtig, sondern auch ihre Schichtung. Betrachtet ihr Böden von oben nach unten, so seht ihr als erstes die **Humusschicht.** Humus bildet sich, wenn Laub, andere Pflanzenreste und Reste von Tieren verrotten. Dabei entstehen viele Mineralstoffe, die Pflanzen zum Leben brauchen. In dieser obersten, dunkel gefärbten Schicht wurzeln die meisten Gartenpflanzen. Die Humusschicht ist daher für Pflanzen die wichtigste Bodenschicht. Danach folgt die mit lockerem Gestein durchsetzte **Verwitterungsschicht.** Baumwurzeln und die Wurzeln mancher Gräser reichen bis in die Verwitterungsschicht hinein. Darunter liegt die **Gesteinsschicht.** Sie kann bis in mehrere hundert Meter Tiefe reichen.

Aus der Gesteinsschicht sind alle Bodentypen hervorgegangen. Die Zusammensetzung hängt von der Art des Ausgangsgesteins und den klimatischen Bedingungen ab.

1 Sandboden

2 Lehmboden

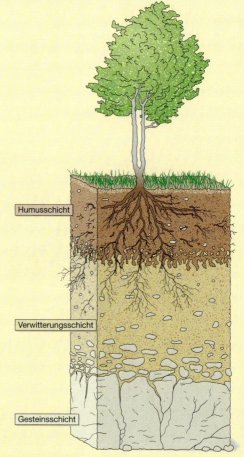

3 Bodenschichten

Projekt Boden

Gruppe 1: Untersuchung von Bodeneigenschaften

Besorgt euch verschiedene Bodenproben (z. B. aus dem Garten, von einer Baustelle, einem Feld oder einer Wiese).
Füllt die verschiedenen Bodenproben in Gläser mit Schraubverschluss. Beschriftet die Gläser mit ihrem Entnahmeort.

1. Betrachtet eure Bodenprobe und schreibt die entsprechenden Eigenschaften aus der Tabelle auf.

Dunkelbraun bis schwarz (1)	Helleres Braun (2)
Klumpig (3)	Krümelig (4)
Grobkörnig (5)	Feinkörnig (6)

2. Reibt die Bodenprobe zwischen den Fingern und schreibt die entsprechenden Eigenschaften aus der Tabelle auf.

Fest (7)	Locker (8)
Klebrig (9)	Nicht klebrig (10)
Feucht (11)	Trocken (12)

3. Versucht die Bodenprobe zu einer Kugel zu kneten und schreibt die entsprechenden Eigenschaften aus der Tabelle auf.

Leicht zu kneten (13)	Nicht knetbar (14)

Vergleicht euer Ergebnis mit nachfolgender Vorgabe.

Humusreicher Boden: (1, 4, 11, 14)
Sandiger Boden: (2, 5, 6, 8, 10, 12, 14)
Lehmiger Boden: (2, 3, 4, 11, 13)

Ordnet eure Bodenprobe einem der drei vorgegebenen Bodentypen zu und beschriftet sie mit der richtigen Bezeichnung.

Verwendet die Bodenproben und Tabellen zur Darstellung eurer Ergebnisse.

Gruppe 2: Untersuchung des Bodens auf seine Zusammensetzung und Wasserhaltefähigkeit

1. Besorgt euch verschiedene Bodenproben. Füllt jede Bodenprobe in je einen Standzylinder und gebt Wasser hinzu. Verschließt dann die Standzylinder und schüttelt das Ganze kräftig durch. Lasst anschließend die Standzylinder einen Tag ruhig stehen. Vergleicht eure Ergebnisse mit der Abbildung. Prüft, welche Bestandteile die Bodenproben enthalten.
Vergleicht die einzelnen Schichten eurer Proben miteinander. Durch welche Bestandteile sind die Bodenproben jeweils geprägt?

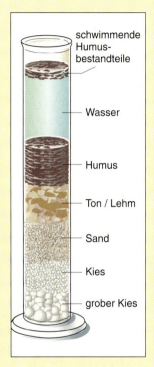

2. Führt den Versuch mit verschiedenen Bodenproben durch. Verwendet je 100 ml Wasser bei allen Proben. Baut den Versuch wie abgebildet auf.
Wartet, bis nur noch einzelne Tropfen in das Becherglas fallen. Berechnet die zurückgehaltene Wassermenge. Vergleicht die verschiedenen Ergebnisse miteinander. Stellt die Ergebnisse in einer Zeichnung dar und verwendet diese bei der Vorstellung eures Projektes.

Projekt Boden

Gruppe 3: Untersuchung des Bodens auf seinen Humus- und Kalkgehalt

1. Sammelt verschiedene Bodenproben. Wiegt von jeder Probe 10 g ab, gebt sie in einen Porzellantiegel und erhitzt die Proben wie in der Abbildung, bis sie rot glühend sind. Wiegt die abgekühlten Proben erneut.
Vergleicht die Ergebnisse miteinander. Je geringer das Gewicht nach dem Erhitzen ist, um so höher ist der Humusgehalt. Ordnet die Bodenproben nach dem Humusgehalt. Stellt das Ergebnis in einer Tabelle dar.

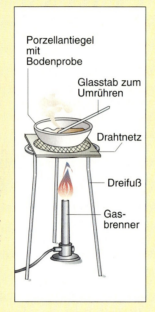

2. Zu viel Kalk im Boden verhindert das Wachstum vieler Pflanzen. Den im Boden enthaltenen Kalk könnt ihr mit verdünnter Salzsäure feststellen.
Bei diesem Versuch müsst ihr eine Schutzbrille tragen!
Lasst euch von eurer Lehrerin/eurem Lehrer drei Tropfen verdünnter Salzsäure auf jede Bodenprobe geben. Wenn es stark aufschäumt, ist viel Kalk vorhanden.
Ordnet die Proben nach dem Kalkgehalt. Stellt das Ergebnis in einer Tabelle dar.

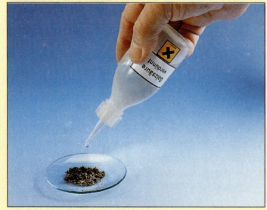

4 Untersuchung auf Kalkgehalt

Gruppe 4: Untersuchung des Bodens auf Kleinlebewesen

Entnehmt eine Bodenprobe aus der obersten Schicht eines Wald- und eines Gartenbodens.
Baut die Versuchsapparatur entsprechend der Abbildung unten auf. Achtet wegen der Wärmebildung auf den Abstand zwischen der Lampe und dem Trichter.
Füllt die erste Probe in den Trichter, schaltet das Licht an und lasst den Versuch mehrere Stunden stehen.
Zählt die gefundenen Lebewesen. Bestimmt sie mit Hilfe der Abbildung unten.
Vergleicht die Ergebnisse der verschiedenen Proben miteinander. Bringt danach die Lebewesen wieder an ihren Ursprungsort zurück.

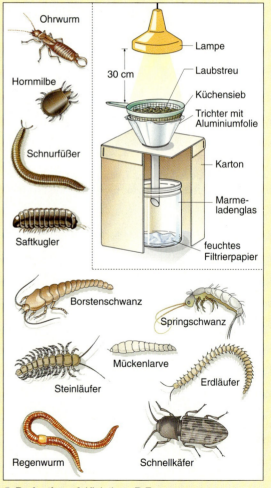

5 Bodentiere. **A** Kleintiere, **B** Fangapparatur

Projekt Schulgarten

Schulgarten

Der **Spätsommer** ist die beste Jahreszeit, um ein Beet anzulegen. Lasst euch dazu eine entsprechende Fläche auf dem Schulgrundstück zuweisen. Wer selbst Pflanzen setzt und ihr Wachstum beobachtet, weiß, wie wichtig die richtige Bodenbearbeitung und die Pflege der Pflanzen ist.

Im **Oktober** beginnt ihr mit dem Umgraben. Dabei muss jede abgestochene Scholle gewendet werden. Wenn möglich, bringt Mist zwischen die Schollen ein. Das umgegrabene Land bleibt über den **Winter** unbearbeitet liegen. Das Wasser kann in den Boden eindringen. Durch Schnee, Frost und Tauwetter zerfallen die groben Schollen zu kleinen Krümeln. Der Boden wird locker.

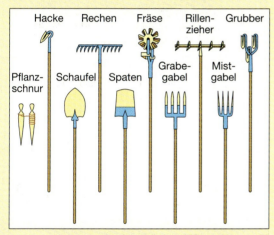

1 Gartengeräte zur Bodenbearbeitung und Aussaat

Im Frühjahr wird die Fläche geharkt und geebnet. Wann ihr mit der Aussaat beginnt, könnt ihr auf der Saatgutverpackung lesen.

Vor der Aussaat lockert ihr mit dem **Grubber** den Boden auf. Anschließend wird er mit der **Harke** glattgezogen und so bearbeitet, dass ganz feine Krümel entstehen. So kann der Boden eng am Saatgut anliegen. Dadurch gelangt Feuchtigkeit an das Saatgut und Luft kann in den Boden eindringen. Im Frühsommer müsst ihr die Wildkräuter vom Beet entfernen und den Boden zwischen den Kulturpflanzen lockern. Außerdem müssen die Pflanzen regelmäßig gegossen werden. Reinigt die Arbeitsgeräte nach dem Gebrauch.

Fotografiert die einzelnen Arbeitsschritte. Verwendet die Fotos zur Darstellung eures Projekts.

2 Gartenarbeiten im Jahreslauf

Projekt Schulgarten

Projekt

Gruppe 1: Anlage eines Blumenbeetes

Wenn ihr auf eurem Blumenbeet das ganze Jahr über blühende Pflanzen haben wollt, müsst ihr diese nach ihren unterschiedlichen Blühzeiten auswählen.
Vor der Aussaat harkt ihr den Boden und ebnet ihn ein. Dann kann die Verteilung der Pflanzen erfolgen. Dabei müsst ihr den Platzbedarf der einzelnen Pflanze, ihre Größe, den Blütezeitpunkt und ihren Lichtbedarf berücksichtigen.
Im Herbst könnt ihr die Zwiebeln von Schneeglöckchen, Narzissen und Tulpen setzen.
Die Samen von Ringelblumen, Kapuzinerkresse und Sonnenblumen werden im April direkt ins Beet gesät. Es sind **einjährige Pflanzen.** Sie müssen jedes Jahr neu gesät werden.
Im Frühjahr werden außerdem **Stauden** gesetzt, die über einen Meter hoch werden können. Deshalb werden Flammenblumen, Margeriten, Malven, Rittersporn und Lupinen in der Mitte des Beetes gepflanzt. Zwischen den Stauden lasst ihr etwas Platz, damit ihr leichter unerwünschte Wildkräuter jäten könnt.
Fertigt zu euren einzelnen Arbeitsschritten Zeichnungen an. Fotografiert einzelne Stadien des Pflanzenwachstums. Verwendet die Fotos zur Präsentation eures Projektes.

Gruppe 2: Anbau von Kopfsalat und Radieschen im Schulgarten

1. Besorgt euch im März in einer Gärtnerei oder in einem Gartencenter ein Päckchen Salatsamen.
Sät den Samen in Blumentöpfe. Stellt diese auf die Fensterbank im Klassenzimmer. Haltet den Boden feucht.
Wenn die Pflanzen etwa 10 cm hoch sind, könnt ihr sie im Schulgarten anpflanzen.
Dazu müsst ihr die Salatpflanzen vorsichtig aus der Erde entnehmen. Dann setzt ihr sie in einer Reihe im Abstand von 20–30 cm. Die Pflanzen müssen nach dem Setzen angegossen werden. Haltet den Boden um die Pflanzen herum von Wildpflanzen frei. Gießt sie regelmäßig.

2. Zuerst lockert ihr den Boden und ebnet ihn ein. Sät dann die Radieschen in einem Reihenabstand von 10 cm ganz flach (ca. 1 cm) in den Boden. Die Pflanzen müssen immer kräftig gegossen werden. Nach ungefähr acht Tagen beginnt der Samen zu keimen. Eine Ernte kann nach 45–50 Tagen erfolgen.
Fotografiert einzelne Stadien des Pflanzenwachstums. Verwendet die Fotos zur Präsentation eures Projektes.

Projekt Schulgarten

Gruppe 3: Anlage einer Erdbeerpflanzung

Die beste Pflanzzeit für Erdbeeren ist die Zeit von Ende Juli bis August.

Haltet die in einem Gartencenter gekauften Erdbeerpflanzen bis zum Setzen feucht. Die Pflanzen werden in einem Abstand von 30 Zentimetern gepflanzt. Zwischen den einzelnen Reihen beträgt der Abstand 50 Zentimeter. Das Pflanzloch muss so tief sein, dass die Wurzeln locker hineinpassen. Die Erde muss um die Pflanzen fest angedrückt werden.

Nach dem Pflanzen müssen die Erdbeeren etwa 14 Tage lang regelmäßig gegossen werden. Den Boden um die Pflanzen müsst ihr das ganze Jahr über locker und frei von Wildkräutern halten. Der Boden wird flach angedrückt. Die Erntezeit beginnt im Juni.

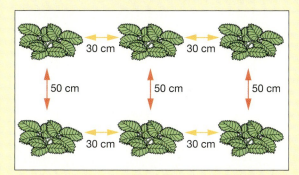

Fotografiert eure Tätigkeiten und einzelne Stadien des Pflanzenwachstums. Verwendet die Fotos zur Präsentation eures Projektes.

Gruppe 4: Anlage eines Komposthaufens

Für den Boden ist es sehr wichtig, dass ihm immer wieder Humus zugeführt wird, da der Humus viele Mineralstoffe enthält und außerdem Wasser binden kann.

Humusbildung findet auch im Komposthaufen statt. In der Abbildung unten könnt ihr erkennen, was alles auf einen Komposthaufen gegeben werden kann.

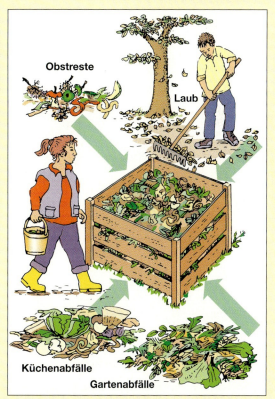

Die Anlage des Komposthaufens sollte folgendermaßen durchgeführt werden:

Besorgt euch im Baumarkt einen Holzkompostierer. Legt auf den Boden eine Schicht aus Ästen und ähnlichen Holzteilen. Legt in die Mitte die Wildkräuter, die beim Jäten anfallen. Darüber kommen Küchenabfälle, Laub, Gras, Obstreste und Gartenabfälle. Schüttet an den Rand Erde oder später fertigen Kompost. Deckt den gefüllten Holzkompostierer mit Erde ab.

Den fertigen Kompost könnt ihr im Herbst auf die Beete ausbringen. Fotografiert eure Tätigkeiten. Verwendet die Fotos zur Präsentation eures Projektes.

Lösungen für „Prüfe dein Wissen"

Seite 41
Menschen halten Tiere und sind für sie verantwortlich

A 1 a) um Fleisch zu haben, c) um sich an ihnen zu erfreuen, d) um nicht einsam zu sein.

A 2 Papagei, Kaninchen, Hausschwein, Pferd, Rind, Haushuhn, Meerschweinchen, Ente, Huhn, Goldhamster, Honigbiene, Wellensittich

A 3 Wenige Tierarten, Wärter beschäftigen Tiere, Nahrung wird „erjagt", Freigehege, Gehege als Ausschnitt der Natur

A 4 c) Sie werden etwa 8 Jahre alt, f) Täglicher Auslauf ist für die Gesunderhaltung wichtig.

A 5 Hetzjäger, Rudeltier, Nasentier, Ohrentier, Zehengänger, Raubtier, Fleischfresser

A 6 a) Schneidezahn, b) Reißzahn, c) Backenzahn, d) Eckzahn oder Fangzahn

A 7 Lauern

A 8 Gehörsinn, Sehsinn, Tastsinn, Gleichgewichtssinn

A 9 a) Wiederkäuermagen, b) a = Labmagen, b = Blättermagen, c = Pansen, d = Netzmagen

A 10 d) Maul – c – d – Maul – b – a

A 11 a) Pferde ergreifen bei Gefahr schnell die Flucht.

A 12 a) Pflanzliche und tierische Nahrung, b) Hausschwein, Wildschwein, c) Allesfressergebiss

Seite 77
Bau und Leistungen des menschlichen Körpers

A 1 Knochen, Muskeln, Nerven, Gelenke, Sehnen

A 2 gelb = Schädelskelett, ziegelrot = Wirbelsäule, zinnoberrot = Schultergürtel, blassviolett = Brustkorb, violett = Beckengürtel, hellblau = Armskelett, mittelblau = Beinskelett

A 3 a) Wirbelsäule im Lendenbereich, b) Wirbel, c) 1 – Dornfortsatz, 2 – Wirbelloch, 3 – Wirbelkörper

A 4 a) Doppel-S-Form, b) Bandscheiben (Zwischenwirbelscheiben), c) Halswirbelsäule = 7, Brustwirbelsäule = 12, Lendenwirbelsäule = 5, Kreuzbein = 5 (verwachsen), Steißbein = 3 bis 5 (zurückgebildet und verwachsen)

A 5 a) A – Scharniergelenke, B – Kugelgelenke, b) Scharniergelenke: Ellbogengelenk, Kniegelenk, Kugelgelenke: Schultergelenk, Hüftgelenk

A 6 1 – Gelenkkopf, 2 – Gelenkschmiere, 3 – Gelenkpfanne, 4 – Gelenkkapsel, 5 – Gelenkfläche mit Gelenkknorpel

A 7 a) 1 – Schulterblatt, 2 – Oberarmknochen, 3 – Elle, 4 – Speiche, G_1 – Schultergelenk, G_2 – Ellbogengelenk, b) M_1 – Beuger (Bizeps), M_2 – Strecker (Trizeps), c) M_1 = beugt den Arm, M_2 = streckt den Arm

A 8 c) Verstauchung

A 9 a) Kohlenhydrate, Fette und Eiweißstoffe, b) Mineralstoffe, Vitamine, Wasser und Ballaststoffe

A 10 Leberwurst, Chips, Pommes frites

A 11 65 Anteile Kohlenhydrate, 20 Anteile Fette, 15 Anteile Eiweißstoffe

A 12 c) Zu jeder Mahlzeit auch Obst, Gemüse und Salat essen, e) Kartoffeln und Salat sind gesünder als Pommes frites mit Majonese.

A 13 Afrika – Hirse, Asien – Reis, Deutschland – Kartoffeln, Japan – Fisch, Südamerika – Mais

A 14 a) Gehirn, Herz, Leber, Nieren, Verdauungsorgane, b) Alles trifft zu! Kreislaufstörungen, Übelkeit, Schwindel, Fahruntüchtigkeit, Fettleber, Nierenschrumpfung, verlangsamte Reaktionen, Sucht, Gedächtnisverlust, Sehstörungen

A 15 a) 32 Zähne, b) Dauergebiss, c) Rot = Schneidezähne, gelb = Eckzähne, hellblau = vordere Backenzähne, mittelblau = hintere Backenzähne

A 16 a) Schneidezahn, b) A – Zahnkrone, B – Zahnhals, C – Wurzel, c) 1 – Zahnschmelz, 2 – Zahnbein, 3 – Zahnhöhle, 4 – Zahnzement, 5 – Blutgefäße und Nerven

A 17 a) Karies oder Zahnfäule, b) Zahnschmelz, c) 1. Regelmäßig die Zähne putzen, 2. Regelmäßig den Zahnarzt kontrollieren lassen, 3. Verzehr von stark zuckerhaltigen Nährstoffen einschränken, 4. Häufig Äpfel und Möhren verzehren

A 18 Mund, Speiseröhre, Magen, Zwölffingerdarm, Dünndarm, Dickdarm, After

A 19 a) Speichel macht die Nahrung gleitfähig, b) Magensaft tötet Bakterien und Keime ab, c) Gallenflüssigkeit unterstützt die Fettverdauung.

A 20 Leistenhaut: Handflächen, Fußsohlen, Finger- und Zehenkuppen. Felderhaut: Gesicht, Arme und Beine, Rücken, Bauch

A 21 A – Oberhaut, B – Lederhaut, C – Unterhaut. 1 – Haar, 2 – Hornhaut, 3 – Keimschicht, 4 – Talgdrüse, 5 – Haarmuskel, 6 – Haarwurzel, 7 – Schweißdrüse, 8 – Blutgefäße

A 22 Die Haut bedeckt etwa eine Fläche von der Größe, b) einer Zimmertür

Seite 91
Pubertät – Zeit der Veränderungen

A 1 b) Hoden

A 2 b) Scheide

A 3 a) Während der Pubertät werden männliche Geschlechtshormone gebildet. b) Die Vorhaut schützt die Eichel. c) Füllen sich die Schwellkörper, kommt es zu einer Erektion. d) Die Spermien reifen in den Nebenhoden. e) Die Spermien werden beim Spermienerguss durch die Harn-Spermien-Röhre ausgestoßen.

A 4 a) Die Gebärmutter ist ein weibliches Geschlechtsorgan, c) In den Eierstöcken befinden sich die Eizellen, e) Die Eileiter sind durch eine trichterförmige Öffnung mit der Gebärmutter verbunden.

A 5 a) Eisprung.
b) Im Eierstock reift einmal im Monat eine Eizelle. Sie wandert in einem Bläschen an den Rand des Eierstocks. Dort platzt das Bläschen auf und entlässt die Eizelle. Der Eileitertrichter fängt die Eizelle auf. Sie gelangt durch den Eileiter in die Gebärmutter.

A 6 a) Kondom,
b) Es wird über das steife Glied gestreift. Dabei muss man beachten, dass es nicht beschädigt wird.
c) Das Kondom schützt vor einer Ansteckung mit der höchst gefährlichen Krankheit AIDS, weil es verhindert, dass Körperflüssigkeiten ausgetauscht werden. Die Samenflüssigkeit des Mannes wird im Kondom gesammelt und gelangt so nicht in die Scheide der Frau.

A 7 Der Arzt kann ihm Aussagen über die Regelmäßigkeit und die Stärke der Menstruation entnehmen.

A 8 a) Eindringen eines Spermiums in die Eizelle.
b) Ein Spermium dringt in die Eizelle ein. Die Zellkerne der beiden Geschlechtszellen verschmelzen miteinander. Diese Verschmelzung nennt man Befruchtung.

A 9 ① Gebärmutter, ② Fruchtblase, ③ Embryo, ④ Fruchtwasser

A 10 g) Geschlechtsverkehr – f) Befruchtung – c) Einnisten der befruchteten Eizelle – b) Anlage der Organe – e) Größenwachstum des Kindes – d) Wehen lösen die Geburt aus – a) Abnabelung

Seite 103
Zellen und Einzeller

A 1 ① Okular: Linse, durch die man in das Okular schaut, ② Tubus: Röhre, nimmt das Okular auf, ③ Objektivrevolver: Halterung für die Objektive, ④ Objektiv: Linsensystem, das Linsen in unterschiedlichen Stärke enthält, ⑤ Objekttisch: darauf liegt das zu untersuchende Objekt, ⑥ Blende: regelt Helligkeit und Kontrast, ⑦ Beleuchtung: sorgt dafür, dass das Objekt durchstrahlt wird, ⑧ Triebrad: dient zum Einstellen des Abstandes zwischen Objektiv und Objekt

A 2 a) Die Aufnahme zeigt pflanzliche Zellen, e) Das mikroskopische Bild wurde bei einer Gesamtvergrößerung von 400× aufgenommen.

A 3 a) ① Zellmembran, ② Zellwand, ③ Zellkern, ④ Vakuole, ⑤ Zellplasma, ⑥ Chloroplast, c) Die Abbildung zeigt eine Pflanzenzelle. Tierische Zellen haben keine Zellwand und sie enthalten keine Chloroplasten.

A 4 a) Zellmembran, Zellplasma, Zellkern, b) Ein Gewebe besteht aus vielen gleichartigen Zellen

A 5 zutreffend: a, c
falsch: b, d

Seite 123
Bau und Leistungen der Blütenpflanzen

A 1 1 – Blüte, 2 – Blatt, 3 – Sprossachse, 4 – Hauptwurzel, 5 – Seitenwurzel, 6 – Spross, 7 – Wurzel

A 2 Die Fotosynthese. c) ist der Aufbau von Stärke aus Kohlenstoffdioxid und Wasser, d) ist abhängig vom Licht.

A 3 a) Längsschnitt, b) 1 – Kronblatt, 2 – Staubblatt, 3 – Kelchblatt, 4 – Fruchtblatt mit Samenanlage

A 4 a) Blütengrundriss, b) Fruchtblatt, Staubblätter, Kronblätter, Kelchblätter, c) 4 Kelchblätter, 4 Kronblätter, 6 Staubblätter, 1 Fruchtblatt, d) Kreuzblütengewächse, e) Raps, Wiesenschaumkraut

A 5 Die Bestäubung einer Blüte kann erfolgen durch a) Bienen, b) Schmetterlinge, d) den Wind, e) die Blüte selbst

A 6 1 – Samenschale, 2 – Keimblätter, 3 – Keimwurzel, 4 – Keimstängel, 5 – Laubblätter

A 7 a) Schneeglöckchen, Tulpe, Krokus, Scharbockskraut, Buschwindröschen, b) Schneeglöckchen, Tulpe = Zwiebel, Krokus = Sprossknolle, Scharbockskraut = Wurzelknolle, Buschwindröschen = Erdspross

A 8 a – 4 – Linde, b – 5 – Rosskastanie, c – 1 – Spitzahorn, d – 3 – Birke, e – 4 – Stieleiche

Seite 157
Lebensräume im Umfeld der Schule

A 1 a – Blutweiderich, b – Rainfarn, c – Breitwegerich, d – Habichtskraut

A 2 Breitwegerich, Vogelknöterich, Löwenzahn, Hirtentäschelkraut, Mastkraut

A 3 a) 1 – Bergahorn, 2 – Eberesche, 3 – Hain- oder Weißbuche, b) a – Bergahorn, b – Hain- oder Weißbuche, c – Eberesche

A 4 Eisvogel, Gabelweihe

A 5 a) Maulwurf, b) Fledermaus, Maulwurf, Igel, c) Insektenfressergebiss

A 6 a) a – Wildkaninchen, b – Feldhase, b) *Wildkaninchen:* unterirdischer Bau, Kurzstreckenläufer, 5× jährlich Nachwuchs, weißgraues Fell, Nesthocker, Kolonien, Gärten, Parks und Friedhöfe, *Feldhase:* Sasse, Langstreckenläufer, 3× jährlich Nachwuchs, graubraunes Fell, Nestflüchter, Einzelgänger, Wald, Feld und Wiese

A 7 Immergrüne Hecke, blühende Hecke, Wildhecke

A 8 a) Hecken sehen besser aus als Zäune, d) Hecken halten Wind ab, e) In der Umgebung von Hecken ist es meist feucht.

A 9 Feldhase, Erdkröte, Marienkäfer, Blattlaus, Zaunkönig, Neuntöter, Rötelmaus, Buchfink, Tagpfauenauge, Hainbänderschnecke, Perlmutterfalter, Rotkehlchen, Igel, Holzbock, Gartenspitzmaus, Gartenlaubkäfer, Amsel, Grünfink

A 10 1. Schlüsselblume, 2. Wiesenschaumkraut, 3. Löwenzahn, 4. Wiesenklee, 5. Wiesensalbei

A 11 a) Blütenschicht, Krautschicht, Bodenschicht, Wurzelschicht, b) *Blütenschicht:* Biene, Blutströpfchen, Hummel, *Krautschicht:* Marienkäfer, Blattlaus, *Bodenschicht:* Schnecke, Laufkäfer, Ameise, *Wurzelschicht:* Maulwurf, Regenwurm, Grille

A 12 1 – Mauerpfeffer, 2 – Streifenfarn, 3 – Zymbelkraut, 4 – Brennessel, 5 – Moos, 6 – Giersch

Seite 177
Wir leben mit Insekten

A 1 1 – Flügel, 2 – Netzauge, 3 – Fühler, 4 – Hinterleib, 5 – Brust, 6 – Kopf

A 2 b) Insekten haben 6 Beine, e) Insekten haben einen dreigeteilten Körper.

A 3 a) ist falsch. Richtig wäre: Der Körper der Bienen ist in Kopf, **Brust** und Hinterleib gegliedert, b) Bienen besitzen je zwei Vorder- und Hinterflügel, die sich während des Fluges verhaken, c) ist falsch. Richtig wäre: Bienen fegen während des Fluges den Pollen mit den **Vorderbeinen** aus dem Haarkleid, d) Eine Biene kann einen Menschen nicht mehrmals stechen, e) ist falsch. Richtig wäre: Am Kopf fallen die **halbkugeligen** Netzaugen auf, die aus vielen **sechseckigen** Einzelaugen bestehen.

A 4 Netzaugen, Fühler, Saugrüssel, Sammelbein, Stachelapparat

A 5 Nektar, Pollen

A 6 Bienenvolk

A 7 a) ⑧ Röhrenspinne (Spinne). Sie hat 8 Beine und einen zweigeteilten Körper.
b) ① Blaugrüne Mosaikjungfer, ② Erdhummel, ③ Trauermantel, ④ Wespe, ⑤ Hornisse, ⑥ Tagpfauenauge, ⑦ Marienkäfer, ⑨ Schmeißfliege, ⑩ Kartoffelkäfer, ⑪ Mistkäfer, ⑫ Laubheuschrecke, ⑬ Ohrwurm

A 8 1 – Bienenkönigin, 2 – Arbeitsbiene, 3 – Drohne (männliche Biene)

A 9 Ei – Larve oder Raupe – Puppe – Falter

A 10 Stechmücke, Wespe, Stubenfliege

A 11 Apfelwickler, Borkenkäfer, Schwammspinner

A 12 b) Schadstoffanreicherungen im Boden und in anderen Tieren werden vermieden, c) Mit biologischen Methoden kann man Schädlinge gezielt bekämpfen.

Register

Fette Seitenzahlen weisen auf ausführliche Behandlung im Text oder auf Abbildungen hin;
f. = die folgende Seite; ff. = die folgenden Seiten.

A

Ableger 113
Abnabelung 87
After **67**
Ahorn 115
Akne **74**, 80
Alkohol **62**
Allergie 60
Allesfresser **38**
Allesfressergebiss **38**
Ameisenfrüchte 114
Amöbe **100**
Anti-Baby-Pille 88
Apfelwickler 175
Aquarium **18**
Arbeitsbiene **161, 163**
Arbeitsgeräte **8**
Artenschutz 14
Assel 125
Augen 42
Augentierchen **100**
Ausläufer 113
Ausrenkung **48**
Außenskelett **158, 165**

B

Bache 39
Backenzähne **64**
Bakterien 60
Ballaststoffe **53** f.
Bänderschnecke 153
Bandscheibe 44, 49
Bankivahuhn 40
Bär 14
Bast 143
Batteriehaltung 40
Bauchmuskel 50
Bauchschmerzen 84
Bauchspeicheldrüse **67**
Baum 104, **127** ff.
Baummarder 144
Bauplan **104**
Beckengürtel **43**
Befruchtung **86, 112**
Beinmuskel 50
Belichtungsmesser **8**
Beobachten **8**
Bergahorn 128 f.
Bestäubung **110** ff.
Bestimmen **8**
Beugemuskel **47**
Bewegung
– bei Pflanzen **11**
– bei Tieren **10**
– beim Menschen **42, 51**
Biene 171
Bienenstaat **163**
Bienenstock **162**
Bienenvolk **162** ff.
Biologische Arbeitsweisen **9**
Bizeps **47**
Bläschendrüse 81
Blatt **105**
Blättermagen 31
Blättersammlung **127**
Blattform **127**
Blattgrünkörner 95, 106
Blattmosaik 121
Blattrand **127**
Blattrosette 125
Blindenhund 22
Blindenschrift 71
Blindschleiche 155
Blumenbeet **184**
Blumenwiese 151, 158
Blüte **107, 108**
Blütengrundriss **108**
Blütenpflanze **104** ff.
Blütenschicht 153
Blutstropfen 153
Boden **180** ff.
Bodeneigenschaften **181**
Bodenhaltung 40
Bodenprobe **181**
Bodenschicht 153, **180**
Bodentiere **182**
Borkenkäfer 175
Borstentierchen 101
Breitwegerich 125
Bremsen 173
Brennhaar 95
Brennnessel **167**
Brunft 142
Brustkorb **43**
Brustmuskel 50
Buchfink 126
Bulle **30**
Buschwindröschen 116

C

Chloroplasten 95
Collie 24

D

Dalmatiner 24
Damhirsch 144 f.
Darm **67**
Dauergebiss **64**
Deckgläschen 96
Deckzelle 95
Dickdarm **67**
Dünndarm **66** f.
Dünndarmzotten **67**

E

Eberesche 128 f., 149
Echolot **134**
Eckzähne **64**
Ei 163, **166**
Eibläschen 83
Eiche 127, 129
Eichel 81
Eichhörnchen **140**, 144 f.
Eierstock **83**
Eileiter 83
einhäusig 111
Einzelgänger **26**
Einzeller **100** f.
Eireifung 84
Eisprung 83
Eiweißstoffe **52** ff., 106
Eizelle **83**, 86, 107 ff.
Elefant 14
Ellenbogengelenk **46**
Embryo **86, 118**
Empfängnisverhütung 88
Energie **52** ff.
Entwicklung
– der Pflanzen **11**
– des Tieres **10**
Erdbeerpflanzung **185**
Erdkröte 155
Erdläufer 125
Erdspross **116** f.
Erektion 81
Erkunden **8**
Ernährung **52** ff.
Ernährungskreis **55**
Essigsäure 54
Europäische Wildkatze 28
Experiment **8**

F

Fährten **145**
Falbkatze 28
Falllaubfresser 168
Falter 166
Fangnetz **8**
Fassadenbegrünung 156
Federn 93
Feldahorn 149
Felderhaut **69**
Feldgrille 153
Feldhase **138**, 145
Feldlerche 153
Feldsperling 126
Fernglas **8**
Fette **52** ff., 106
Fettfleckprobe 54
Feuerbohne 118, 120
Feuerwalze 155
Fichte 127
Fingerabdruck 72
Fisch 18
Fledermaus **132** f.
Fledermauskasten **135**, 156
Fleischrind 33
Fleißiges Lieschen 106
Fliege 60
Fluchttier **138**
Flugfrüchte 114
Flusspferd 14 f.
Fortpflanzung
– bei Pflanzen **11**
– bei Tieren **10**
Fotoapparat **8**
Fotosynthese **106**, 121
Fraßspuren 145
Freilandhaltung **34**, 40
Fremdbestäubung **110** ff.
Frischling 39
Frucht **112** ff.
Fruchtblase 87
Fruchtblatt **107** ff.
Fruchtknoten 107
Fruchtstand 114
Fruchtwasser 87
Fruchtzucker 54
Frühblüher **116** ff.
Fuchs **136** f., 145
Fußmuskel 50
Fußpilz **74**

G

Gallenblase **67**
Gallenflüssigkeit 67
Gänseblümchen **11**, 125
Gänsehaut 71
Gartenarbeit **183**
Gartenerbse 109
Gartenrotschwanz 155
Gebärmutter **83**
Gebärmutterschleimhaut 83
Gebiss 64
– der Katze **29**
– des Eichhörnchens **140**
– des Hausschweins **38**
– des Hundes **23**
– des Maulwurfs **131**
– des Menschen **64**
– des Pferdes **37**
– des Rindes **31**
– des Steinmarders **141**
– des Wildschweins **39**
Geburt **87**
Gehirn 42, 62
Gelenk **46**
Geschlechtshormone **79** ff.
Geschlechtsmerkmale **80, 82**
Geschlechtsorgane **80**
Geschlechtsverkehr 88
Gesellschaftshund 22
Gestalt
– der Pflanzen **11**
– des Tieres **10**
Gesteinsschicht 180
Getreide **119**
getrenntgeschlechtlich 111
Gewebe 98
Geweih **143**
Glasstab 96
Glied 81
Gliedmaßen **43**
Glockentierchen 101
Goldfisch 19
Goldhamster 17
Goldlaufkäfer 153, 155
Goldregen 61
Gorilla 14
Grabhand 130 f.
Grabwespe mit Beute 155
Gras **119**, 151
Griffel 107
Großer Panda 15
Grüner Knollenblätterpilz 61
Grünes Heupferd 159
Grünfink 126
Grünlilie 113
Gundermann 109

H

Haarwurzel 70
Hainbuche 128 f.
Halsmuskel 50
Haltbarkeitsdatum 60
Haltungsschäden **49**
Harnröhre 83

189

Register

Harn-Spermien-Röhre 81
Hasel 111, 128
Haushuhn **40**
Hauskatze 19, **26**
Hausmaus 19
Hausrotschwanz 13
Hausschwein **38**
Haussperling 13
Haustier **12 ff.**
Haut **68 ff., 72**
Hautcreme **75**
Hautempfindlichkeit 72
Hauterkrankungen **74**
Hautkrebs **75**
Hautnerven 70
Hautpflege 73
Hautveränderung 74
Hecke **146 f.**, 169
Heckenlandschaft **148**
Heckenrose
Heimtier **12 ff., 16**
Herbar 127
Herz 62
Hetzjäger 23
Heuaufguss **101**
Hirse 58
Hirtentäschelkraut 125
Hoden **81**
Hodensack 81
Hohlkreuz 49
Holunder 129
Holzgewächse 104
Honig 163
Honigbiene 110, 155, **160 ff.**, 165
Hormone 79, 82
Horn 69
Hornhaut **70**
Hornissen 164
Hüftgelenk **46**
Hühnerhaltung **40**
Hüllenflagellat 101
Hummeln 164
Humusschicht 180
Hund **20 ff.**
Hundehaltung **20 f.**
Hunderassen 19, **22**
Hungergürtel 59
Hüpferling 101
Hütehund 22, 24
Hygiene **85**

I

Igel 144
Innenskelett **165**
Insekten **158 ff.**, 165, **168 ff.**, **171 ff., 174 ff.**
Insektenbestäubung **110**
Insektenfallen **176**
Insektenfresser **131**
Insektenfressergebiss **131**
Insektenlarve 159
Insektenmodell **165**
Insektizid **176**

J

Jagd- und Familienhund 24
Jagdhund 22, 24
Jägersprache 143
Jodprobe 54
Jungfernhäutchen 83

K

Käfer 171
Käferlarve 125
Kalb **30**
Kaltblüter 36
Kampfhund 19, 24
Karies 65
Kartoffel 58
Kastanie 128
Katze **26 ff.**
Katzenaugen **27**
Katzenfloh 174
Katzenkralle 29
Katzenpfote 29
Katzenzunge 29
Keiler 39
Keimbläschen **86**
Keimblatt **119**
Keimling 118
Keimschicht **70**
Keimung **118 ff., 122**
Keimungsbedingungen **120 ff.**
Keimungsversuch **120**
Kelchblatt **107 ff.**
Kerbtiere 158
Kiebitz 153
Kirschblüte **107 ff.**
Kirschfrucht 112
Kitzler 83
Kleidermotte 174
Kleiner Fuchs **166**
Kleinlebewesen 101
Klettfrüchte 114
Knochen 42, **45**
Knochenbruch 48
Knochenzellen 99
Kohlenhydrate **52 ff.**
Kohlenstoffdioxid 106
Kohlmeise 126, 145
Kohlweißling 155
Kompasspflanze 121
Komposthaufen **185**
Kondom 88
Kopfläuse 173
Kopfsalat **184**
Kopfskelett **43**
Körpergröße 51
Körperpflege **85**
Körpertemperatur **71**
Krabbenspinne 155
Krankheitserreger 172
Kraut 104
Krautschicht 153
Kreuzbein 44
Krokus 116
Kronblatt **107 ff.**
Kugelgelenk **46**
Kuh 30

L

Labmagen 31
Larve 163, **166**
Laubbaum **127**
Laufbein 37
Laufkäfer 125
Lauftier **36**
Lebensmittel 60
Lebensräume **124 ff.**
Leber 62
Lederhaut **70**
Lehmboden **180 f.**
Leistenhaut **69**
Leitbündel 105
Libellenflügel 93
Lichtblatt 121
Lichtwendigkeit 121 f.
Liegendes Mastkraut 125
Linde 129
Lippenblütengewächs **109**
Lockfrüchte 115
Losung 145
Löwe 14, 28
Löwenzahn 93, 114, 125, 151
Luchs 28
Lupe **8, 92**

M

Magen **66**
Mais 58
Marder 145
Marienkäfer 159, 168
Mastrind 33
Mauer **154 f.**
Maulwurf **130 f.**
Maulwurfsbau 130
Maulwurfshügel 130
Meerschweinchen **16**
Meniskusschaden **48**
Menstruation **83**
Menstruationszyklus 84
Messer 96
Mikroskop **92 ff.**
Milbe 153
Milch **30 ff.**
Milcherzeugung 32
Milchgebiss **64**
Mineralstoffe **53 ff.**
Mineralwasser 53
Mischlinge 24
Mistkäfer 169
Mundschleimhaut 98
Mundwerkzeuge 160
Muskel **47 ff.**
Muskeltraining **50**
Muskelzellen 99
Muskulatur 42
Mutterkuchen 87
Muttermundkappe 88

N

Nabelschnur 87
Nadelbaum **127**
Nagel 69
Nagetiere **140**
Nagetiergebiss **140**
Nährstoffe **53 f.**, 106, 119
Nahrungsmittel **52 ff.**, 63
Narbe 107
Narzisse 116
Naturschutz **8**
Nebenhoden 81
Nektar 163
Nerven 42, 62
Nervenzellen 99
Nestflüchter **30, 138**
Nesthocker **136, 139**
Netzauge 168
Netzmagen 31
Nieren 62
Nierentierchen 101
Nisthilfen **169**
Nutztier **12 ff., 30 ff., 40**

O

Oberhaut **70**
Oberschenkelknochen 45
Objektträger 96
Obstfliegen 174
Ochse **30**
Ohrwurm 125, 155, 168, 170
Ökosysteme **146 ff.**
Orang-Utan 15
Organ 42, **98**
Organismus **98**
Osterglocke 116

P

Pansen 31
Pantoffeltierchen **100**
Papagei 13
Pausensnacks **56**
Penis **81**
Perserkatze 28
Pfahlwurzel 125
Pferd **36**
Pflanze **104 f.**
Pflanzenfamilie **109**
Pflanzenfresser **31, 36, 139**
Pflanzenfressergebiss 31
Pflanzenorgane **105 ff.**
Pflanzensamen 119
Pflanzenschädling **175**
Pflanzenschutzmittel **176**
Pflanzenzelle **95**
Pflasterritze 124
Pigmente **75**
Pinzette 96
Pipette 96
Pirschjäger **136**
Plattenknochen **45**
Pollen 107, 163
Pollenschlauch 112
Präparat **96 f.**
Präparierbesteck **8**
Präpariernadel 96
Prellung **48**
Primel 116
Projekt **178**
Przewalski-Pferd **36**
Pubertät **79 ff.**
Puppe 163, **167**

R

Radieschen **184**
Rangordnung **25**
Raps 104, 108
Rasen **150**
Rasierklinge 96
Raubtier **23, 26, 141**
Raubtiergebiss 29, **136, 141**
Rauchen 61
Rauhaardackel 24
Raupe **166**
Regelblutung 84
Regelkalender 84
Regenwurm 125
Reh 145
Reis 58
Reizbarkeit
 – bei Pflanzen **11**
 – bei Tieren **10**
Rennmaus 17
Revier **25**

Register

Rind **30 ff.**
Rinderhaltung **34**
Rinderseuche 35
Rippen 43
Rivalenkampf 142
Roggen 119
Röhrenknochen **45**, 51
Rosskastanie **11**, 129
Rotbuche 121, 129
Rote Lichtnelke 171
Rötelmaus 145
Roter Fingerhut 61
Rothirsch **142**, 145
Rotkehlchen 126
Rotwild 142
Rückenmark 44
Rückenmuskel 50
Rüde 25
Rudel **25**
Rudeltier **142**
Rundrücken 49

S

Salweide 110
Salzbedarf 58
Samen **112**, 114, **118 ff.**, 122
Samenerguss 81
Samenpflanze **118 ff.**
Samenverbreitung **114**
Samenzelle 86
Sammelbehälter **8**
Sammelbein 161
Sammeln **8**
Sandboden **180 f.**
Sauerstoff 106
Säugetier **30**, 132
Säugling 87
Schädel
– der Katze **29**
– des Eichhörnchens **140**
– des Hausschweins **38**
– des Hundes **23**
– des Maulwurfs **131**
– des Pferdes **37**
– des Rindes **31**
– des Steinmarders **141**
– des Wildschweins **39**
Schädling 175
Schädlingsbekämpfung **169**, **176**
Schamlippen 83
Scharbockskraut 116
Scharfer Hahnenfuß 152
Scharniergelenk **46**
Schattenblatt 121
Scheide **83**
Scheidenöffnung 87
Schere 96
Schiefrücken 49
Schimmelpilze 60
Schlaraffenland 57
Schlehe 149
Schleichjäger **26**
Schleuderfrüchte 114
Schluckvorgang **66**
Schlupfwespe 176
Schlüsselblume 151
Schmetterling 158, **166 ff.**, 171
Schmetterlingsblütengewächs **109**
Schmetterlingsflügel 93
Schnecke 125
Schneeglöckchen 116
Schneidezähne **64**
Schnurfüßer 125
Schulgarten **183**
Schultergürtel **43**
Schwammspinner 175
Schwangerschaft 83, **86**
Schwarzbuntes Niederungsrind 32
Schwebfliege 153
Schweinemast **38**
Schweinerassen **39**
Schweiß 71
Schweißpore 71
Schwellkörper 81
Schwimmfrüchte 115
Schwitzen 72
Sehnen 47
Sexueller Missbrauch **89**
Sibirischer Tiger 14
Sichelbein 131
Silberfischchen 174
Sinneskörperchen 70
Sinnesorgane **70**
Skelett 42
– der Fledermaus **133**
– des Hundes **23**
– des Menschen **42 ff.**
Sonnenblume 171
Sonnenbrand 75
Sonnenenergie 106
Spaltöffnung 105
Specht 145
Speichel 67
Speicheldrüse **66**
Speiseröhre 66
Spermien **81**
Spinne 125
Spitzahorn 129
Sportverletzung **48**
Springkraut 105
Springschwanz 168
Spross **104 f.**
Sprossknolle **116 f.**
Stachelapparat 161
Stachellattich 121
Stallhaltung **34**
Stängel 104
Stärke **54 f.**, 106
Staubbeutel 107
Staubblatt **107 ff.**
Staubfaden 107
Stechmücke **172**
Stecklinge 113
Steinfrucht 112
Steinhaufen 156
Steinhummel 155
Steinkriecher 125
Steinläufer 155
Steinmarder **141**
Steinzelle 95
Steißbein 44
Stereolupe **8**
Stierkampf 35
Stoffwechsel
– der Pflanzen **11**
– der Tiere **10**
Strauch 104
Sträucher **128 f.**
Streckmuskel 47
Stubenfliege **172**
Sucht 62

T

Tabletten 61
Tagpfauenauge 155
Talgdrüse 71
Tastversuche 72
Tierheim 20
Tierschutzgesetz **34**
Tierspuren **145**
Tiertransport 35
Tiger 28
Tonnentierchen 101
Totengräber **38**
Totholzhaufen 156
Transpiration 105
Trittsiegel **145**
Trizeps 47
Trockenmauer **154**
Trompetentier 101

U

Uhu 14
Ultraschall 132, **134**
Unterhaut **71**
Urrind 32
Usambaraveilchen 113
UV-Strahlen 75

V

Vakuole 95
Verdauung **66 ff.**
Verdauungsorgane 62, **66 f.**
Verdunstung **106**
Vergleichen **8**
Verhütungsmittel **88**
Vermehrung 113
– geschlechtliche 112
Verstauchung **48**
Verwandlung **167**
Verwitterungsschicht 180
Vitamine **53 ff.**
Vögel **126 ff.**
Vogelbeere 128
Vogelknöterich 125
Vogeltränke 156
Vollblüter 37
Vorhaut 81
Vorsteherdrüse 81

W

Wachhund 22
Wachstum **122**
Wachstumsprotokoll 122
Waldmaus 145
Waldschäden 143
Waldspitzmaus 144
Warmblüter 37
Warze **74**
Wasser **53**, 106
Wasserbedarf 58
Wasserpest 92, **95 f.**
Wasserpflanze 18
Wassertransport **105 f.**
Wechseltierchen 100
Wegschnecke 155
Wehen 87
Weichkäfer 159
Weide 129
Weißdorn 128, 149
Wellensittich 17
Wespen 164, **172**
Widderchen 159
Wiederkäuer **31**
Wiederkäuermagen 31
Wiese **150**
Wiesen-Kerbel 152
Wiesen-Klee 152
Wiesen-Margerite 152
Wiesenpflanzen **151 ff.**
Wiesensalbei 151
Wiesen-Salbeiblüte 171
Wiesenschaumzikade 159
Wiesen-Storchschnabel 152
Wildbiene **170**
Wildblumenwiese 169
Wildgräser 152
Wildhecke **147 ff.**
Wildkaninchen **138 f.**, 145
Wildpferd 36
Wildschwein **39**, 144
Wildtiere **130 ff.**, **144**
Wildtulpe 115
Windbestäubung **111**
Winterling 116
Wirbel 44
Wirbelsäule **43**, **44**, 49, 51
Wolf **22**
Wuchsform 127
Wurzel **104 f.**
Wurzelknolle **116 f.**
Wurzelschicht 153

Z

Zähmung **22**
Zahnbelag 65
Zähne **64 f.**
Zahnhöhle 64
Zahnkrone 64
Zahnpflege **65**
Zahnschmelz 64
Zahnwurzel 64
Zauneidechse 155
Zaunkönig 126
Zaunwinde 121
Zebraspinne 155
Zehengänger **23**
Zehenspitzengänger 36
Zelle
– Mensch **98**
– Pflanzen **95 ff.**
– Tier **98**
Zellgewebe **98**
Zellhaut 95
Zellkern **98**
Zellmembran 95, 98
Zellmodell 97
Zellplasma 95, 98
Zelltypen **99**
Zellwand 95
Zoo **14 f.**
Zucht **22**
Zusatzstoffe 60
zweihäusig 111
Zwiebel **116 f.**
Zwiebelhaut 97
Zwitterblüte 111
Zwölffingerdarm **67**

Bildquellenverzeichnis

Trotz entsprechender Bemühungen ist es nicht in allen Fällen gelungen, den Rechtsinhaber ausfindig zu machen. Gegen Nachweis der Rechte zahlt der Verlag für die Abdruckerlaubnis die gesetzlich geschuldete Vergütung.

Titel (Wiese): Albinger/Silvestris, Kastl; Titel (Fuchs): FLPA/Silvestris, Kastl; 3.1: Minkus, Isernhagen; 3.2: Rosenfeld/Mauritius, Mittenwald; 4.1, 5.1–2: Minkus, Isernhagen; 6.1: Dr. Jaenicke, Rodenberg; 6.2: Musmann/Albert-Schweitzer-Familienwerk e. V.; 7.1: Dobers, Walsrode; 7.2: Dr. Philipp, Berlin; 8.1, 9.1: Minkus, Isernhagen; 9.2: Reinhard-Tierfoto, Heiligkreuzsteinach; 9.3–5: Minkus, Isernhagen; 10.1, 10.1B: Hangebrauck, Hamm; 11.1A-C: Dr. Jaenicke, Rodenberg; 11.2A–B: Wellinghorst, Groß Mimmelage; 11.2C: Wothe/Silvestris, Kastl; 12.1: Rosenfeld/Mauritius, Mittenwald; 13.1–2: IMA, Bonn; 13.3: Angermayer, Holzkirchen; 13.4–5: IMA, Bonn; 13.6: Wandt/Angermayer, Holzkirchen; 13.7: Schmidt/Silvestris, Kastl; 13.8: IMA, Bonn; 13.9: le serrec/Okapia, Frankfurt; 14.1A: Lacz/Silvestris, Kastl; 14.1B: Reinhard/Angermayer, Holzkirchen; 14.1C: Behrens, Lehrte; 14.1D: Angermayer, Holzkirchen; 14.1E: Su/Silvestris, Kastl; 14.2A: Haneforth/Silvestris, Kastl; 14.2B: Angermayer, Holzkirchen; 15.1: Wanecek/Okapia, Frankfurt; 15.3: Alcalay/Okapia, Frankfurt; 15.4: Su/Silvestris, Kastl; 16.1: Hangebrauck, Hamm; 16.2A–B: Vitakraft-Werke, Bremen; 16.3A–B, 17.4.: Fabian, Edemissen; 17.5: Vitakraft-Werke, Bremen; 17.6: Dr. Jaenicke, Rodenberg; 18.1: Reinhard/Mauritius, Mittenwald; 19.A: Traub/Silvestris, Kastl; 19.B: Varin/Cogis/Okapia, Frankfurt; 19.C: Dr. Jaenicke, Rodenberg; 19.D: Lemoine/Overseas/Okapia, Frankfurt; 19.E: Hangebrauck, Hamm; 20.1–2, 21.1, 3–4: Minkus, Isernhagen; 21.5: Klein & Hubert/Okapia, Frankfurt; 22.1: Dr. Gragesrot/Okapia, Frankfurt; 22.2A: Rosenfeld/Mauritius, Mittenwald; 22.2B–C: Klein & Hubert/Okapia, Frankfurt; 22.2D: Hermeline/Okapia, Frankfurt; 23.1: Klein & Hubert/Okapia, Frankfurt; 24.1: Geduldig/Naturbild/Okapia, Frankfurt; 24.2: Wegner/Silvestris, Kastl; 24.3: dpa, Frankfurt; 24.4: Lenz/Silvestris, Kastl; 24.5: Berg/Okapia, Frankfurt; 24.6: Labat/Logis/Okapia, Frankfurt; 25.2A: Hofmann/Silvestris, Kastl; 26.1: Egmont Ehapa Verlag GmbH, Stuttgart; 26.2: Walz/Silvestris, Kastl; 27.4A–B: Wegler, München; 27.5: Reinhard/Okapia, Frankfurt; 28.1: VCL/GettyImages/Bavaria Bildagentur, München; 28.2–3: Ziesler/Angermayer, Holzkirchen; 28.4: Dennis/Silvestris, Kastl; 28.5: Ausloos/Mauritius, Mittenwald; 28.6: Ziesler/Angermayer, Holzkirchen; 29.1: Int. Stock/Zefa, Düsseldorf; 29.2A–B: Lichtbildarchiv Dr. Keil, Neckargemünd; 29.5: Wegler/Juniors Bildarchiv, Ruhpolding; 30.1: Reinhard/Okapia, Frankfurt; 30.2: Berg/Okapia, Frankfurt; 31.1, 32.1: Dr. Jaenicke, Rodenberg; 32.2A: IMA, Bonn; 32.2B: Minkus, Isernhagen; 32.3: Archiv für Kunst und Geschichte, Berlin; 33.4: IMA, Bonn; 33.5A: Freytag/Mauritius, Mittenwald; 33.6: Okapia, Frankfurt; 34.1A: Weiland/Okapia, Frankfurt; 34.1B: Dr. Jaenicke, Rodenberg; 34.1C: Berg/Okapia, Frankfurt; 35.1: Reinbacher/GettyImages/Bavaria Bildagentur, München; 35.2: Schindler/dpa, Frankfurt; 35.3: Koch/Zefa, Düsseldorf; 35.4: C.V.L./Eurelios/Science Photo Library/Focus, Hamburg; 36.1A: Irsch/Silvestris, Kastl; 36.1B: Reinhard/Reinhard-Tierfoto, Heiligkreuzsteinach; 36.2: McHugh/Okapia, Frankfurt; 36.3: Arndt/Silvestris, Kastl; 37.5: Lenz/Zefa, Düsseldorf; 37.7: Grzimek/Okapia, Frankfurt; 38.1A: Reinhard/Angermayer, Holzkirchen; 38.2: Lehn/Mauritius, Mittenwald; 39.3A: Elfner/Angermayer, Holzkirchen; 40.1A–B: Lichtbildarchiv Dr. Keil, Neckargemünd; 40.2A: Reinhard/Okapia, Frankfurt; 40.2B: Beck/Mauritius, Mittenwald; 40.2C: Reinhard-Tierfoto, Heiligkreuzsteinach; 42.2, 44.1: Minkus, Isernhagen; 45.2: Rabisch, Duingen; 46.2, 47.1A, 47.1C, 48.1: Minkus, Isernhagen; 48.2: Dr. Reinbacher, Kempten; 49.1A–C, 49.2A–C, 50.1A–B, 50.2–7, 52.1: Minkus, Isernhagen; 52.2A–C: Tegen, Hambühren; 53.3: Fabian, Edemissen; 53.4, 54.1–4: Tegen, Hambühren; 55.1A, 55.1C, 56.1–4: Minkus, Isernhagen; 57.2: Archiv für Kunst und Geschichte, Berlin; 58.1A: Wothe/Silvestris, Kastl; 58.1B: Vidler/Mauritius, Mittenwald; 59.1: Mike Wells; 59.3: Sheng/Unep/Still Pictures/Okapia, Frankfurt; 60.1: Tönnies, Laatzen; 60.2: Minkus, Isernhagen; 60.3: Vock/Okapia, Frankfurt; 61.1: Dr. Jaenicke, Rodenberg; 61.2: Matheisi/Silvestris, Kastl; 61.3: Radtke, Hilchenbach; 61.4: Dr. Jaenicke, Rodenberg; 62.1A–B, 63.1A–D, 64.1A: Minkus, Isernhagen; 65.1A–D: Behrens, Lehrte; 65.2A, 65.2E: Prof. Dr. med. Günay, Medizinische Hochschule Hannover; 68.1: Stadler/Silvestris, Kastl; 68.2: Eckstein/Okapia, Frankfurt; 68.3: Dr. Stephan-Brameyer, Warendorf; 69.4, 69.4A–C: Behrens, Lehrte; 70.1A: Tönnies, Laatzen; 70.1B–D: Minkus, Isernhagen; 71.3: Okapia, Frankfurt; 73.1: Perkins/Magnum/Focus, Hamburg; 74.1: Dr. Reinbacher, Kempten; 75.1: Weyer/Silvestris, Kastl; 75.2: Dr. Stephan-Brameyer, Warendorf; 78.1A–B, 79.2, 79.4: Minkus, Isernhagen; 80.1B–D: Lemke, Peters & Partner, Ratingen/Lindtorf; 81.1C: Meckes/eye of science, Reutlingen; 82.1B–B: Lemke, Peters & Partner, Ratingen/Lindtorf, 83.1C: Lichtbildarchiv Dr. Keil, Neckargemünd; 85.3: Behrens, Lehrte; 86.1A–B: Dr. Schleyer/Karly, München; 86.1C–D: Dr. Heinzmann/Karly, München; 87.2: Garry Watson/Science Photo Library/Focus, Hamburg; 87.4: Krutsch/Okapia, Frankfurt; 88.1-6: Minkus, Isernhagen; 88.7: Schuchardt, Göttingen; 89.2, 90.1A–B: Minkus, Isernhagen; 91.2: Schuchardt, Göttingen; 92.1: Minkus, Isernhagen; 92.2A–C: Dr. Jaenicke, Rodenberg; 93.1: Pfletschinger/Angermayer, Holzkirchen; 93.1A: Brockhaus/Silvestris, Kastl; 93.2: Angermayer, Holzkirchen; 93.2A: Pfletschinger/Angermayer, Holzkirchen; 93.3: Rabisch, Duingen; 93.3A: Karly, München; 93.4: Wothe/Okapia, Frankfurt; 94.1: Dr. Jaenicke, Rodenberg; 94.2: Minkus, Isernhagen; 95.1A: Dr. Jaenicke, Rodenberg; 98.1: Minkus, Isernhagen; 98.2A: Dr. Jaenicke, Rodenberg; 99.3A: Lieder, Ludwigsburg; 99.3B: Lieder, Ludwigsburg; 99.3C: Kage/Okapia, Frankfurt; 100.1A, 100.2: NAS/M. Abbey/Okapia, Frankfurt; 100.3: Birke/Okapia, Frankfurt; 103.1: Eschenbach Optik GmbH + Co., Nürnberg; 103.2: Lieder, Ludwigsburg; 103.4A, 104.1: Dr. Jaenicke, Rodenberg; 107.1: Lughofer/Silvestris, Kastl; 107.2, 108.1, 108.3: Dr. Jaenicke, Rodenberg; 109.1: Starke, Leipzig; 109.2: Dr. Jaenicke, Rodenberg; 110.1A: Bruckner/Silvestris, Kastl; 110.2A: Geduldig/Naturbild/ Okapia, Frankfurt; 110.2B: Wellinghorst, Groß Mimmelage; 111.1: Nill/ Silvestris, Kastl; 112.1B: Jung/Nature + Science, Vaduz; 112.2A–C, 113.1–3: Dr. Jaenicke, Rodenberg; 113.4: Reinhard-Tierfoto, Heiligkreuzsteinach; 114.1: Tönnies, Laatzen; 114.2–4: Dobers, Walsrode; 115.4 Lupe: Dr. Jaenicke, Rodenberg; 115.5: Wegner/Silvestris, Kastl; 115.7A: Kuchelbauer/Silvestris, Kastl; 116.1A li.: Dobers, Walsrode; 116.1A M.: Ruckszio/Zefa, Düsseldorf; 116.1A re., 117.1B–C: Dobers, Walsrode; 117.1D: Dr. Philipp, Berlin; 117.2A: Dobers, Walsrode; 117.2B: Dr. Jaenicke, Rodenberg; 117.2C: Angermayer, Holzkirchen; 117.2D: Tönnies, Laatzen; 118.1: Reinhard/Okapia, Frankfurt; 120.1A–F: Dr. Jaenicke, Rodenberg; 121.1–2: Dr. Philipp, Berlin; 121.3: Behrens, Lehrte; 121.4: Dr. Pott/Okapia, Frankfurt; 124.1: Musmann/Albert-Schweitzer-Familienwerk e. V.; 124.2A–E: Kruse, Wankendorf; 127.1: West/OSF/Okapia, Frankfurt; 127.3: Reinhard/Reinhard-Tierfoto, Heiligkreuzsteinach; 128.1: Partsch/Silvestris, Kastl; 130.1A: LeMoigne/bios/ Okapia, Frankfurt; 130.1B: Heuclin/Bios/Okapia, Frankfurt; 130.2B: Pfletschinger/Angermayer, Holzkirchen; 132.1: Heblich/Okapia, Frankfurt; 133.3: Heblich/Silvestris, Kastl; 133.4: Pfletschinger/Angermayer, Holzkirchen; 134.2A: NAS/Will & Maintyre/Okapia, Frankfurt; 134.2B: Dr. Schwerdtfeger, Hannover; 136.1B: Lanceau/Nature/Okapia, Frankfurt; 136.2: Danegger/Silvestris, Kastl; 137.1: Dr. Jaenicke, Rodenberg; 138.1: Danegger/Silvestris, Kastl; 138.3: Reinhard-Tierfoto, Heiligkreuzsteinach; 139.4B: Sohns/Okapia, Frankfurt; 140.1A–B: Silvestris, Kastl; 140.2A: Reinhard/Reinhard-Tierfoto, Heiligkreuzsteinach; 141.1A: Nill/ Silvestris, Kastl; 141.1B: Reinhard/Okapia, Frankfurt; 141.2A: Reinhard/Reinhard-Tierfoto, Heiligkreuzsteinach; 142.1: Bender/Okapia, Frankfurt; 142.2A: Martinez/Silvestris, Kastl; 142.2B: Reinhard/Reinhard-Tierfoto, Heiligkreuzsteinach; 143.3: Bagyi, Weil der Stadt; 143.4: aus: Wild und Hund 2/1997, S. 27, © Radebach, Bad Berleburg; 144.1–3: Reinhard-Tierfoto, Heiligkreuzsteinach; 144.4: Danegger/Silvestris, Kastl; 144.5–6: Reinhard-Tierfoto, Heiligkreuzsteinach; 146.1: Wellinghorst, Groß Mimmelage; 146.2: Dobers, Walsrode; 146.3A: Partsch/Okapia, Frankfurt; 146.3B: Bühler/Silvestris, Kastl; 146.3C: Wellinghorst, Groß Mimmelage; 147.3D: Dr. Philipp, Berlin; 147.3E: Rohdich/Silvestris, Kastl; 147.3F: Lenz/Silvestris, Kastl; 147.4: Dobers, Walsrode; 147.5: Wellinghorst, Groß Mimmelage; 148.2: Mauritius, Mittenwald; 149.1: Rabisch, Duingen; 149.2: Tönnies, Laatzen; 149.3: Dr. Philipp, Berlin; 149.4–5: Rabisch, Duingen; 150.1A: Hecker/Silvestris, Kastl; 150.1B: Dobers, Walsrode; 151.1A: Wellinghorst, Groß Mimmelage; 151.1B: Pfletschinger/Angermayer, Holzkirchen; 152.1: Tönnies, Laatzen; 152.3–4: Wellinghorst, Groß Mimmelage; 152.5: Dr. Philipp, Berlin; 153.1: Fischer/Silvestris, Kastl; 153.3: FLPA/Silvestris, Kastl; 154.1B: Wellinghorst, Groß Mimmelage; 156.1: Haneforth/Silvestris, Kastl; 156.2: Walz/Silvestris, Kastl; 156.3: Redeleit/Silvestris, Kastl; 156.4: Tönnies, Laatzen; 156.5: Wellinghorst, Groß Mimmelage; 158.2A: Dobers, Walsrode; 158.2B: Prof. Dr. Weber, Reutlingen; 159.1: Dr. Philipp, Berlin; 159.2: Angermayer, Holzkirchen; 159.3: Dr. Jaenicke, Rodenberg; 159.4: Bühler/Silvestris, Kastl; 159.5: Lond. Sc. Film/OSF/Okapia, Frankfurt; 160.1: Pfletschinger/Angermayer, Holzkirchen; 160.2: Roland/Silvestris, Kastl; 161.5, 161.7: Prof. Wanner/Karly, München; 162.1: Scherecher/Mauritius, Mittenwald; 162.2A: Okapia, Frankfurt; 162.2B: Reinhard-Tierfoto, Heiligkreuzsteinach; 164.1: Shale/OSF/Okapia, Frankfurt; 164.2–3: Pfletschinger/Angermayer, Holzkirchen; 165.1: Minkus, Isernhagen; 166.1–3, 167.5–7: Dr. Jaenicke, Rodenberg; 168.1: Hangebrauck, Hamm; 168.2: Weinzierl/Silvestris, Kastl; 168.3: Karly, München; 169.4: Mayet/Nature/Okapia, Frankfurt; 169.5: Dr. Sauer/Hecker/Xeniel-Dia, Neuhausen; 170.1A–D: Dr. Bellmann, Lonsee; 170.2: Dobers, Walsrode; 171.1: Fischer-Nagel/Wildlife, Hamburg; 171.2: Pfletschinger/Angermayer, Holzkirchen; 171.3: Angermayer, Holzkirchen; 172.1: Nill/Silvestris, Kastl; 172.2: Ramaeg/OSF/Okapia, Frankfurt; 172.3: Pfletschinger/Angermayer, Holzkirchen; 173.1: Lange/Okapia, Frankfurt; 173.2: TCL/GettyImages/Bavaria Bildagentur, München; 174.1: Macewes/Okapia, Frankfurt; 174.2: Brockhaus/Silvestris, Kastl; 174.3: Wothe/Silvestris, Kastl; 174.4: Meyer/Greiner + Meyer, Braunschweig; 175.1: Sauer/Silvestris, Kastl; 175.2A: Reinhard/Okapia, Frankfurt; 175.2B: Reinhard/Angermayer, Holzkirchen; 175.2C: Pfletschinger/Angermayer, Holzkirchen; 175.3: Pott/Okapia, Frankfurt; 176.1: Tönnies, Laatzen; 176.2: Beuck, Helvesiek; 180.1–2: Dr. Philipp, Berlin; 182.2: Tegen, Hambühren; 184.1: Greiner/Greiner + Meyer, Braunschweig; 184.2: Pfeiffer/Silvestris, Kastl; 184.3: Wellinghorst, Groß Mimmelage; 185.1: Behrens, Lehrte.